Der Heilige und der Psychotherapeut

Sai Baba

Der Heilige
und der Psychotherapeut

von

Samuel H. Sandweiss, M.D.

Sathya Sai Vereinigung e. V., Bonn

Aus dem englischen Original
(Sai Baba, The holy man and the Psychiatrist)
ins Deutsche übersetzt von Philippa Durst
unter Mitarbeit von Benita v. Bonin und Rainer Leonardy, München

Die Deutsche Bibliothek – CIP-Einheitsaufnahme
Sandweiss, Samuel H.:
Sai Baba : d. Heilige u.d. Psychotherapeut / Samuel H.
Sandweiss. [Aus d. engl. Orig. ins Dt. übers. von Philippa
Durst unter Mitarb. von Benita v. Bonin u. Rainer Leonardy]. –
5. Aufl. – Bonn : Sathya Sai Vereinigung, 1993
Einheitssacht.: Sai Baba <dt.>
ISBN 3-924739-36-6

Shri Sathya Sai Baba Buchzentrum Deutschland
Grenzstr. 43, D-6057 Dietzenbach

Herstellung: Richarz Publikations-Service GmbH, D-5205 St. Augustin

Inhalt

SHRI SATHYA SAI BABA
GEWIDMET

Zur Aussprache der Sanskritwörter:

Die Vokale ā, ī, ū, sowie e und o sind immer lang (wie in Rat, Sieg, Zug, See und Dom)

c = tsch (kla*tsch*en)
j = dsch (engl. *j*oy)
s = ss (Wa*ss*er)
sh = sch (*Sch*all)
v = w (*W*ort)
y = j (*j*eder)

Das h in bh, ch, dh, gh, jh, kh, ph, th ist als ein deutlich hörbarer Hauchlaut zu sprechen (z. B. budd-hi).

Die Betonung richtet sich nach der Länge der Vokale, der Ton wird bei längeren Worten bis zur drittletzten Silbe zurückgezogen, wenn die vorletzte kurz ist (z. B. sā́dhana, vā́sanā, sáttvika). Wenn die vorletzte Silbe lang ist (durch Länge oder folgende Doppelkonsonanz), trägt sie den Ton (z. B. ānánda, bhāvaróga, ahamkā́ra).

Zur Übersetzung:

Das Sanskritwort *manas*, engl. mind, wurde durchgehend mit „das Denken“ wiedergegeben; manas bezeichnet die Ebene der Psyche, die alle Sinneswahrnehmungen verarbeitet, aber auch die Impulse von innen in Handlungen umsetzt. Auf dieser Ebene finden sich Gedanken, aber auch Empfindungen und Wunschimpulse. Übergeordnet dazu steht die *buddhi,* die höhere Unterscheidungskraft, die sich durch Meditation zur Klarheit der intuitiven Erfassung des Göttlichen erheben kann.

Vorwort

Dr. Samuel Sandweiss hat mit seinem zum Nachdenken anregenden Buch über Bhagavān Shrī Sathya Sai Baba drei Wege der Kommunikation vermittelt: die faszinierende Geschichte seiner persönlichen Erlebnisse mit Baba: seinen Vorstoß zu den Wurzeln ‚seiner' Wissenschaft, der Psychiatrie , der damit endet, daß das, was gemeinhin für Psychiatrie gehalten wird, als unvollständige Wissenschaft entlarvt wird – die ziemlich weitreichender Ergänzungen aus dem Bereich der Bewußtseinsbildung bedarf, um wirklich effizient zu sein; schließlich Auszüge aus jenen Schriften und Reden Babas, die Dr. Sandweiss als Schlüsselpassagen für einen Einstieg in Babas Lehren erscheinen.

Blättert man die betreffenden Seiten auf, so wird man schnell feststellen, daß Dr. Sandweiss eine glückliche Wahl getroffen hat: Baba über das Wesen das Avatārs – Baba über die neun verschiedenen Formen der Verehrung – Baba über die Beziehung zwischen dem Einzelnen und der Gesellschaft – Baba über Sādhana. Diese und weitere Zitate erschließen uns den Kern der Sathya Sai Philosophie.

Dr. Sandweiss' persönliche Erfahrungen sind nicht nur als Lektüre interessant, sondern auch einigermaßen typisch: Zunächst ist da die ‚Zerstörung' der Person, dann ihr Wiederaufbau im Lichte der Spiritualität. Der ‚monkey mind' (der ausschweifende Geist, das zügellose Denken) zerbricht stückchenweise. Er gibt den Kampf auf und macht einer neuen, echten Sensibilität – einem tieferen Empfindungsvermögen und einer neuen Aufnahmefähigkeit – Platz. Obwohl der Autor seinem Skeptizismus möglichst lang freien Lauf läßt, muß er doch feststellen, daß er – so ehrlich und echt seine Zweifel sind – die Existenz der Seele und einer transzendentalen Wirklichkeit anerkennen muß, die spirituelle Dimension des Universums. Er erkennt auch die wahre Bedeutung der Rolle des Avatārs für die menschlichen Belange. Kurz, Dr. Sandweiss macht eine tiefgreifende Wandlung durch. Er wird kraft der spirituellen Dimension, die er erreicht, ein anderer Mensch.

Dieser Wandel spiegelt sich in dem neuen Verhältnis zu seinem Beruf als Psychiater wider: sie verlangt nach einem Bewußtseinswissenschaftler. Die Psychiatrie als solche muß zu einer Heilkunst auf der Basis einer Wissenschaft vom Bewußtsein werden. Dr. Sandweiss stößt mit dieser seiner seltsamen

These vermutlich in ein Wepennest. Aber die Wahrheit muß als Wahrheit akzeptiert werden, auch wenn die Himmel um uns herum einstürzen.

Es ist sein sensibles Unterscheidungsvermögen, die Ehrlichkeit und Rechtschaffenheit in seinem Unterfangen, die Dr. Sandweiss seinen Lesern liebenswert macht. Eine offenkundige Aufrichtigkeit zieht sich durch das ganze Buch. Der Autor zieht seine Leser ins Vertrauen über all seine Gedankengänge und Stimmungsschwankungen. Wir fahren jede Kurve mit auf dem Weg, den er nun eingeschlagen hat, und wir erfahren jeden Schritt, den er in die neue Richtung tut. Das ist es, was dieses Buch zu einem echten Dokument der menschlichen Sensibilität und der Psychologie tiefer innerer Veränderungen macht.

Dr. Sandweiss ist ein Freund, den ich schätze, und wir teilen viele grundlegende Interessen. Ich bin sehr glücklich, daß ich die Gelegenheit hatte, diese Zeilen anläßlich des Vorwortes für sein Buch zu schreiben.

Vinayak Krishna Gokak
Brindavan
Whitefield,
Bangalore, Indien

Einleitung

Vor drei Jahren bin ich Sathya Sai Baba zum ersten Mal begegnet. Ich ging mit den Vorstellungen eines westlich orientierten Psychiaters nach Indien, um dort die Psychologie der Religionen aus erster Hand zu studieren, und tief angerührt von dem Mysterium eines Wesens, das ich nicht begreifen konnte, verließ ich das Land wieder.

Sai Baba sagt: „Mein Leben ist meine Botschaft." Er lehrt spirituelle Zusammenhänge in einer allgemein verständlichen Sprache und zieht damit die Aufmerksamkeit von Menschen aus aller Welt auf sich, von Menschen aus allen Lebensbereichen und aus allen Glaubensrichtungen. Millionen spüren, daß er uralten Weisheiten neues Leben einhaucht. „Es gibt nur eine Kaste", sagt er – „die Kaste der Menschheit; es gibt nur eine Sprache – die Sprache des Herzens; es gibt nur eine Religion – die Religion der Liebe; es gibt nur einen Gott – und Er ist allgegenwärtig."

Was ist es, das diesem Weltenlehrer die Herzen der Menschen so zufliegen läßt? Seine Anhänger glauben, daß er weit mehr ist als nur ein verehrungswürdiger spiritueller Führer. Wissenschaftler, Pädagogen, Regierungsoberhäupter und Persönlichkeiten des öffentlichen Lebens, aber auch die Armen, Schwachen und Kranken – das gesamte Spektrum der Menschheit – sie alle bestätigen die Behauptung, daß Sai Baba ganz außergewöhnliche Dinge vollbringt. So wird berichtet, daß er Dinge aus dem Nichts materialisieren kann und daß er bemerkenswerte Fähigkeiten der Hellsichtigkeit, Telepathie und Heilkraft besitzt – ja, daß er fähig ist, eine andere Gestalt und eine andere Identität anzunehmen, und sich im Handumdrehen über große Entfernungen hinwegsetzen kann. Außerdem wurde er schon an zwei oder mehr Orten gleichzeitig gesehen.

Das Ausmaß der ihm nachgesagten Kräfte übersteigt bei weitem unsere Vorstellungskraft und seine Anhänger sind überzeugt, daß sie über die Grenzen von Zeit und Raum hinwegreichen. Für sie ist dieser charismatische und geheimnisvolle Mann ein Avatāra, eine übermenschliche Verkörperung des Göttlichen in menschlicher Gestalt.

Für die meisten Menschen der westlichen Hemisphäre ist es, gelinde ausgedrückt, schwer, derartige Behauptungen ernstzunehmen. Das Format jener Menschen jedoch, die von Sai Babas paranormalen Kräften überzeugt sind, und die über ihn erhältliche, an Umfang ständig zunehmende Dokumentation ist beeindruckend. Dr. S. Bhagavantam zum Beispiel – Physiker, ehemaliger wissenschaftlicher Berater des indischen Verteidigungsministeriums und früherer Präsident einer wissenschaftlichen Vereinigung, der indischen ‚Science Congress Association' – beschreibt sich selbst als einen ‚rationalen Menschen, praktisch einen Agnostiker, der nichts akzeptieren konnte, was nicht wissenschaftlich erklärbar war.' Nachstehend ist zu lesen, wie er den Konflikt löste, der zwischen seiner wissenschaftlichen Bildung und dem, was ihm seine Sinne suggerierten, entstanden war.

„In unseren Laboratorien", sagt er, „mögen wir Wissenschaftler auf die Logik schwören, wir wissen aber doch, daß wir jedesmal, wenn wir unserem Wissen ein klein wenig hinzugefügt haben, gleichzeitig von der Existenz vieler anderer Dinge erfahren, deren wahrhafte Natur wir nicht kennen. So mehren wir also jedesmal, wenn wir unser Wissen vergrößern, gleichzeitig auch unsere Unwissenheit. Unser Wissen wird somit ein immer kleineres Fragment dessen, was wir nicht wissen.

„Wie bringe ich meinen wissenschaftlichen Hintergrund mit dem in Einklang, was Sathya Sai Baba tut? Ich kenne Baba jetzt schon fünfzehn Jahre und habe während dieser Zeit tausende von Wundern gesehen, die er gewirkt hat: Materialisationen von Gegenständen verschiedener Art und Heilungen aller Art. Ich muß bekennen, daß ich aus meiner Logik und Ausbildung heraus nicht akzeptieren kann, daß Sai Baba ein Mensch ist wie du und ich. Er kann die Gesetze der Physik und Chemie überschreiten. Ich muß ihn deshalb so beschreiben: Er ist ein Phänomen, er ist ein übernatürliches Wesen, er ist göttlich.

Die Welt scheint heute am Rande des Wahnsinns zu stehen. Etwa die Hälfte ihrer Bevölkerung verhungert oder ist unterernährt. Wir sind Zeugen von Schießereien auf offener Straße, Selbstmorden und Übergriffen von Terroristen – und das fast täglich. Groteske Unmenschlichkeit dem Menschen gegenüber und effektive Vergewaltigung der Erde sind für uns zum Alltäglichen geworden. Wir haben uns in eine absurde Vernarrtheit in Rüstung und Krieg verstricken lassen und in eine egoistische ausschließliche Beschäftigung mit uns selbst.

Jedermann ist ein Guru. Buchhandlungen voller Bücher, die angeblich den ‚Weg' weisen, bestätigen die Tatsache. Nichts scheint allerdings so richtig zu funktionieren. Wir haben uns in eine Unzahl von Ideen verloren, einem verwirrenden Durcheinander von Eindrücken und Erfahrungen, die jeder Richtung und Disziplin entbehren. Es ist aber von entscheidender Bedeutung, daß wir die Wahrheit erkennen und den richtigen Weg finden. Für viele von uns erscheint jedoch diese Suche nach fundamentalen Antworten auf persönliche und soziale Fragen und Probleme sinn- und zwecklos.

Meine eigene Suche nach Sinn und Erkenntnis führte zu einer medizinischen Ausbildung und dann zur Psychiatrie. Neun Jahre psychiatrischer

Ausbildung und Praxis sowie umfassende Untersuchungen in einer Bewegung, die man als ‚Human Potential Movement' bezeichnen könnte, brachten jedoch nur wenige Antworten.

Versprechungen, die die Erlangung einer tieferen Einsicht und eine ‚Erweiterung des Bewußtseins' betrafen, erwiesen sich als oberflächlich und inhaltslos. Gibt es tatsächlich so etwas wie ein unbeschränktes Potential der Menschheit? Existiert die Fähigkeit, das eigene Bewußtsein derart zu verändern, daß die göttliche, die unendliche oder ewige Dimension des Seins erkannt werden und man in ihr aufgehen kann? Langsam war ich zu der Überzeugung gelangt, daß eine Suche in dieser Richtung eine Sysiphusarbeit bleiben mußte.

In dieser Stimmung wandte ich mich dem Osten zu ... und stieß auf Sai Baba. Hier war ein Lehrer – ein Bewußtseinswissenschaftler – der lehrte, daß unser wahres Leben nicht an Raum und Zeit gebunden, sondern vielmehr unbeschränkt, unwandelbar, ewig ist. Der verkündete, daß hinter allen Formen und Gegenständen der universale Geist steht, und daß die gesamte Schöpfung auf dem Willen der geistigen Größe beruht ..., daß unsere wahrhaftige Identität ein körperloser Zustand reiner Liebe und Glückseligkeit ist. Seine Anhänger sind der Ansicht, daß Sai Babas Leben an sich schon den konkreten Beweis dafür liefert, daß er über ein Wissen verfügt, das tief genug ist – und auch über eine Energie, die groß genug ist – um ihnen zu helfen, die höchste Stufe der Selbstverwirklichung zu erreichen.

Wie aber läßt sich feststellen, ob dieser indische Mystiker und Heilige, der im Westen weitgehend unbekannt ist, auch nur bruchstückhaft dem entspricht, wofür ihn seine Anhänger halten? Der springende Punkt für viele Menschen in der westlichen Welt ist die Frage, ob er tatsächlich Kräfte vorzeigen kann, die eindeutig beweisen, daß jene Dimensionen, von denen er spricht, auch existieren.

Das vorliegende Buch ist ein Versuch, meine unmittelbaren Beobachtungen und persönlichen Erfahrungen mit einigen dieser Kräfte zu beschreiben. Es ist das Ergebnis eines seelischen Kampfes und der Bemühung, Phänomene zu begreifen, an die der Westen im allgemeinen nicht glaubt. Ich habe versucht, den westlichen Leser auf ein fremdes Gebiet vorzubereiten, das ihm hier begegnet und habe mich selbst zur Schilderung meiner Beobachtungen und Eindrücke psychiatrischer Begriffe bedient, da ich annehme, daß die meisten von uns wenigstens in etwa damit vertraut sind.

Ich tue es trotz meiner Überzeugung, daß die Möglichkeiten der modernen Psychiatrie, diese Art von Phänomenen zu verstehen, recht begrenzt sind. Die Realität dieses heiligen Mannes – sein offensichtlich höheres Bewußtseinsniveau und seine Art, wie er auf Menschen und auf seine Umgebung eingeht – kann durch die Ideen, Begriffe und Prinzipien, die ich mir in den Jahren meiner psychiatrischen Praxis angeeignet habe, kaum zufriedenstellend erfaßt oder erklärt werden. Bis vor kurzer Zeit waren die Phänomene, die so sehr ein Teil seines Lebensweges sind, fast ausschließlich eine Domäne von Heiligen und Mystikern. Das sind Wissenschaftler – wenn man so will – deren Forschungsgebiet die Dynamik des erweiterten Bewußtseins ist, das von den Mystikern als kosmisches Bewußtsein, von den Weltreligionen als göttliches oder Gottbewußtsein und schließlich von der westlichen Psychologie des zwanzigsten Jahrhunderts als Über-Bewußtsein bezeichnet wird.

Durch die klassische Studie von William James, ‚Varieties of Religious Experience' (Verschiedenheit religiöser Erfahrung), wurde erstmals 1908 das ‚nichtgewöhnliche' Niveau des Bewußtseins Gegenstand westlicher Psychologie. Ein Jahrzehnt später führte Carl Gustaf Jung den Begriff des kollektiven Unterbewußtseins ein und damit die Idee, daß wir sehr wohl über Raum und Zeit hinausreichen und im Grunde eher ein Teil einer höheren Dimension der Realität sein könnten als derjenigen, die durch die physische Welt repräsentiert wird. Er glaubte, daß unser Bewußtsein mit dieser höheren Realität in Kontakt treten und von ihr die intuitive und kreative Einsicht, Weisheit und Weisung erhalten kann.

Die Entwicklung der letzten zwanzig Jahre auf dem Gebiet der Psychologie, die zuerst lose unter dem Begriff ‚neue Psychologie' und später unter dem Begriff ‚humanistische Psychologie' zusammengefaßt wurde, hat die Möglichkeit, das Bewußtsein zu erweitern, erforscht, um damit die Kreativität zu erhöhen und gleichzeitig den tieferen Sinn und Zweck des Lebens zu entschleiern.

Die von Abraham Maslow begründete humanistische Psychologie wurde zum Bestandteil des ‚Human Potential Movement' und 1973 von der amerikanischen Vereinigung der Psychologen als ihr neuester Zweig anerkannt. Maslow war der erste bekannte Psychologe, der als gegeben voraussetzte, daß der Mensch ein sich entwickelndes Wesen ist, dessen höhere Natur ebenso sicher ihre Verwirklichung sucht wie seine niedere Natur, und daß Krankheiten dann entstehen, wenn diese höherstrebende Entwicklung, dieser Drang nach Selbstverwirklichung blockiert wird. „Die höhere Natur",sagt Maslow, „beinhaltet das Bedürfnis nach sinnvoller Arbeit, Verantwortung und Kreativität, das Verlangen fair und gerecht zu sein, das zu tun, was zu tun sich lohnt, und das, was man macht, lieber gut zu machen." Dem entgegen steht die niedere Natur, die eine Befriedigung der animalischen Triebe und Instinkte anstrebt.

Begriffe dieser neuen Psychologie – wie etwa ‚Höhepunkt' und ekstatische Erfahrungen, Selbstüberschreitung und Selbstverwirklichung, Energiefluß und Energiefelder, Liebe und Bewußtsein – die spirituelle Dimension – lassen eine Sprache entstehen, die der der Mystiker, Heiligen und geistlichen Führer sehr ähnlich ist. Die Einstellung dieser Psychologie zur Selbsterforschung und zur persönlichen Einbeziehung widerspricht der Forderung der klassischen wissenschaftlichen Methode nach einem objektiven Beobachter. Forscher auf diesem neuesten Gebiet der Psychologie glauben, daß man auch im Zustand der Meditation, Hypnose und anderer Bewußtseinszustände noch gültige Beobachtungen machen und wertvolle Informationen sammeln kann.

Wir können heute eine regelrechte Revolution des menschlichen Bewußtseins in allen Bereichen der Kultur beobachten. Aus jedem wissenschaftlichen und humanistischen Blickwinkel werden Untersuchungen über die Natur des Geistes und des Bewußtseins durchgeführt. Überall werden hierzulande einschlägige Kurse von den Universitäten angeboten, die den Umfang und die Mannigfaltigkeit dieses neuen Interessengebietes widerspiegeln. Als Experiment führt das Johnston College der Universität Redlands in Kalifornien einen ganzen Vierjahreskurs in der neuen transpersonalen Psychologie durch, die die humanistische und spirituelle Psychologie vereint. Das Lehrplankomitee der Harvard-Universität genehmigte kürzlich einen Studienkurs über geänderte Bewußtseinszustände. Einmal im Jahr trifft sich eine Gruppe von Ärzten, Psychologen, Anthropologen, Physikern, Philosophen und Heiligen aus aller Welt in Council Grove, Kansas, um sich mit dem Gebiet der Bewußtseinserweiterung zu befassen. Das Treffen wird von der Association of Humanistic Psychologie (Vereinigung für Humanistische Psychologie) und der Menninger Stiftung mitfinanziert.

Meine eigene Erfahrung mit dieser aufblühenden Bewegung hat mir jedoch in meinem Bemühen, Sai Baba zu verstehen, wenig geholfen. Wie kommt es, daß viele Therapeuten, obwohl sie die eigentliche spirituelle Natur des Menschen erkannt zu haben scheinen, sich dennoch nicht von Problemen freimachen können, die meiner Intuition und meinem gesunden Menschenverstand nach absurd und widersprüchlich sind? Nehmen wir als Beispiel die Frage: „Sollte ein berufsmäßiger Therapeut mit seinem Patienten ins Bett gehen, wenn beide sich zueinander hingezogen fühlen?" Dies wurde tatsächlich bei einem Forum der Association of Humanistic Psychologie zur Debatte gestellt.

So verquere Problemstellungen stehen in völligem Gegensatz zu der Atmosphäre, die Sai Baba umgibt. Die allgemeine Tendenz scheint in die Richtung einer Betonung des Auslebens der Gefühle zu gehen auf Kosten eines disziplinierten Moralkodex. Zu einem Moralkodex zähle ich auch ein Sichüberlassen dem göttlichen Willen, ein Bewußtsein, in dem ich die körperliche Ebene des Daseins einer höheren Beziehung zum Göttlichen unterordne. Ist solch ein Kodex vielleicht überholt, oder – schlimmer noch – ist er vielleicht eine pathologische Verleugnung meiner eigentlichen Identität? Oder sollte in der spirituellen Moral, die von den meisten westlich geschulten Verhaltensforschern als repressiv angesehen wird, doch eine verborgene Wahrheit stecken?

Es ist überraschend festzustellen, daß der Dichter das Phänomen der Bewußtseinserweiterung als die Macht der Liebe beschreibt. Liebe und Bewußtsein, so fand ich heraus, sind unmittelbar verwandt – vielleicht sogar ein und dasselbe. Aber selbst hier, bei der Erforschung eines grundlegenden Aspektes menschlicher Lebensbedingungen, die, wie man annehmen sollte, von größtem Interesse und von größter Wichtigkeit für die Psychiatrie sind, ist das Wissen der modernen Psychiatrie äußerst begrenzt.

Die Liebe, die ich in Indien miterleben konnte, geht weit über die Vorstellung der modernen Psychiatrie von Erregung und Gefühl hinaus. In Sai Babas Gegenwart erkannte ich, daß die tiefste Liebeserfahrung überhaupt nur aus einer andächtigen und hingebungsvollen Einstellung gegenüber dem Göttlichen erwächst – ein Prinzip, das der modernen psychiatrischen Theorie und Praxis natürlich völlig fremd ist. In Indien wurde ich belehrt, daß unser eigentliches Selbst tatsächlich reine und selbstlose Liebe ist. In ihrer reinen Form läßt sich Liebe wohl am besten mit spirituellen Begriffen definieren: als göttlicher Funke in unserem tiefsten Inneren – der Essenz unserer Identität, der Manifestation unseres wahrhaftigsten Wesens – der, ähnlich dem Bewußtsein, überspringt und sich ausdehnt, bis er all das umfaßt, was wir wahrnehmen oder begreifen können. Für Psychiater, die glauben, daß der Mensch von Natur aus im Gunde genommen ein Tier ist und vom Schmerz-Lust-Prinzip sowie vom Bedürfnis nach irgendeiner Form von Selbstbefriedigung motiviert wird, ist Sai Babas Demonstration selbstloser Liebe eine beeindruckende Offenbarung.

In meinem Bemühen, das, was ich beobachtet habe, mit dem zu vereinbaren, was ich von Psychiatrie verstehe, habe ich versucht, die Grenzgebiete der modernen psychiatrischen Theorie und Praxis zu umreißen, die noch sehr unerforscht zu sein scheinen ... um zu verdeutlichen, wie eine zunehmende Erkenntnis der Macht des Bewußtseins und der Liebe eine zusätzliche menschliche Dimension offenbart, welche die Psychiatrie in Betracht ziehen und ernsthaft erforschen sollte.

Hier möchte ich den Leser auf folgenden Umstand warnend hinweisen: Obwohl ich versucht habe, meine Erlebnisse so objektiv wie möglich zu beschreiben, stellte ich doch während der ersten meiner fünf Reisen nach Indien fest, daß die Methode des objektiven und unbeteiligten Beobachtens ein großes Hindernis auf dem Weg zum Verständnis darstellt! Ich konnte es mir nicht leisten, mich hinter der Rolle eines studientreibenden Experten zu verschanzen. Um jene Phänomene zu verstehen, mußte ich ein Teil ihrer selbst werden.

Tatsächlich wurde mir die Richtung von Sai Baba persönlich gewiesen: „Du mußt tief ins Meer hinabtauchen, um die Perlen zu finden. Welchen Wert hat es, am Strand in den Wellen zu plantschen und zu schwören, daß es im Meer keine Perlen gibt, und daß alle Geschichten darüber erlogen sind? Das gleiche gilt hier: wenn du den vollen Nutzen aus diesem Avatāra ziehen willst, dann tauche tief hinab und versenke dich ganz in Sai Baba.“

Diejenigen, die streng an der wissenschaftlichen Tradition festhalten, werden dies als schauerlichen Irrtum ansehen. Viele Verhaltensforscher aber haben dieser Annäherung gegenüber eine gesunde Einstellung und billigen sie. Denn selbst in der Hitze intensiver innerer und äußerer Reaktionsabläufe ist es noch möglich, die Stellung eines Zeugen und Beobachters beizubehalten. Ich glaube, daß ich bei meiner Begegnung mit Sai Baba diese Position beibehielt und daß ich damit eine zusätzliche Dimension in diesen Bericht einbringe: Eine Beobachtung aus erster Hand über die Erfahrung, die eigene Seele in der Verwandlung zu erleben.

Wer ist Sai Baba? Vorausgesetzt seine Kräfte sind echt, wie kann er uns tiefer in die innersten Geheimnisse unserer Existenz einführen? Das waren die grundsätzlichen Fragen, mit denen ich meine Forschung begann. Wenn Sie, lieber Leser, mir bis hierhin gefolgt sind, lade ich Sie nun ein, gemeinsam mit mir die Reise zu diesem heiligen Mann anzutreten und durch diese rätselhafte Persönlichkeit ein erregendes und inspirierendes Feld der im Menschen schlummernden Kräfte kennenzulernen.

Teil I Die Reise

Süßigkeiten, Süßigkeiten

‚Was tue ich eigentlich hier?' Teilnahmslos stand ich neben meinem Freund Alf Tidemand in der Vorhalle des großen Sommerhauses, in dem Sai Baba wohnt, wenn er sich in Bangalore aufhält. Es war Abend. Insekten umflogen ziellos die Glühbirnen, und eine Eidechse hastete in unregelmäßigem Zickzack eine Wand hinauf. Ich fragte mich, wie sie sich dort festhalten konnte. Meine Augen suchten angestrengt nach den Saugnäpfen an ihren Füßen.

Ich war erschöpft. Meine Knochen und mein Hinterteil schmerzten von dem stundenlangen, ermüdenden Sitzen mit gekreuzten Beinen. Mein Magen grollte als Reaktion auf das ungewohnte scharfe indische Essen. In zehn Tagen hatte ich zehn Pfund abgenommen. Ein primitiver Ventilator drehte sich in nervtötender Monotonie an der Decke. Er schaffte es kaum, die Luft in Bewegung zu setzen und schon gar nicht meine trägen, niedergeschlagenen Lebensgeister.

Zwei hölzerne Elefanten auf Sockeln bewachten mit erhobenem Rüssel die Tür zwischen der Vorhalle und dem Innern des Hauses. Vor mir standen auf der einen Seite eine Fußbank und ein mit Stücken roten Samtes bedeckter Stuhl, der an einen kleinen Thron erinnerte. Dieser Stuhl, den Sai Baba des öfteren benutzte, war praktisch das einzige Möbelstück in dem sonst leeren Raum.

„Keine zehn Pferde würden mich nach Indien bringen", hatte mein Bruder Don bei meiner Abreise liebenswürdig und mitfühlend verlauten lassen. „Sam, was versprichst du dir davon? Du bist ein erfolgreicher Psychiater mit einer guten Stellung an der Universität. Du hast eine gesunde und glückliche Familie. Du lebst am Meer, im besten Klima der Welt. Was um Himmelswillen willst du mehr? Es ist einfach unverantwortlich und verrückt von dir, nach Indien zu gehen, um einem Traum nachzujagen. Du setzt möglicherweise deine Gesundheit aufs Spiel und machst deine Familie unglücklich."

Ich hatte mich schon oft gefragt, woher meine innere Unzufriedenheit, diese alte Sehnsucht, einen tieferen Sinn im Leben zu finden, stammt. Dazu kam die im Westen immer häufiger auftauchende Literatur über Hellsichtigkeit, Telepathie und über Menschen, die offensichtlich Heilkräfte besitzen – die Frage nach anderen Bewußtseinsebenen, anderen Dimensionen der Realität. Existierten derartige Phänomene tatsächlich? Und wenn es sie gab, konnten sie dann etwas Licht auf die Frage nach Sinn und Zweck des Lebens werfen? War es vielleicht doch nicht einfach neurotisch von mir, um die halbe Erde zu reisen, um einen Mann zu treffen, von dem berichtet wird, er wisse alle Antworten auf diese uralten Fragen – und der dazu angeblich noch Wunder vollbringen kann?

Neun Jahre hatte ich mich mit Psychiatrie befaßt. Neben meiner privaten Praxis lehrte ich als Assistent für Psychiatrie an der Universität von Kalifornien in San Diego, hatte tausende von Patienten behandelt und war im Verlauf meiner Ausbildung auch selbst behandelt worden. Ich hatte viele Jahre lang nach einem Weg zu tieferem Frieden und nach einem tieferen Sinn gesucht – und empfand immer noch die gleiche Sehnsucht, war immer noch ein Suchender.

‚Ich hoffe, du bist jetzt glücklich, Sam', dachte ich kleinlaut. ‚Dieser Sai Baba, der angeblich ähnliche Kräfte wie Jesus besitzt, hat dich bisher noch keines Blickes gewürdigt. Wahrscheinlich weiß er nicht einmal, daß du überhaupt existierst.'

„Aber er kann Gegenstände materialisieren", hatte man mir erzählt. „Er ist allgegenwärtig, allwissend, allmächtig – und die Liebe selbst."

Nach nunmehr zehn Tagen in seiner Nähe war ich nach wie vor skeptisch. Hin und wieder schien er etwas zu ‚materialisieren', aber ich war viel zu weit entfernt, um genau zu sehen, was er eigentlich tat. Und überhaupt, wer würde schon glauben – solange er noch alle Sinne beisammen hat – daß ein menschliches Wesen die Fähigkeit besitzt, Dinge aus dem Nichts entstehen zu lassen? Zaubertricks und Täuschungen sind natürlich eine andere Sache.

Sai Baba hatte gerade eine Rede von neunzig Minuten vor etwa fünfhundert Menschen gehalten, die mich völlig verunsichert hatte. Was er da gesagt hatte, stand nicht nur im Gegensatz zu dem modernen psychiatrischen Gedankengut. Es schien Jahre hinter den neusten Entwicklungen herzuhinken und psychologisch gesehen naiv zu sein. Seine unqualifizierte Herausforderung an mein Gedankengut war wirklich ‚das Letzte'. Wie hatte ich auch nur einen Augenblick lang eine derartige Dummheit ernst nehmen können?

Ich, der ich meine Ausbildung in den besten Schulen, im fortschrittlichsten Land der Welt erhalten und mich mit den führenden Theorien auseinandergesetzt hatte, den neuesten Praktiken und Techniken der Psychiatrie, wie konnte ich nur erwarten, hier etwas Interessantes zu finden? Ich wußte doch mehr über Geist und Gefühle, Wege zu innerem Frieden, als irgendjemand in diesem primitiven, unterentwickelten Land. Sai Baba sollte mir etwas über den Weg zum inneren Frieden sagen können?

Diese ganze Reise war einzig und allein eine Übung in Selbstquälerei.

Alf und ich hatten vor, das Ashram-Gelände (Ashram: Wohnort einer geistlichen Gemeinschaft) zu verlassen, zum Taxi zu gehen und nach Bangalore zu fahren. Einige Wände trennten uns von der Rückseite des Hauses, wo lauter und anhaltender Applaus das Ende der Rede verkündete. Wir standen schweigend da.

„Ich fühle mich schrecklich schlecht, Alf – wie zerrissen. Es könnte sein, daß ich sogar eher zurück nach Hause muß." Alf nickte mit einem müden Lächeln auf seinen Lippen. Ich schaute auf den Boden, auf meine nackten Füße und wackelte mit den Zehen. Meine Reise war ein Reinfall. Ich war gekommen, um den Sinn des Lebens zu finden, aber was ich fand, war Verwirrung. Ich hatte keine Wunder gesehen und keine übermenschlichen Kräfte. Ich war einer von Tausenden, und Sai Baba nahm mich nicht wahr. Ich war ein Narr, und es wurde Zeit, daß ich nach Hause fuhr.

Da erschien er plötzlich. Schnell und anmutig schritt er auf uns zu, lächelnd und voll Fröhlichkeit. Er hielt uns zwei Stückchen Kandiszucker hin und sagte: „Süßigkeiten, Süßigkeiten!" Sein freudiger, liebevoller Blick hielt den meinen fest. Was für eine Botschaft sprach aus diesen Augen! Sie schienen von einem Verständnis zu sprechen, das jenseits meines Begriffsvermögens lag. Mich schauerte. Ich fühlte mit ganz großer Klarheit, daß dieser Mann von meiner Verzweiflung wußte und darauf reagierte.

Während der zehn Tage hier hatte er mir kein Zeichen des Erkennens gegeben. Wie konnte er jetzt wissen, wer ich war und was ich dachte, wenn er doch noch Augenblicke zuvor von hunderten von Menschen umgeben war und mich nirgends gesehen haben konnte?

Was wurde in diesem Bruchteil einer Sekunde übermittelt? Welten! Irgendetwas in mir brach auf. Ein Teil von Sai Babas Fröhlichkeit und Liebe durchdrang meine Seele und ich hörte mich selbst wie ein Kind lachen. Was für eine Liebe, Sanftheit und Zuwendung dieser Mensch verbreitete!

Wer war er?

Meine Überheblichkeit und mein egoistisches Festhalten an meinen eigenen, spezifischen Wertmaßstäben und Überzeugungen schienen in Schutt und Asche zu zerfallen und einer heiligen Scheu und einem Gefühl für das Mysterium Platz zu machen. Ich fühlte mich innerhalb eines einzigen verwirrenden und unwirklichen Augenblickes völlig verwandelt – und dann erkannte ich ruckartig, daß jedermann so umgewandelt werden kann, daß jedermann ein derartig wunderbares Potential in sich trägt.

Baba wandte sich schnell ab und verschwand in der gleichen Richtung, aus der er gekommen war. Er ließ mich mit offenem Mund stehen, mit einem Gefühl der Benommenheit und Demut.

„Was war das?" brachte ich schließlich fertig, Alf zu fragen und schaute dabei verblüfft in sein strahlendes Gesicht.

„Na, wenn du glaubst, daß das ganz normaler Zucker ist, Sam, dann hast du dich geirrt", sagte er. „Iß." Ich aß das Stück, fühlte die Süße in meinem Mund und spürte, wie gleichzeitig eine ganz wunderbare Empfindung in mir aufstieg. Als ich zu Alf hinschaute, konnte ich direkt spüren, wie mein eigenes Gesicht strahlte. „Ich bleibe", sagte ich.

Dr. Y. J. Rao,[1] Leiter des Instituts für Geologie der Osmania Universität in Hyderabad, war wohl der geeignetste Zeuge einer offensichtlichen Umwandlung von hartem Stein in etwas ganz anderes – mit einer wertvollen spirituellen Lektion als Zugabe.

Eines Tages in Puttaparthi[2] hob Baba ein unbehauenes Stück Granit vom Boden auf, reichte es Dr. Rao und fragte ihn, woraus es wohl bestehe. Der Geologe nannte einige der Mineralien, die der Stein enthielt.

Baba: „Die meine ich nicht – etwas, das tiefer liegt."

Dr. Rao: „Moleküle, Atome, Elektronen, Protonen ...."

Baba: „Nein, nein – noch tiefer!"

Dr. Rao: „Ich weiß nicht, Swāmī."

Baba nahm das Stück Granit wieder an sich, hielt es mit den Fingern hoch und blies darauf. Dr. Rao sagt, die unregelmäßige Form des Steins hätte sich in die Figur des flötespielenden Lord Krishna verwandelt. Er hatte den Stein während der ganzen Zeit nicht aus den Augen gelassen. Der überraschte Geologe bemerkte außerdem einen Farbunterschied und eine leichte Veränderung in der Zusammensetzung des Steines.

Baba: „Siehst du es? Hinter den Molekülen und Atomen ist Gott in dem Stein. Und Gott ist Süße und Freude. Brich den Fuß ab und probiere ihn."

Dr. Rao hatte keine Schwierigkeiten, den ‚Granitfuß' der kleinen Figur abzubrechen. Als er ihn in den Mund steckte, schmeckte er Kandiszucker.

Aus diesem Vorfall, so sagt Dr. Rao, lernte er etwas, was mit Worten nicht zu beschreiben ist und das jenseits jeder modernen Wissenschaft liegt, ja jenseits der Grenzen des rationalen Menschenverstandes unserer Zeit schlechthin: „Die Wissenschaft spricht nur das erste Wort, das letzte Wort aber kennen nur die großen spirituellen Wissenschaftler wie Sai Baba."

1 Zitiert aus: Howard Murphet, Sai Baba – der indische Psi-Meister, Frankfurt 1978.
2 Puttaparthi: Dorf in Südindien, wo Sai Baba geboren wurde und aufwuchs und wo sich sein Ashram befindet.

Wie hoch ein Vogel auch fliegen mag – früher oder später muß er sich doch auf einem Baumwipfel niederlassen, um auszuruhen. Und so wird der Tag kommen, an dem auch die Hochmütigsten, die Eigenwilligsten, die Ungläubigsten, ja selbst diejenigen, die behaupten, die meditative Betrachtung brächte keinerlei Freude und keinen Frieden, bitten müssen: Herr, schenke mir Frieden, schenke mir Trost, Kraft und Freude.

Gute Nachrichten

Gegen Ende des Jahres 1971 begann ich nach jemandem Ausschau zu halten, der mich Yoga und Meditation lehren würde. Ich hatte mit einer Reihe der ‚neueren' psychotherapeutischen Techniken experimentiert und dabei festgestellt, daß sich der Westen mit einigen dieser Techniken tatsächlich dem Yoga oder anderen spirituellen Praktiken annäherte, die seit tausenden von Jahren im Osten bekannt sind. Wie hatten diese alten Kulturen die menschliche Natur verstanden? Und auf welche Weise führten ‚spirituelle Praktiken' zu besserer geistiger Gesundheit?

Ich erfuhr, daß Indra Devi, eine Frau von internationalem Ansehen in Sachen Yoga, in Tecate, Mexico, nur achtzig Kilometer von San Diego entfernt, eine Ranch und Yoga-Zufluchtsstätte besaß. Ich hatte das große Glück, freundlicherweise von ihr zu einem Gespräch dorthin eingeladen zu werden. Es sollte ein interessantes und wichtiges Treffen werden.

Gleich hinter der Grenze fuhren wir, meine Frau Sharon und ich, durch das kleine Städtchen Tecate und weiter auf einer engen, nicht asphaltierten Straße entlang, die durch die Gebirgsausläufer hindurch führte und uns in ein großes offenes Gelände am Fuße eines Berges brachte, in eine weite, stille Gegend. Wir waren in Rancho La Cuchuma. Ich hatte das eigenartige Gefühl, eine andere Welt zu betreten, die mehr als nur die räumliche Entfernung vom hektischen Treiben San Diegos trennte. Die warme Sonne schien sanft und wohltuend, alles schien von Stille durchdrungen.

Schon das große, alte spanische Haus Indra Devis war ein Erlebnis für sich. Als Sharon und ich es betraten, wurden wir von einem riesigen Poster begrüßt; es zeigte einen Inder mit negroiden Gesichtszügen, einer natürlichen Afro-Look Frisur und leuchtend orangefarbenem Gewand. Er stand inmitten von ihm zu Füße sitzenden Bewunderern, die voll Ehrfurcht und Hingabe zu ihm aufblickten. Beides, das Poster wie seine Plazierung, fand ich etwas ungewöhnlich. So eine Dekoration war mir bisher noch in keinem Hauseingang begegnet.

Indra Devi erschien, um uns zu begrüßen. Sie wirkte wie eine frische Brise. Sie duftete nach einem außergewöhnlichen, sehr interessanten Parfum, fast wie nach Weihrauch, und ich hatte den Eindruck, es mit einem wunderbar offenen Wesen zu tun zu haben. Es war, als könnte ich wirklich spüren, wie ein Hauch durch ihren Körper ging. Sie bedeutete uns, ihr zu folgen, und während sie uns durch das Haus führte, sang sie ein fremdartig klingendes Lied – wie ich später erfuhr, einen Bhajan, ein Lied zum Lobe Gottes.

Unser Gespräch wandte sich schon bald dem geheimnisvollen Mann auf dem Poster zu: Sathya Sai Baba. Es schien, als sei sie in Gedanken ganz auf Sai Baba ausgerichtet, was immer ich auch für Fragen stellte. Sai Baba sagt dies, Sai Baba sagt das, bis ich schließlich ernstlich überlegte, wie seltsam dieses Benehmen doch für eine Frau in den Siebzigern ist. Natürlich ist es bei einem jungen Menschen, der nach Führung sucht, gar nicht so ungewöhnlich, daß er seinen Lehrer verehrt. Aber Indra Devi war eine reife, kultivierte und gebildete Frau. Im Verlauf ihrer ausgedehnten Reisen hatte sie die meisten der großen Āshramas besucht und einige der am höchsten entwickelten Yogīs und Sādhūs (spirituelle Männer) Indiens getroffen. Daß gerade sie sich in den späteren Jahren ihres Lebens plötzlich einer anderen Person so ergeben konnte, einem bloßen Sterblichen noch dazu – das hielt ich für ziemlich ungewöhnlich und bemerkenswert.

„Vor sechs Jahren“, sagte sie, „hat Sai Baba mein Leben verändert. Er ist ein Meister und Lehrer, dessen Kräfte unser Verständnis übersteigen.“ Mit wachsendem Unbehagen und Unglauben hörte ich zu, wie sie eine schier endlose Liste seiner ‚Kräfte‘ aufzählte. Er konnte zum Beispiel Dinge aus dem Nichts entstehen lassen.

Sie selbst hatte zahlreiche dieser Materialisationen gesehen und schilderte mir, wie Sai Baba durch eine kreisförmige Bewegung seiner Hand Vibhūti – heilige Asche – produziert, eine Substanz, die angeblich spirituelle und heilende Eigenschaften besitzt – für den Hindu ganz ähnlich dem, was das Weihwasser für die Katholiken ist.

Sie machte uns vor, wie er eine große, metallene Urne voller Vibhūti einfach aus der Luft geholt hatte, indem er lediglich ein paar dieser horizontalen Kreisbewegungen seiner rechten Hand im Uhrzeigersinn vollführt hatte. Baba hatte ihr gesagt, daß sich diese Urne immer wieder von selbst auffüllen und niemals leer sein würde. Und tatsächlich hatte sie sich während der folgenden Jahre immer wieder von selbst aufgefüllt, wie sie sagte, obwohl sie viel Vibhūti daraus verschenkt hatte und die Urne oft fast leer war.

Die bekannte Lehrerin und Schriftstellerin fuhr dann fort, von weiteren übermenschlichen Fähigkeiten zu berichten, die sie Sai Baba zuschrieb. Es wird berichtet, daß er ein Unwetter einfach aufhielt und vor einem ungläubigen Beobachter einen Regenbogen entstehen ließ. Daß er Menschen beschützte, indem er Ereignisse im Leben der Menschen und Kräfte der Natur beeinflußte, daß er Anhänger über große Entfernung hinweg aus Gefahrensituationen rettete und daß er zumindest einen Menschen von den Toten auferweckt hatte...

Nach all dem überraschte es mich nicht zu hören, daß Sai Baba die Vergangenheit, Gegenwart und Zukunft eines jeden einzelnen kennt, der zu ihm kommt, daß er sich in andere Daseinsformen – einschließlich der nichtmenschlichen – verwandeln oder aber auch, daß er an zwei verschiedenen Orten gleichzeitig sein kann.

Trotz all seiner scheinbar ins Uferlose gehenden Fähigkeiten, sei Sai Babas größtes Wunder – so Indra Devi – sein echtes spirituelles Wissen und seine Fähigkeit, Menschen zu Gott zu führen. Sie meint, wenn man wissen möchte, wie eine Begegnung mit Jesus, Buddha oder Krishna gewesen sein muß, dann sollte man sich zu Sai Baba begeben, denn er verkörpere sie alle. „Man ist in seiner Gegenwart in eine so liebevolle und solch tiefe spirituelle und heilige Atmosphäre gehüllt, daß viele auf der Stelle ‚umgedreht' werden, und fast jeder eine tiefe innere Bewegung spürt.

Sie sprach von ihren persönlichen Erfahrungen, wie zum Beispiel der mit der Aufnahme, die sie von Sai Baba machte und in den Vereinigten Staaten entwickeln ließ. Eines Tages stieß jemand beim Durchblättern des Albums auf das Foto und fragte: „Mātāji (‚Mutter': ein respektvoller Name, der Indra Devi gegeben wurde), warum ist es mit Staub bedeckt?" Sie betrachtete das Bild und war sprachlos. Der Staub war ganz offensichtlich Vibhūti, heilige Asche, die auf dem Bild entstand – und das mehr als 20.000 Kilometer von Sai Baba entfernt. „Ich habe es eingerahmt, und das Vibhuti entsteht weiterhin", sagte sie ergriffen.

Sie zeigte mir das Bild. Ein zusammengepreßtes, staubähnliches Material füllte den Raum zwischen Foto und Glas – ziemlich ungewöhnlich vielleicht, aber kaum ein überzeugender Beweis für ein Wunder. Ob sie wohl annahm, daß ich nun all diese Geschichten aufgrund dieses ‚Beweises' glaubte? Wie leicht wäre es doch für jemanden gewesen, sie an der Nase herumzuführen – oder wer weiß, vielleicht hatte sie es sogar selbst getan. Jedenfalls ist das auf keinen Fall ein Beweis, daß der Messias gekommen ist, dachte ich.

„Sehr interessant", hörte ich mich sagen. Sai Babas glühende Anhängerin aber fuhr fort, so ausführlich über seine Herrlichkeit und seine unbegrenzte Macht zu reden und so unglaubliche Geschichten zu erzählen, daß ich schließlich nicht mehr konnte und nur noch mit halbem Ohr hinhörte. Sie fuhr fort, in dieser beinahe ekstatischen Weise zu reden, führte uns in ihrem Haus umher und zeigte uns verschiedene Gegenstände, die Sai Baba angeblich materialisiert hatte. Ein eigenartiges Erlebnis, mit all diesen Geschichten bombardiert zu werden und gleichzeitig zu wissen, daß sie kaum der Wahrheit entsprechen konnten.

Wenn es vielleicht auch stimmte, daß andere offenbar ihre Darstellungen bestätigen konnten – sie nannte Namen angesehener Leute, die, wie sie sagte, Sai Baba gesehen hatten und denen er die Augen geöffnet hatte – so entsprach das doch einfach nicht meinem Begriff von Realität. Wahrscheinlich befand sich Indra Devi gerade in einem Zustand geistiger Abwesenheit, in dem sie, aufgrund ihres großen Bedürfnisses zu glauben, wie in Trance umherlief, Dinge hierhin und dorthin stellte und Vibhūti verstreute. Vermutlich konnte sie sich dann im Wachzustand nicht mehr an ihr Tun erinnern und schrieb diese Vorkommnisse einfach diesem Sai Baba zu.

Sie lächelte mich wissend an: „Als ich zum ersten Mal von Sai Baba hörte, wollte ich auch nicht glauben, daß so ein Mensch tatsächlich existiert", sagte sie. „Man überhäufte mich mit Geschichten, bis ich schließlich kein einziges Wort mehr glauben konnte. Es war so, als hätte ich zuviel Zucker gegessen und könnte nun einfach nichts mehr sehen davon. Ich mußte Abstand gewinnen, um all diese Informationen langsam zu verarbeiten."

Ich fuhr nach Hause und konnte, ähnlich wie Indra Devi gesagt hatte, die ganze Sache nicht so recht verdauen. Um herauszufinden, ob dieser Mann wirklich existierte, stellte ich ein paar Nachforschungen bei einigen Leuten an, deren Namen sie mir genannt hatte. Es wurde mir erklärt, daß er nicht nur existiert, sondern daß darüber hinaus Millionen von Menschen an ihn glauben und auch schon viel über ihn geschrieben wurde.

Das faszinierte mich wiederum – da lebt heute in Indien ein geistiger Führer von Millionen Menschen und ist doch in der westlichen Welt praktisch unbekannt. Wie ist das in einem Zeitalter globaler elektronischer Nachrichtenübermittlung möglich, besonders dann, wenn auch nur das geringste wahr an dem ist, was über ihn berichtet wird?

Dann ging alles sehr schnell. Ich beschloß, nach Indien zu fahren, und Sai Baba selbst zu sehen. Natürlich war ich mit den Darstellungen weiterer Phänomene, die ihm ebenfalls zugeschrieben werden, mittlerweile vertraut: Hellsichtigkeit, Telepathie und andere sogenannte PSI-Kräfte, ähnlich den Geschichten über die Wunder Christi. Ich hatte sie immer für Wahrnehmungstäuschungen gehalten, die von leichtgläubigen oder wissenschaftlich nicht geschulten Geschichtsschreibern und Berichterstattern überliefert wurden.

Meiner Meinung nach lag dem Glauben an Wunder ein psychologisches Phänomen zugrunde, wie zum Beispiel das der Massenhysterie, des Gruppenwahns oder der Fähigkeit eines einzelnen, einen unheimlichen Einfluß auf andere auszuüben bis zu dem Punkt, wo ihre Wahrnehmung der Wirklichkeit verändert wird.

Die Gelegenheit, Vorgänge solcher Art selbst beobachten und ihre psychologischen Mechanismen untersuchen zu können, war für mich sehr verlockend. Ich hatte das Gefühl, daß ich, wenn ich Sai Baba aus der Nähe beobachten könnte, eine Ahnung davon bekommen würde, auf welche Art sich solch unglaubliche Geschichten verbreiten, wie es auch zur Zeit Jesu geschehen ist.

Ist es nicht eigenartig, dachte ich, wie sehr doch sämtliche Vorstellungen von der Wirklichkeit, durch die Notwendigkeit zu glauben ins Wanken geraten können? Wir sind solch kleine, unbedeutende und verwundbare Wesen, zu ängstlich, die Wirklichkeit so zu nehmen, wie sie ist. Aus diesem Grund müssen wir uns einen Gott und andere Existenzebenen konstruieren, damit wir uns sicherer fühlen und zuversichtlicher sein können.

Ähnlich den pragmatisch denkenden Existenzialisten war ich immer der Meinung, das Leben sei eigentlich absurd, unverständlich und sinnlos. Ich glaubte sogar, daß wir so eine Art Fehlleistung der Natur seien, aus dem Nichts kommend und zu Nichts werdend – hineingeboren in ein finsteres, verwirrendes Milieu, in dem sich die Menschen ständig bekriegen und bekämpfen, grausam und rücksichtslos anderen gegenüber. Außerdem hatte ich immer das Gefühl, daß uns höchstens etwas Spaß am Leben vergönnt sei, ein paar flüchtige Momente des Vergnügens – und sonst nichts.

Aber trotz allem – was war das für ein seltsames, unheimliches, ja fast elektrisierendes Gefühl bei dem Gedanken an die Möglichkeit einer höheren Realität, einer höheren Ebene des Bewußtseins und der Liebe?

Nein, nein – das ist doch nur eine Neurose. Solche Gedanken hatte ich schon vor langer Zeit begraben, vielleicht sogar schon bevor ich ein Teenager wurde, weil es einfach ein Zeichen der Schwäche war, dem Bedürfnis, an etwas zu glauben, das jenseits unserer Sinne liegt, nachzugeben. Außerdem gab es keinen Beweis dafür, daß tatsächlich irgend etwas jenseits unseres Wahrnehmungsvermögens existierte.

Es ergab sich, daß Indra Devi einen Monat nach unserem ersten Treffen nach Indien reisen wollte. Ich beschloß, sie zu begleiten. Ich würde als Wissenschaftler hingehen, um die wirklichen psychologischen Hintergründe einer von Mystizismus vernebelten Situation zu studieren ... und zu beweisen, daß es keinerlei Wunder gibt.

Briefe nach Hause

London: Dienstag, 9. Mai 1972, 7 Uhr

Liebe Sharon,

alle versuchen mich davon zu überzeugen, daß es sieben Uhr morgens ist. Die Sonne scheint, und jeder schreit herum und ißt Frühstück, aber sie können mir nichts weismachen – es ist 1 Uhr San-Diego-Zeit. Ich bin schrecklich müde. Ich kann nicht frühstücken, weil ich erst vor zwei Stunden zu Abend gegessen habe.

Ich genieße aber trotz allem meine Lage. Mātāji ist äußerst nett und sehr um mich bemüht. Sie hat diese Reise schon öfters gemacht und paßt wie ein Schießhund auf mich auf. So ist sie doch tatsächlich im John F. Kennedy-Flughafen auf der Suche nach mir drei Treppen hinauf- und wieder hinuntergerannt!

Ich habe alles gegessen, was Du mir eingepackt hast, bis auf eine Tangelo. Entschuldige, daß ich Dich durch meinen Anruf aus London so früh am Morgen geweckt habe. Meine Gedanken sind ständig bei Dir – ich liebe Dich sehr. Dieses Gefühl verstärkt sich, oder ich werde mir dessen einfach nur mehr bewußt, je größer die Entfernung zwischen uns wird. Ich weiß nicht, in welch eigenartige Lage ich mich selbst manövriere – ich werde abwarten müssen.

In Liebe, Sam.

Bombay: Donnerstag, 11. Mai, 6 Uhr

Meine Liebste,

es ist jetzt sechs Uhr morgens und mein Schlafrhythmus hat sich inzwischen geändert. Ich habe nach dem gestrigen Einkaufsbummel durch Bombay, der doch recht hektisch und anstrengend war, einigermaßen gut geschlafen. Ich vermisse Dich und möchte Dich bitten, Dich nicht um mich zu sorgen. In Gedanken bin ich immer bei Dir.

Der Flug verlief recht glatt, obwohl 29 Stunden im Flugzeug natürlich ganz schön langweilig und ermüdend sind. Wir flogen von New York nach Bombay in einer großen 747, und ich konnte die ganze Zeit bequem schlafen, indem ich mich über vier Sitze legte. Nach den vielen Fragen, die ich mir selbst über den Sinn der Reise stellte – warum bin ich überhaupt hier, und gibt es Baba wirklich, was wird passieren usw. usw. – kamen wir in Bombay um drei Uhr morgens an. Zwölfeinhalb Stunden Zeitunterschied zu San Diego.

Es war heiß, feucht und ungemütlich, als wir das Flugzeug verließen. Mein erster und bleibender Eindruck war, daß ich Bombay nicht mag, und ich hatte gleich den starken Wunsch umzukehren – wenn Sai Baba nicht gewesen wäre. Der Flughafen war schmutzig und abstoßend, ungemütlich öde. Kahle Wände, mit Schmierereien und Handabdrücken übersät, primitive Waschgelegenheiten und Toiletten, alles überfüllt mit dürren, an Proteinmangel leidenden, krank aussehenden Menschen. Ich war müde, verschwitzt und wie betäubt und fühlte, daß hier alle Voraussetzungen bestehen, Malaria, Gelbsucht, Su-gong-fu-Fieber und jede beliebige andere Krankheit aufzulesen. Ich traute mich kaum etwas anzufassen.

Als ich meine Reisetasche zurückbekam, stellte ich freudig und überrascht fest, daß nichts gestohlen und mein Geld noch immer da war. Nachdem wir Zoll und eine riesige Menschenmenge hinter uns gelassen hatten – viele bettelten um Geld, einige wollten es illegal tauschen – nahmen wir ein Taxi, Baujahr 1942, und fuhren in Richtung Innenstadt. Ein paar meiner ersten Eindrücke: Zwei kleine Mücken im Auto und ich, der ich für meine Gesundheit bete – Straßen in jämmerlichem Zustand. Der Taxifahrer macht die Scheinwerfer aus, um die Batterie zu schonen, dann hustet er – ich rücke von ihm weg und bete wieder für meine Gesundheit.

Dürre, ausgemergelte Menschen, die auf der Straße schlafen, die Glieder in alle Richtungen verrenkt. Hitze! Hitze! Feuchtigkeit! Beklemmend das alles. Streunende Hunde und Kühe. Ein Mann, verkrüppelt und gekrümmt, wäscht sich am Straßenrand in den Abwässern.

Meine Stimmung war auf dem Tiefpunkt, und ich war todmüde. Ich habe im West End Hotel in Bombay ein Zimmer genommen. Da wir erfahren haben, daß Baba nach Bombay kommen wird, um anläßlich einer Feierlichkeit in einem großen Stadion zu den Leuten zu sprechen, werde ich für zwei oder drei Tage hierbleiben.

Gott sei Dank ist mein Zimmer klimatisiert, und ich fühle mich wohl darin. Gleich am ersten Tag ging ich einkaufen, und meine Stimmung sank weiter: Die Stadt ist überbevölkert und schmutzig, und die Menschen sehen unterernährt aus. Die Reichen und Wohlhabenden sagen einfach: „Diese Menschen zahlen für ihre Sünden." Ich weiß nicht, ich denke in dieser Beziehung etwas anders, aber wer weiß – vielleicht kann mir Baba da weiterhelfen.

Als ich das Hotel zu einer Besichtigungstour verließ, bekam ich einen regelrechten Kulturschock. Ich fühlte mich wie betäubt und unsicher nach der langen Reise und dem ungeheuren Szenenwechsel. Die Sonne war grell, heiß, blendend. Tausende von Gerüchen, Geräuschen, Bewegungen und Aktivitäten machten mich schwindlig. Alle Arten von Gerüchen: Weihrauch, Kot, Essen, Menschen und Tiere.

Überall sind Kühe, Hunde und Affen, Menschen, die sich hierhin und dorthin bewegen – verwirrend, einfach alles überbevölkert. Anblicke und Geräusche jeder nur erdenklichen Art gaben mir einen kaleidoskopischen Eindruck und ich konnte geradezu fühlen, wie alle meine Sinne bombardiert wurden. Bimmel – bimmel, tingel – tangel ... Geruch hier, Geruch dort ... blendende Sonne, Reflexe in den Fensterscheiben, ein herumspringender Affe ... ein Hund hier, eine Kuh dort – Menschen rings um mich, die mich anstarren. Wie beschwipst und ein wenig schwindlig genoß ich es trotzdem, mich auf der Woge dieser Erfahrung treiben zu lassen, ganz eingefangen von der Herausforderung an meine Sinne.

Als ich so benommen umherspazierte, alles anstarrend, wäre ich fast mit einer Kuh zusammengestoßen. Und ich sah bald, daß ich nicht der einzige war, der sich auf einer Besichtigungstour befand. Hier war ich in meinem westlichen Aufzug genauso aufsehenerregend, als wäre ich ein Wesen von einem anderen Stern.

Früh am Morgen holte mich Mātāji mit einem Taxi ab, und wir aßen im Hause von Leuten, die etwas mit der Planung der Veranstaltung zu tun hatten, zu der Baba ins Stadion kommen würde. Es waren einflußreiche Leute – der eine ein reicher Industrieller namens Kamani, der andere ein großer, freundlicher Norweger namens Alf Tidemand. Soviel ich verstanden habe, ist er die Hauptperson in einem Kapitel des Buches von Howard Murphet mit dem Titel ‚Sai Baba – Man of Miracles' (Sai Baba – der indische PSI-Meister). Als ich Tidemand über sein erstes Zusammentreffen mit Baba befragte, erklärte er mir, es würde zu lange dauern, die ganze Geschichte zu erzählen und verwies mich auf Kapitel 16 des Buches. Vielleicht werde ich ein andermal Gelegenheit haben, seinen persönlichen Bericht zu hören. Er war wirklich sehr, sehr nett, hilfsbereit und fürsorglich und sagte Dinge über Baba und das Leben im allgemeinen, die meine Stimmung wieder etwas anhoben.

Es ist schon eigenartig: Jedesmal, wenn ich gerade an einem Tiefpunkt angelangt bin und das Gefühl habe, einem unsinnigen Traum nachzujagen, hebt sich meine Stimmung sofort wieder, wenn ich mit einem Anhänger Babas spreche. Ich weiß nicht genau, woran es liegt – aber irgendetwas Wahrhaftiges und Elektrisierendes kommt durch und gibt mir sofort Auftrieb. Es ist eigenartig, daß alle, die mit Baba in Berührung gekommen sind, sich in ihren Gefühlen und in ihrer Ausdrucksweise sehr ähneln; es ist so, als wenn sie eine gemeinsame Schwingung verspürten, die sie auch reflektieren können. Ich betrachte das alles als ein sehr gutes Zeichen.

Mein Gefühl schwankt also zwischen Niedergeschlagenheit und Hochstimmung, und ich kann fast spüren, daß irgendetwas mit mir geschehen wird. Etwas sehr wichtiges, etwas, das zum Mittelpunkt meines und Deines Lebens werden wird – unseres Lebens, meine Liebste, Allesgeliebte. Auch Du bist immer bei mir.

In Liebe, Sam.

Bombay: Freitag, 12. Mai

Liebe Sharon,

heute wird es viel zu tun geben. Ein Freund von Mātāji hat für mich eine Verabredung zu einer Lesung aus dem Buch von Bregu getroffen. Das ist meine erste Erfahrung mit einer solchen Situation und ich bin ziemlich aufgeregt. Ich wußte es nicht, aber das Buch von Bregu ist ein religiöses Schriftstück von besonderem Ruf. Es wurde angeblich vor 7000 Jahren geschrieben, und zwar von jemandem, der bereits auf einer höheren Bewußtseinsebene lebte und Zugang zu anderen Dimensionen der Wirklichkeit hatte.

Angeblich ist jedermanns Leben in diesem Buch niedergeschrieben – in der Tat eine ungeheuerliche Sache für einen Wissenschaftler und natürlich, wenn es wirklich wahr sein sollte, ein ganz schöner Schlag für unsere westliche Auffassung von Zeit und Wirklichkeit. Genauso ungewöhnlich ist übrigens auch die Methode, mit der der Vorlesende die entsprechende Seite oder das Kapitel aussucht. Er mißt einfach deinen Schatten, ganz gleich zu welcher Tageszeit man auch hinkommt – nichts weiter als das. Dann stellt er, von dieser Schattenmessung ausgehend, geheimnisvolle Berechnungen an und findet so die richtige Seite.

Denke nur einmal an die Kräfte, die hier wirken müssen, damit eine derart phänomenale Leistung aufgrund einer doch scheinbar so einfachen und zufallsbedingten Prozedur erbracht werden kann. Mir müßte man auf jeden Fall schon eine ganze Menge in dieser Lesung sagen, wenn ich daran glauben soll – nicht nur vage Allgemeinheiten, sondern ganz bestimmte Fakten, die außer mir niemand kennen kann. Und das ist genau das, was Mātāji passiert ist, wie sie mir versichert: Die genaue Aufzählung vieler ungewöhnlicher Ereignisse in ihrer Vergangenheit und Gegenwart, ja sogar Einzelheiten über ihre Zukunft.

So viel ich weiß, hat Sai Baba gesagt, daß Vergangenheit, Gegenwart und Zukunft ein und dasselbe sind, und daß wir als Menschen in unserem Zustand der Begrenztheit nur einen kleinen Ausschnitt sehen, den wir ‚Gegenwart' nennen. Sollte ich wirklich solch aufregende Erfahrungen mit dem Buch von Bregu machen, wird sich vielleicht auch mein Gefühl für die Zeit wandeln – wer weiß?

Sai Baba kommt zu der heutigen Festlichkeit, und ich habe das große Glück, mit jemandem hinzugehen, der mit für die Organisation verantwortlich ist. Da einige tausend Menschen dort sein werden, erwarte ich allerdings kaum, ihn aus nächster Nähe zu sehen.

Mātāji ist bereits nach Bangalore abgereist, einer Stadt in den Bergen, etwa 700 km von hier. Ich werde sie dort in ein paar Tagen treffen. Babas Sommerresidenz Brindavan, wo er Sommerkurse für Studenten abhält, liegt etwas außerhalb von Bangalore.

Ich denke häufig, wenn nicht ständig an Dich und die Familie. Ich fühle regelrecht Eure Gegenwart und küsse und umarme Euch. Bitte macht Euch keine Sorgen um mich. Ich bin ganz in Ordnung, wenn auch ein bißchen einsam.

In Liebe, Sam.

Erste Begegnung

Meine erste Begegnung mit Sai Baba, so ungewöhnlich sie auch verlief, erwies sich als recht typisch für alle, die noch folgen sollten. Nach unserer Landung in Bombay erfuhren wir, daß Sai Baba hier in einem großen Stadion erscheinen und dann zu seiner Sommerresidenz bei Bangalore zurückkehren würde. Ich beschloß, mir diesen religiösen Führer im Stadion anzusehen. Wie würde er auftreten, und was würde sich zwischen ihm und der riesigen Menschenmenge abspielen?

Am Tage seines öffentlichen Auftretens war ich bei einer Anhängerin Babas zum Mittagessen eingeladen, irgendwo am Stadtrand von Bombay. Sie erklärte mir den Weg zum Stadion und fuhr schon voraus, um einen guten Sitzplatz zu bekommen. Ich konnte mich noch etwas ausruhen und dann später folgen, denn ich war noch immer recht müde von der langen Reise. Bombay ist eine Stadt mit etwa sechs Millionen Einwohnern. Ich befand mich in irgendeinem kleinen Appartement, ganz verloren in der ausgedehnten Metropole und ein ganzes Ende vom Stadion entfernt. Baba würde gegen sechs Uhr abends erscheinen. Gegen fünf Uhr dreißig verließ ich das Appartement, um mir ein Taxi zu suchen.

Gerade als ich das Gebäude verließ, sah ich ein paar Leute, die einen etwas mitgenommenen roten Teppich ausrollten und Blumen über dem Eingang anbrachten. Ich blieb stehen und fragte, was das zu bedeuten habe. Die Antwort, die man mir Ausländer beiläufig gab, von dem ja kaum erwartet werden konnte, daß er ihre Bedeutung verstand, erzeugte in mir ein unheimliches Gefühl, ähnlich einem deja vu. Und je länger ich darüber nachdachte, desto verwirrter wurde ich: Niemand anderes als ausgerechnet Sai Baba persönlich sollte gerade in diesem Gebäude erwartet werden, um einen Anhänger zu besuchen, jemanden im neunten Stock, den ich nicht kannte. Was für ein außergewöhnlicher Zufall! ... Aber dann auch wiederum äußerst unwahrscheinlich – sicherlich reines Wunschdenken.

Hier war eine Handvoll Menschen, die einen alten roten Teppich ausrollten und in irgendeinem Stadion warteten zehntausende. Wie einfältig, auch nur die Möglichkeit in Erwägung zu ziehen, daß Baba hier erscheinen könnte. Zu dieser Zeit war ich allerdings schon so offen, in einer mir so fremden Kultur alles für möglich zu halten, und ich beschloß, noch ein wenig zu warten – einfach um mal zu sehen, was geschehen würde. Man zeigte mir den Weg zu dem Appartement im neunten Stock, wo ich eine kleine Gruppe meist älterer Menschen mit ihren jungen Kindern vorfand – keine jüngeren Erwachsenen und niemand aus meinem Kulturkreis.

Ein Mann an der Tür versicherte mir, daß Baba tatsächlich erwartet werde. Die Dame des Hauses hatte es ihm gesagt, und wir sollten nur geduldig warten. Ein Blick auf die Uhr sagte mir, daß Baba in fünfzehn Minuten im Stadion sein müßte. Wie verrückt ich schon geworden war, zu glauben, daß er tatsächlich hierher kommen würde. Reines Wunschdenken bei diesen Leuten. Wahrscheinlich waren auf diese Weise alle Geschichten über Baba zustandegekommen. Wie konnte ich annehmen, daß er gerade in dem Moment auftauchen würde, in dem ich vorhatte, das Haus zu verlassen, gerade dort, wo ich mich zufällig aufhielt im großen weiten Bombay – und das Minuten vor seinem Erscheinen im Stadion. Was für eine verrückte Vorstellung!

Ich lief also die neun Treppen hinunter und ging auf ein Taxi zu. Und stand dann da, unentschlossen, ob ich tatsächlich fahren sollte oder nicht. Wahrscheinlich war es wirklich vernünftiger, sich zum Stadion zu begeben. Baba würde in zehn Minuten dort sein. Aber ... wäre es andererseits nicht schön, ihn hier zu sehen, ganz aus der Nähe, ohne den Rummel und das Durcheinander einer riesigen Menschenansammlung? Sam, eigenartige Dinge geschehen mit dir, dachte ich – dich von einer so unwahrscheinlichen Möglichkeit ködern zu lassen.

Aber da, als ich gerade in das Taxi steigen wollte, fuhr ein weißer Wagen knapp an mir vorbei, und ich sah das charakteristische orangenfarbene Gewand und das buschige Haar und wußte, daß Baba tatsächlich das Appartement im neunten Stock aufsuchen würde. Bevor es mir selbst so richtig bewußt wurde, rannte ich wie ein Irrer hinter dem weißen Wagen her.

Dann aber bremste ich sozusagen in voller Fahrt. Ich kam zu mir und merkte, daß ich mich wie ein religiöser Fanatiker benahm. Ich mußte mich daran erinnern, daß ich ja eigentlich nicht sehr an Sai Baba glaubte. Obwohl das zugegebenermaßen ein ungewöhnlicher Zufall war, sollte ich doch etwas besonnener vorgehen und darauf achten, daß mir die Situation nicht über den Kopf wuchs und meine fünf Sinne durcheinanderbrachte. Mit dem Aufzug fuhr ich wieder hinauf in den neunten Stock und hörte, Baba sei in einem Zimmer. Alle warteten schweigend auf sein Erscheinen.

Einige Anhänger hatten mir erzählt, daß sie gleich beim ersten Zusammentreffen mit Baba erkannt hatten, daß er ein göttliches Wesen sei, und ich hatte von Menschen gehört, die in Ohnmacht gefallen waren oder sonstige außergewöhnliche Gefühlsreaktionen an sich erlebt hatten, als sie ihn zum ersten Mal von Angesicht zu Angesicht sahen. Ich wartete voller Spannung.

... Und da kam er schon: Anmutig, lächelnd, strahlend, nickte er allen Anwesenden zu, ein Mann von selbstsicherem Auftreten, mit großer Selbstkontrolle und fließenden, graziösen Bewegungen.

Er war schlank und gerade etwas über einen Meter fünfzig groß. Ich spürte keine überwältigende Gefühlsregung und fand ihn nicht so besonders ungewöhnlich. Ich hatte Künstler erlebt, und auch meine eigenen Lehrer und Professoren mit genausoviel Selbstbewußtsein und Selbstbeherrschung, die ebensoviel Respekt geboten.

Dennoch drängten sich die Leute, um näher an ihn heranzukommen und seine Füße zu berühren. Der Gedanke, das mitmachen zu müssen, brachte mich in Verlegenheit, und so zog ich mich etwas hinter die Menge zurück und beobachtete alles von dort aus. Er ging auf einen Mann zu, schaute ihm in die Augen, sagte etwas, und schon ging er zum Aufzug. Der Besuch hatte nicht länger als ein paar Minuten gedauert.

Auf dem Weg zum Stadion dachte ich über die Wahrscheinlichkeit einer solchen Zufallsbegegnung nach. Ich war sicher, wäre etwas derartiges einem Anhänger widerfahren, hätte er es gleich als Beispiel dafür genommen, was für eine Macht Baba über das Leben der Menschen ausübt. Für jemanden, der noch an Zufälle glaubte, war es jedoch nichts weiter als eben ein Zufall – so ungewöhnlich es auch gewesen sein mochte.

Ich kam zu spät zum Stadion, um noch eingelassen zu werden und mußte mich damit zufrieden geben, das Geschehen durch das Tor zu beobachten. Weit in der Ferne sah ich Baba. Er machte langsame, kreisförmige Bewegungen mit seiner Hand, die Handfläche nach oben gerichtet und hob sie dann ruhig mit einer Geste, die die Aufmerksamkeit der Menschen himmelwärts lenkte. Ich beobachtete ihn eine Weile, und dann kam er langsam in meine Richtung.

Sein Gesicht spiegelte sanftes Mitgefühl und Liebe wieder. Er hatte einen ungewöhnlichen, nach innen gewandten Blick, einen Ausdruck, der zu besagen schien, daß er in dieser und in einer anderen Welt gleichzeitig weilte. Ich hatte das Gefühl, als strahle er eine Art inneren Rhythmus aus, als ob das Bhajansingen der Menge tatsächlich in ihm seinen Ursprung hätte. Die Menschen streckten ihre Hände aus, um seine Füße zu berühren. Mit einer sanften Bewegung trat er zurück und bedeutete ihnen, es nicht zu tun.

In den bittenden, suchenden Augen der Menge und in ihren nach Berührung lechzenden ausgestreckten Armen und Händen sah ich wie in einem Spiegel die Intensität der tiefsten Sehnsucht und der innerlichsten Not der Menschheit. Dann, ohne mich überhaupt zu bemerken, drehte er sich um und ging zurück, einige hundert Meter von mir weg.

Der Herr muß in menschlicher Gestalt kommen und unter die Menschen gehen, damit sie ihm zuhören, ihn berühren, lieben, verehren und ihm gehorchen können. Er muß die Sprache der Menschen sprechen und sich verhalten wie sie, wie einer von ihrer Gattung. Wäre es nicht so, würden sie ihn entweder gar nicht beachten oder verleugnen, oder sich vor ihm fürchten und ihn meiden.

Aus dem Nichts

Obwohl Bangalore nur etwa 170 km von Puttaparthi, jenem Dorf, in dem Sai Baba aufwuchs, entfernt ist, so liegt es doch 700 m höher und ist mit einer kühlen Brise aus den Bergen und erträglichen Temperaturen gesegnet. Im Gegensatz dazu liegt Puttaparthi in einer Talmulde, von Bergen umgeben, die wie die Wände eines Ofens die heiße indische Sonne reflektieren. Die Temperaturen steigen bis auf 38-45 Grad im Schatten, und es hat den Anschein, als müßte alles ersticken und buchstäblich gebacken werden.

Als ich in Brindavan eintraf, hielt Baba gerade einen ersten Kurs über Spiritualität ab, der von nun an alljährlich stattfinden sollte. Ungefähr 300 auserlesene Studenten aus allen Teilen Indiens waren dazu eingeladen worden und sollten auch hier wohnen. Als Lehrer hatte Baba gut ausgebildete und fähige Männer und Frauen aus ganz Indien für diese Aufgabe gewonnen. Dies war also der Rahmen, in dem ich Baba während der nächsten zwei Wochen unter die Lupe nehmen würde.

Ich hatte vor, in einem Hotel, etwa 20 km von Brindavan entfernt zu wohnen und täglich mit dem Taxi dorthin zu fahren, um mitten unter den Studenten zu sitzen und den Vorlesungen über die spirituelle Geschichte und Vergangenheit Indiens zuzuhören. So hoffte ich auf die Möglichkeit, Baba öfters beobachten zu können, denn er wohnt häufig den Vorlesungen bei und schenkt den Studenten recht viel Aufmerksamkeit. Jeden Tag würde ich mit ihm zu Mittag essen und jeden Abend einen eineinhalbstündigen Vortrag von ihm hören.

Unter diesen Umständen hoffte ich Baba in vielen verschiedenen Rollen, Stimmungen und Situationen zu erleben und mir so ein rundes und klares Bild von dieser rätselhaften Persönlichkeit machen zu können. Ich würde alles genau beobachten und festhalten. Wenn tatsächlich etwas Ungewöhnliches, Geheimnisvolles, Mysteriöses, Transzendentales oder Göttliches an ihm sein sollte, dann sollte ich doch wohl einen Blick davon erhaschen können. Obwohl ich immer noch voller Zweifel steckte, fühlte ich doch, daß sich etwas ganz Besonderes und Bedeutendes abspielen könnte.

Bangalore: Sonntag, 14. Mai, 7 Uhr

Meine Liebste,

ich bin in einem engen, stickigen Raum, in dem es von kleinen krabbelnden

Viechern nur so wimmelt, Große, schwarze Ameisen an den Wänden und auf dem Boden, es riecht muffig und modrig und draußen regnet es. Ich bin von Bombay hierhergereist, obwohl Baba noch dort ist, einfach nur, um von den riesigen Menschenansammlungen wegzukommen und dem beklemmenden Gefühl zu entrinnen, daß meine Annäherungsversuche sowieso zwecklos sind. Ich hoffe, bald etwas anderes zu finden, aber in der Stadt ist viel los, und es sind einfach keine Zimmer frei.

Baba wird heute hierher zurückkehren, und ich erwarte dieses Ereignis mit einer Mischung aus Frustration und Ungeduld. Gestern bin ich zu seinem Āshram gefahren, etwa 25 km von hier entfernt. Ich liebe die Fahrten im Taxi und finde alles berauschend und unheimlich bizarr. Die Szene wechselt von wahnsinniger Betriebsamkeit in der Stadt zu tiefem ländlichen Frieden: Alte Kühe und Pferde wanken daher; ausgemergelte, verkrüppelte Bettelkinder; das Taxi schießt in eine Menschenmenge hinein und wieder heraus, um Busse herum, die schwarzen Rauch ausspucken; der Fahrer hupt ununterbrochen – und verfehlt Menschen und Tiere nur durch Gottes Gnade. Von Zeit zu Zeit erbärmliche Hütten, dann der Geruch von Gras, und ein kleines bestelltes Feld taucht auf. Ich setze mich zurück, lasse alles geschehen und bin aufgewühlt.

Brindavan ist unerwartet schön – die Bäume, ihre Formen und die Farben lassen sich kaum beschreiben. In einer himmlisch sanften Ruhe wiegen sie sich leicht im Wind. Ihre schönen roten Blüten ragen in den Himmel. Im Gegensatz dazu die Menschen, die da sitzen – barfuß, umwimmelt von Fliegen und Ameisen; viele räudige Hunde auf dem Gelände. Ich traf einige Amerikaner, einen Mann und seine Frau mit ihren Kindern, und ihre Erzählung von Babas Größe sowie ihre tiefe Verehrung für ihn richteten mich wieder auf.

Beim Einkaufsbummel gestern kaufte ich zwei wunderbare Teppiche, handgewebt von tibetanischen Flüchtlingen. Sie fielen mir auf, weil sie wohl meine derzeitige Gefühlslage widerspiegeln. Das Muster ist bizarr, die Farben stark und intensiv: Geheimnisvolle Drachen und andere Wesen in wirbelnder, sich auflösender Anordnung, so als würde ein Energieknäuel platzen, aufbrechen, sich entfalten.

Ich frage mich mehr und mehr, warum ich eigentlich hier bin. Ich höre immer wieder, daß all dem eine Art Plan zugrundeliegt, aber selbst dieser Gedanke hat für mich kaum einen besonderen Reiz, und ich warte wie betäubt und angeschlagen auf Baba. Bisher habe ich nur Zutritt zu dem äußeren Gelände des Ashrams, nicht aber zu jenem Bereich hinter dem inneren Tor, wo Baba die meiste Zeit verbringt. Ich darf die Hoffnung nicht aufgeben, daß man mich näher heranläßt. Vielleicht kann Mātāji helfen.

Ständig beschwöre ich Bilder von Dir und den Kindern herauf und bin immer wieder erstaunt, wie sie mir die vielen tausend Kilometer zu Euch überbrücken helfen. Dann sehe ich mir diese kahlen, langweiligen Wände an und den primitiven Raum und stelle fest, daß ich mich zwischen diesen beiden Welten mit erstaunlicher Geschwindigkeit hin- und herbewege. Ich bin jedesmal ganz verwirrt, wenn ich diese Welt mit der unsrigen zu vergleichen suche. Ich vermisse Euch alle und werde bald wieder bei Euch sein.

In Liebe, Sam

P.S. Wenn ich Baba sehe, werde ich ihn bitten, seine Hand kreisen zu lassen und etwas Schönes für Ruth, Rachel, Bethie und Judy zu geben. Ich liebe meine süßen Mädchen so sehr.

In Liebe, Daddy

Dienstag: 16. Mai 7.30 Uhr

Liebe Sharon,

es war schön, Deine Stimme am Telefon zu hören. Anfangs fühlte ich mich so weit entfernt, und ich brauchte ein paar Sekunden, um mich auf Dich einzustellen. Ich vermisse Dich und die Kinder sehr und denke oft an Euch. Ich werde sehr bald wieder bei Euch sein. Aber laßt mich nun ein paar Ereignisse der letzten beiden Tage schildern.

Ich hatte das Glück, Alf Tidemand wieder zu treffen. Er und Mātāji sprachen mit Baba, und so darf ich endlich auch in den inneren Teil des Ashrams hinein. Ja, ich darf mit den Studenten essen und sogar Babas Haus betreten. Das ist angeblich eine große Ehre. Ich habe auch Leute getroffen, die sechs Monate lang hier waren, ohne auch nur einen Blick von Baba zu erhaschen. Es war ganz sicher eine Ehre für mich, besonders nachdem ich ja frierend allein draußen vor dem Tor im Regen gesessen und bereits begonnen hatte mir vorzustellen, daß ich diesen weiten Weg wohl umsonst gemacht hatte, da man mir nicht erlauben würde, in seine Nähe zu kommen.

Aber es scheint so, daß jedesmal, wenn ich zutiefst enttäuscht bin, immer irgendetwas geschieht, was meine Laune und Stimmung hebt. Ich durfte endlich in Babas Nähe und lasse ihn keine Minute aus den Augen. Es ist aufregend, ihn zu beobachten. Ich bin von seiner Art, seiner Energie – seinen ausgeglichenen, spontanen Reaktionen fasziniert. Er benutzt keine Notizen, wenn er eine Rede hält und verwendet interessante, lebensnahe Geschichten, um einen Punkt klarzumachen.

Seine Reden sind sehr unterhaltend und aufschlußreich, obwohl mich seine strenge Morallehre ein wenig stört. Die Vorlesungen an dieser Schule unterstreichen eine Moral, die sich mit meiner modernen Auffassung nicht verträgt. Strenge Kontrolle über Sexualität und Aggression, keine Feindseligkeiten, immer nur Gutes tun.

Ich habe den Eindruck, daß die Studenten sich auf ihren Stühlen winden. Die Vorlesungen dauern 55 Minuten, eine nach der anderen, den ganzen Vor- und Nachmittag. Manchmal erscheint Baba, und dann wird es interessant.

Einmal in einer Vorlesung über Bewußtseinszustände ärgerte ich mich schrecklich über den Referenten, da er so viele Dinge von sich gab, die meiner festen Überzeugung völlig widersprachen. Letztlich behauptete er sogar, daß Gedanken im Grunde das gleiche seien wie Handlungen. Er behauptete, ein ‚schlechter' Gedanke sei dasselbe wie eine schlechte Tat. Das steht in absolutem Widerspruch zu jeglicher psychiatrischen Lehre. Ich begann schon ganz unruhig und ungeduldig zu werden – da gingen plötzlich alle Lichter aus, und das Mikrophon versagte den Dienst. In dem nun einsetzenden Tumult erschien Baba und lud den Sprecher, Alf Tidemand, ein paar andere Leute und mich in sein privates Eßzimmer. Welch ein Glücksfall – ein weiteres Beispiel dafür, wie ein glücklicher Zufall sich genau dann ergibt, wenn es mir besonders schlecht geht.

Babas Handlungen sind schon irgendwie außergewöhnlich. Er ist äußerst rege und fast immer voller Humor. Er hat eine hohe, weiche Stimme, strahlende Augen und bewegt sich mit der Geschmeidigkeit einer Katze. Er benimmt sich oft wie ein unschuldiges Kind, kann sich aber im Nu in eine gebieterische mächtige Persönlichkeit verwandeln. Während er nun Speisen auf die Teller häufte und uns bediente, schien er scherzhaft einen alten, fast zahnlosen Mann zu schelten, der sein Gesicht mit etlichen Streifen bemalt hatte und recht einfältig aussah. Er sagte etwas, klopfte sich den Bauch und verließ uns wieder.

Mit Hilfe eines Übersetzers fragte ich den Mann, was Baba gesagt hatte. Baba hatte ihn eingeladen, morgen eine Vorlesung zu halten und ihn gefragt, ob er ‚etwas im Bauch' habe, worüber es sich lohne zu reden. Der Mann hatte gelächelt und gesagt, daß er vorher nie wisse, was er sagen werde, daß er vielmehr einfach das Podium in dem Gefühl besteige, daß Baba durch ihn sprechen wird.

Später an diesem Tag kreuzte ich noch einmal Babas Weg und grüßte ihn in der üblichen ehrerbietigen Form, das heißt, ich legte die Handflächen aneinander wie beim Beten. Er berührte meine Hände und sagte, ich solle morgen wiederkommen. Soweit finde ich ihn warmherzig und außergewöhnlich interessant zu beobachten und anzuhören. Das heißt noch lange nicht, daß ich einen Gott in ihm sehe. Ich schreibe bald wieder.

In Liebe, Sam.

Mittwoch: 17. Mai, 8.15 Uhr

Liebste Sharon und Familie,

der gestrige Tag war lang. Bisher habe ich noch kein Wunder gesehen, obwohl ich jetzt das Privileg genieße, in Babas Haus und mit den wichtigsten Persönlichkeiten, die um ihn sind, zusammenzusein. Gestern sah ich einen der berühmtesten Tanzlehrer Indiens, der eine Ansprach hielt und auch eine Kostprobe seines Könnens gab. Außerdem sprach ich mit einem älteren Herrn, der viele Jahre mit Mahātma Gandhi zusammengearbeitet und sogar lange Zeit mit ihm im Gefängnis verbracht hat. Eine große Ehre für mich, ich war tief beeindruckt.

Jetzt muß ich wieder aufhören mit Schreiben, Alf Tidemand ist gekommen. Wir frühstücken jeden Morgen zusammen und gehen danach gemeinsam zum Āshram. Ich werde morgen weiterschreiben.

Donnerstag, 18. Mai

Liebe Sharon und Familie,

ich bin völlig down! Und das, obwohl ich lange Tage im Āshram verbracht, Baba oft gesehen habe und die Leute zu mir sagen, ich sei ein Glückspilz. Von dem Niveau der hier Anwesenden bin ich zwar beeindruckt, aber ich habe noch immer keine Wunder gesehen. Baba kann man nicht so leicht beeindrucken. Gestern kam ein wichtiger General aus Neu Delhi, um mit ihm zu sprechen – er wurde einfach wieder weggeschickt.

Ich traf einen der führenden indischen Wissenschaftler, den Atomphysiker Dr. S. Bhagavantam, der früher wissenschaftlicher Berater des Verteidigungsministeriums war. Gestern kam der Gouverneur aus einem der indischen Bundesländer. Und doch – wenn ich voller Schmerzen mit gekreuzten Beinen auf dem harten Boden sitze und versuche, Reis und Brot mit meinen Fingern zu essen, Wasser trinke, das möglicherweise verseucht ist, und mir vom Geruch der Gewürze übel ist ... und ich außerdem noch neben einem primitiven, zahnlosen, angemalten Mann im Pyjama sitze, der riesige Mengen Reis mit seinen Händen frißt und danach die Finger mit einer riesigen Zunge ableckt – dann frage ich mich, was in aller Welt ich nur hier tue.

Gestern, während einer der langweiligeren Vorlesungen, verbrachte ich eine ganze Weile damit zu beobachten, wie die Fliegen und Ameisen auf einer verschorften Wunde an Alf Tidemands Fuß herumkrochen. All das – aber noch immer kein Wunder – und meine Stimmung sinkt. Ich schwanke ständig hin und her zwischen dem Gefühl, daß ich für die Vereinigten Staaten der große Überbringer des Wortes Gottes sein werde, daß man mich als Verfechter der Gerechtigkeit umjubeln und auf den Schultern von Bewunderern durch die Straßen tragen wird – und dann dem anderen, daß ich auf einem Rettungsboot zu Hause angespült werde, ohne einen Pfennig, mit leeren Händen und völlig niedergeschlagen.

Ich bin gar nicht mehr davon überzeugt, daß ich Baba allein sehen werde, von der spirituellen Einsicht, die ich gehofft hatte hier zu erhalten, gar nicht zu reden. Wenn er mich überhaupt sehen wird, dann wohl erst kurz vor meiner Abreise – so jedenfalls war das bisher immer bei den anderen der Fall.

Obwohl ich versuche, Baba keine Sekunde aus den Augen zu lassen, verpasse ich doch immer wieder, wenn er angeblich etwas materialisiert. Entweder spüre ich einen Juckreiz und drehe mich um, oder irgendetwas anderes lenkt gerade meine Aufmerksamkeit ab. Dann flüstert mir Alf Tidemand plötzlich ins Ohr: „Hast du das gesehen, hast du das gesehen?", und dann bin ich enttäuscht, daß ich schon wieder eine Materialisation verpaßt habe.

Die Leute erklären mir, daß Baba sogar in dieser Hinsicht die Dinge beeinflussen kann, um sò möglicherweise den ‚Appetit' anzuregen oder auch die Standfestigkeit zu prüfen. Aber ich kann es nicht so ganz akzeptieren, daß hinter meinem ständigen Enttäuschtwerden ein Plan stecken soll. Nun ja, wenigstens ist es hell draußen, und ich bin erfrischt und bereit für einen weiteren ermüdenden Tag. Ich hoffe, daß endlich etwas passiert.

In Liebe, Sam.

Donnerstag: 18. Mai, 22.15 Uhr

Liebste Sharon,

der heutige Tag war anstrengend, aber auch außergewöhnlich. Anläßlich eines Festes ging Baba unter die Menge der Armen, die sich eingefunden hatten und gab ihnen Essen und Kleidungsstücke. Es war wunderbar. Er war überwältigend. Obwohl ich bisher noch kein echtes Wunder gesehen habe, stiegen mir Tränen in die Augen, denn ich fühlte zum ersten Mal ganz stark die Möglichkeit, daß ein allwissender, uns tröstender Vater in menschlicher Form existieren könnte.

Ich erinnere mich, daß ich mir vor einigen Monaten bei einer Meditationsübung, in der ich ein kleines Licht in der Ferne sah, die Frage stellte, ob ich wohl durch ein weit entferntes Fenster schauen und Gott auf der anderen Seite sehen könnte. Ich fühlte, daß ich IHN sehen würde, wenn ich nur nahe genug an das Fenster herankommen könnte. Als ich nun beobachtete, wie Baba liebevoll und fürsorglich Sachen an die Armen austeilte, überkam mich plötzlich die Erinnerung an diese Erfahrung. Ich hatte das Gefühl, ich sähe direkt durch das Fenster auf einen liebenden Vater, und Tränen stiegen in mir hoch.

Baba verfügt über eine erstaunliche Energie. Fast alle Aufgaben bewältigt er selbst, wie in diesem Fall das unermüdliche Verteilen von Kleidungsstükken. Seine Anhänger glauben, daß er jeden einzelnen, an dem er vorübergeht, kennt. Sie behaupten, daß er die Fragen des Publikums in seinen Reden sofort spürt und dann gleich die Antworten in seine Rede hineinflicht. Sie sagen, daß er das häufig macht und so gleich hunderte von Fragen auf einmal beantwortet. Ich sah ihn heute voller Energie an tausenden von Menschen vorübergehen und sie begrüßen, und tatsächlich entsteht ein ungeheuer starkes Gefühl des Vertrautseins und des Erkennens zwischen der Menge und Baba.

Das Abendprogramm war sehr anstrengend. Ich werde müde und sehne mich nach Hause. Man erzählt mir, daß Gott es mit seinen Geschenken normalerweise nicht allzu eilig hat. Gewöhnlich gehen wir durch eine Zeit der Prüfung, bevor wir reif dafür sind. Ich werde mich wohl mit den meisten Menschen der Erde identifizieren müssen, die an Gott glauben sollen, ohne einen konkreten Beweis zu Gesicht zu bekommen. Ich frage mich, warum ich überhaupt hoffen soll, etwas von einem Wunder oder einer klaren Vision einer höheren Wirklichkeit zu sehen – und doch versuche ich es immer wieder, trotz aller Enttäuschungen.

An diesem Abend sprach Baba wieder über rechtes Verhalten und Moral. Ich habe den Eindruck, daß er das genaue Gegenteil des modernen psychiatrischen Gedankengutes vertritt und Verdrängung und übermäßige Kontrolle befürwortet – eher eine viktorianische Moral. Ich war so enttäuscht, daß ich anfing, ernstlich eine frühzeitige Heimkehr zu planen. Er redete davon, daß man keine engen Hosen und keine langen Haare tragen soll, keine Modetorheiten mitmachen sollte, daß man Gedanken und Gefühle kontrollieren muß, und ging auf alle möglichen Ge- und Verbote ein. Nach dem Ende der Rede und den Gesängen drängten sich alle zu ihm – warfen sich auf den Boden und küßten seine Füße. Ich fühlte mich als Außenseiter.

Ich folgte Alf zum Haus und wartete drinnen mit ein paar anderen, während Baba hinter dem Haus eine Menge Besucher begrüßte. Zwischen uns lagen einige Wände und eine ziemlich große Entfernung. Dies war wohl der schlimmste Augenblick meiner Leiden, denn ich mußte erkennen, daß Babas Lehren meine Art zu leben direkt angriffen, ja sogar die Art der Ausübung meines Berufes. Ich dachte ernstlich an Abreise.

Und dann tauchte er ganz plötzlich vor uns auf, hielt uns zwei Stück Süßigkeiten hin und verschwand genauso schnell wieder, wie er gekommen war. Innerhalb von zwei Sekunden war alles wieder gut. Meine Stimmung änderte sich vollkommen. Ich stand da und kicherte wie ein Kind, ganz verwirrt und überwältigt von meinen Gefühlen. Es beeindruckte mich ungeheuer, daß er meine Qualen erkennen und darauf reagieren konnte, selbst während er direkt zwischen hunderten von Menschen und auf einer ganz anderen Seite des Hauses war.

Seit diesem bemerkenswerten Zwischenfall habe ich Babas moralisierende Sicht der Dinge noch einmal überdacht. Jetzt frage ich mich, wie ich dazu komme, meinen Wertmaßstäben so viel Glauben zu schenken, denn diese Maßstäbe reflektieren doch eine Gesellschaft, in der nicht gerade alles zum Besten bestellt ist. Die Hälfte aller Ehen in Südkalifornien enden heute mit Scheidung; Menschen vergewaltigen das Land, verschmutzen Luft und Wasser und töten sich gegenseitig, Liebe oder Gott bedeuten ihnen herzlich wenig.

Warum sollte ich dann wohl so stark an ‚modernen' Moralvorstellungen festhalten, wie etwa uneingeschränkter Ausdrucksmöglichkeit von Sexualität und Aggression ... Verstrickung mit den Sinnen und dem Sinnlichen bis hin zu Pornografie oder Exzentrik ... allen Gedanken und Phantasien in einer erregenden Jagd bis ins Absurde folgen, immer nur das tun, was man möchte, anstatt das, was man muß ... größtes Vertrauen in den rationalen Verstand setzen, in einem Maß, das schon an Anbetung grenzt – wobei man das Göttliche und die Religion abwertet.

Im Gegensatz dazu spricht Baba von Arbeit, Pflicht, Verantwortung, Hingabe, Verehrung und Liebe zu Gott. Er ist durch und durch ein Befürworter der Selbstdisziplin, der unermüdlich von Kontrolle und Distanzierung von den Sinnen spricht, und wie wichtig es sei, sein Augenmerk auf ein höheres Ziel zu richten. Ich hoffe schon seit langem insgeheim, daß sich in dieser Einstellung zum Leben die allem zugrundeliegende Wahrheit widerspiegelt und meine, daß sie deshalb auch befolgt werden sollte. Meine landläufige Erfahrung ging bisher dahin, daß ein gutmütiger Kerl nicht weit kommt. Eine solche Haltung zahlt sich einfach nicht aus, im Gegenteil, man wurde nur noch leichter verwundbar. Jetzt aber beginne ich zu verstehen, daß es einen tieferen Grund für den Glauben an diese vielleicht altmodische, aber doch sehr wichtige, solide und lebensnahe Haltung gibt.

Ich lerne hier, daß rechtes Tun und die rechte Einstellung uns näher zu Gott hinführen und näher hin zum Sinn des Lebens. Baba gibt den Menschen die innere Stärke, an diese vergessenen Tugenden zu glauben und ein Leben zu führen, das von der Hingabe an solche hohen Ideale erleuchtet wird. Ich merke schon, daß ich allmählich innerlich nachzugeben beginne und daß ich auch etwas von seiner Majestät erkenne.

Ich liebe euch alle und werde bald wieder schreiben.

In Liebe, Sam.

Samstag: 20. Mai, 18.00 Uhr

Liebe Sharon und Familie,

Jetzt habe ich also deutlich ein Wunder gesehen – eine Materialisation. Ich hege jetzt kaum noch Zweifel, daß Baba diese Macht wirklich besitzt. Es entstand etwas aus dem Nichts – genau vor meinen Augen.

Ich weiß nicht, warum es gerade jetzt passieren mußte. Vielleicht war es wirklich der Wendepunkt, als er sich mir vorgestern in meiner größten Verzweiflung näherte. Ich fange an, mich für besonders gesegnet zu halten. Vielleicht ist wirklich etwas wahres daran, daß Gott wartet und prüft und bestimmte Erfahrungen erst dann zuläßt, wenn man reif dafür ist.

Ich saß da und wartete auf den Beginn des Programms, als der Sprecher ankündigte, daß Baba einen Gastprofessor verabschieden würde. Baba erhob sich etwa zwei bis drei Meter von mir entfernt, wandte sich in meine Richtung, vollführte ein paar kreisförmige Handbewegungen, und aus dem Nichts erschien eine sehr große rosenkranzähnliche Kette, die er dem Professor um den Hals hängte. Was für eine Echtheit und Liebe lag in dieser Handlung! So ganz selbstverständlich ohne Pauken und Trompeten – etwas ganz Alltägliches für Baba. Und doch, was für ein Schock! Kannst Du dir vorstellen, daß er tatsächlich Gegenstände aus dem Nichts entstehen lassen kann?

Heute morgen hatte ich Gelegenheit, mit Dr. Bhagavantam zu sprechen. Ich habe ja schon von ihm berichtet; er ist ein angesehener Physiker von internationalem Ruf – eine beeindruckende Persönlichkeit. Er hat in Cambridge studiert und ist eine wissenschaftliche Koriphäe. Er begegnete Baba ursprünglich mit großer Skepsis, da er das Gefühl hatte, daß heilige Männer nicht dazu beitragen können, den Lebensstandard in Indien zu heben. Obwohl er keinerlei Interesse daran hatte, sich mit Baba zu treffen, fand er sich doch eines Tages mit ihm ins Gespräch vertieft, während sie am Ufer eines Flusses spazieren gingen.

Baba sagte: „Ihr Wissenschaftler habt ein verzerrtes Bild vom Leben. Ihr betrachtet immer nur die Dinge, die vergänglich sind. Wissenschaftler glauben, daß sie wichtige Gesetze entdecken und dabei etwas über die Wirklichkeit lernen. Aber über die wichtigen Dinge, die den Sinn des Lebens betreffen, wissen sie nichts."

Und Baba fuhr fort: „Glaubst du an Gott? Glaubst Du an die indische Tradition?"

Dr. Bhagavantam fühlte sich provoziert und erwiderte: „Warum sollte man erst Wissenschaftler werden, um gottlos zu sein? Ich bin stolz auf unsere Tradition. Mein Vater und meine Vorfahren waren alle Sanskritschüler, und sie ehrten die indische Tradition."

Er führte den angesehenen Wissenschaftler Robert Oppenheimer an, der oft der Vater der Atombombe genannt wird. Als in Neu Mexiko die erste Atombombe explodierte, baten ihn Reporter um eine Stellungnahme. Oppenheimer zitierte eine Passage aus der indischen Heiligen Schrift, der

Bhagavad-Gītā. Als Arjuna (ein Anhänger und Freund Krishnas) einst eine Vision Gottes hatte, beschrieb er sie folgendermaßen: „Es ist, als wenn tausend Sonnen zur gleichen Zeit am Himmel aufgingen." Oppenheimer verglich das durch die Atomexplosion erzeugte Licht mit Arjunas strahlender Vision Gottes.

Bhagavantam sagte: „Wenn ein amerikanischer Wissenschaftler von nichtindischer Herkunft im Moment seines größten wissenschaftlichen Erfolges einen indischen Text zitiert, warum beschuldigen Sie dann die Wissenschaftler der Gottlosigkeit?"

Das sollte aber nicht das letzte Gespräch zwischen Bhagavantam und Baba über die Bhagavad-Gītā sein. Schon bald danach schnitt Bhagavantam bei einem Zusammentreffen das Thema wieder an, und Baba fragte ihn: „Glaubst du an die Bhagavad-Gītā? Würdest du sie lesen, wenn ich dir eine gäbe?"

Bhagavantam erwiderte: „Ich würde sie vielleicht nicht unbedingt gleich heute lesen, ich würde sie aber ganz sicher in Ehren halten."

„Gut, dann strecke deine Hände aus", sagte Baba, nahm eine Handvoll Sand und ließ ihn in Bhagavantams Hand rieseln. Der Sand, behauptet Bhagavantam, verwandelte sich in diesem Augenblick sogleich in eine kleine Ausgabe der Bhagavad-Gītā.

„Ich bin ein rationaler Mensch, eine Art Agnostiker", erklärte er mir. „Ich war äußerst erstaunt, konnte aber auf keinen Fall etwas ohne eine fundierte wissenschaftliche Erklärung akzeptieren. Das Buch mußte ja aus irgendeiner Druckerei kommen, versuchte ich mir zu erklären, und fragte Baba in meiner Verblüffung, wo es denn gedruckt worden sei. Baba erwiderte darauf: ‚In der Sai-Druckerei. Ich habe als Schrift Telugu gewählt, da ich annehme, daß dies für dich einfacher zu lesen ist.'"

Dr. Bhagavantam erzählte mir lachend, es hätte anschließend noch vier Jahre gedauert, bis er tatsächlich von Babas Göttlichkeit überzeugt war. Während dieser Jahre sah er viele weitere unglaubliche Wunder und investierte viel Zeit und Energie in den Versuch, Baba zu durchschauen. Manchmal kam Baba auf ihn zu und sagte ihm, daß er in seinem Denken nicht richtig läge oder auch daß das, was er im Augenblick gerade dächte, richtig sei. Er schien also tatsächlich ständig mit Bhagavantams Gedanken in Verbindung zu stehen.

Ausschlaggebend aber war letztlich ein Vorfall, der sich vier Jahre später ereignete, als Baba zu Gast in Bhagavantams Haus war. Baba ging zu einem Tisch, auf dem ein großer Bogen mit Briefmarken lag, und bewegte langsam seine Hand über die Oberfläche. Bhagavantam erzählt, daß sich , als er genauer hinsah, jede Abbildung auf den Briefmarken in ein Bild von Sai Baba verwandelt hatte.

Ihm war klar, daß Baba das nicht aus dem Ärmel gezaubert hatte, und war nun endlich davon überzeugt, daß Sai Baba jenseits seines Begriffsvermögens steht.

Mein Glaube an derlei Geschichten wächst. Ich höre sie von jedermann, Wunder über Wunder, und nun habe ich selbst aus nächster Nähe und mit meinen eigenen zwei Augen ein sehr bewegendes Beispiel gesehen. Man erzählt mir von Babas Fähigkeiten, alles, aber auch alles über die Vergangenheit und Gegenwart der Menschen zu wissen, was sie denken und was im einzelnen in Zukunft geschehen wird. Ich sage mir selbst, daß ich das alles nicht so einfach vom Hörensagen her akzeptieren kann, nur weil ich jetzt gerade einen Aspekt seiner Kräfte gesehen habe (mit der Möglichkeit, daß ich vielleicht doch hinters Licht geführt wurde.) Aber ich fange allmählich an zu glauben, daß Baba tatsächlich ungeheure Kräfte besitzt und daß ich vom Schicksal äußerst bevorzugt bin, in der Gegenwart eines solchen Wesens weilen zu dürfen.

Erstaunlich! Unglaublich! Undenkbar! Die phantastischste, außergewöhnlichste Erfahrung – so als ob die am weitesten hergeholte Science-fiction Geschichte Wirklichkeit geworden wäre.

All das versetzt meinen bisherigen Maßstäben und Überzeugungen einen vernichtenden Schlag, und es ist schmerzhaft, sie aufzugeben. Aber wenn ich ein menschliches Wesen sehe, das einen konkreten Beweis für unsere Existenz jenseits von Raum und Zeit zu geben scheint, ein Wesen, das diese Wirklichkeit nicht nur vor aller Augen führt, sondern uns auch lehrt, wie wir zur Erkenntnis und Verwirklichung dieses höheren Selbst gelangen können – dann muß ich einfach zuhören. Ich bin keineswegs Zeuge irgendwelcher abstrakten Argumente verschiedener Schulen, noch irgendeiner Gehirnakrobatik über das Thema, ob Gott nun existiert oder nicht. Ich sehe ganz faßbare Beweise für eine solche Realität.

Wenn man einen Lehrer von diesem Format findet, dann kann man nur eines tun – ihm folgen. Und das bedeutet völlige Hingabe, so wie es in der Bibel durch Beispiele erläutert wird. Jene Geschichten in der Bibel sind nicht etwa symbolisch gemeint, sondern wahr. Es gibt eine richtige und eine falsche Verhaltensweise. Das Göttliche manifestiert sich tatsächlich, um die Menschen zu lehren. Gott erscheint tatsächlich auf der Erde. Es gibt Kräfte im Universum, Kräfte des Seins, die wir uns überhaupt nicht vorstellen können.

Alf sagt, es sei Babas Mission, das Krebsgeschwür herauszuschneiden, das unsere Gesellschaft auffrißt. Das ist nicht einfach, und jetzt bereitet er die Menschen auf diese Operation vor. Alf glaubt, daß sich eine weltweite Katastrophe ereignen wird und daß den Menschen eine Chance gegeben wird, ihre Wahl zu treffen, entweder ein rechtschaffenes Leben zu führen und einem Meister, wie Baba einer ist, zu gehorchen. Es gibt keine andere Wahl.

Ich werde ganz demütig bei dem Gedanken, daß ich nicht wirklich Herr über mein eigenes Schicksal bin, daß ich nicht der Handelnde bin: Gott ist der Handelnde. Trotzdem muß ich aber meine ganze Kraft daransetzen, meine Pflicht nach bestem Wissen und Gewissen auszuüben, ein rechtschaffenes Leben zu führen und das zu tun, was mir ein großer Meister wie Baba sagt. Es gibt keine andere Wahl.

„Gib deine Bindung an weltlichen Besitz auf", sagt er. „Arbeite hart, tue deine Pflicht, überwinde die fünf Sinne. Sei voller Liebe, fange an, Deine innere Stimme zu hören und zu verstehen und folge ihr. Meditiere und finde Gott, der über und unter dir, um dich herum und in dir wohnt."

Ich bin traurig und ängstlich, wenn ich daran denke, daß ich möglicherweise so viele Dinge aufgeben muß, von denen ich annahm, daß sie mir Freude und Vergnügen brächten. Und dann dieses Gefühl der Hilflosigkeit und der Verwundbarkeit angesichts Babas unheimlicher Macht. Meine grundlegenden Überzeugungen sind ins Wanken geraten. Mir wird langsam klar, daß auch böse Mächte existieren müssen, und ich fühle mich etwas hilflos bei dem Gedanken, daß es mir unmöglich ist, die Dynamik, die Mechanismen und die Gesetze einer solchen Macht zu begreifen, eben weil sie unfaßbar sind.

Da ich mir über Babas Pläne und Absichten nicht im klaren bin, fürchte ich manchmal, daß er selbst möglicherweise ein Element der Schwarzen Magie sein könnte, und ich bekomme Angst. Gestern Nacht schlich ich mich in mein dunkles Hotelzimmer, öffnete behutsam die Badezimmer- und Schranktüren, schaute vorsichtig hinein – und war heilfroh, daß mich keine Kobolde oder Geister ansprangen.

Ich fühle mich wirklich wie ein neugeborenes Kind, erstaunt über das, was ich sehe. Langsam begreife ich diese neue Realität, ohne dabei genau zu wissen, wie ich ein Teil von ihr werden kann. Obwohl mich die Erzählungen über Babas beschützende Kräfte trösten, habe ich im Moment nicht diesen festen Glauben an seine Gnade wie so viele seiner Anhänger, und ich fühle mich daher auch nicht durch sie beschützt.

So, nun habe ich wohl alles berichtet. Ich weiß, ich sollte mich von ersten Eindrücken nicht völlig beherrschen lassen. Ich warte ab, daß sie sich erst einmal setzen und werde nach weiteren Beweisen Ausschau halten – und natürlich schreibe ich bald wieder.

In Liebe, Sam.

Zerschmetterter Fels

Fast unmittelbar nachdem ich besagten Brief geschrieben hatte, passierte etwas, das mein Inneres total verwandelte. Es war, als würde ein Felsbrocken mit einem einzigen Hammerschlag zertrümmert. Man nenne es Bewußtseinveränderung, Verschiebung meiner geistigen Sicht der Realität, religiöse Bekehrung oder transzendentale Erfahrung – es ist jedenfalls wesentlich leichter, das Phänomen zu benennen als es zu beschreiben. Die Briefe, die noch folgen, illustrieren diesen Wandel. Unterdessen möchte ich aber einen Moment lang verweilen und mir all die Faktoren in Erinnerung rufen, die zu dieser profunden psychologischen und spirituellen Reaktion beigetragen haben und sie untersuchen – von meinem persönlichen Standpunkt aus, dem eines fühlenden menschlichen Wesens, und auch von dem eines Psychiaters.

Einer der wichtigsten Gründe, weshalb ich dieses Buch schreibe, ist mein Wunsch, einige meiner wunderbaren Erfahrungen mit den Menschen zu teilen, die sich ebenfalls nach dem Licht sehnen. Auch wenn wir zur Zeit wenig über die Elemente und Mechanismen wissen, die bei einer spirituellen Transformation mitspielen, so genügt es doch eigentlich schon zu erfahren, daß derartige Phänomene überhaupt existieren. Zu wissen, daß viele Menschen ähnliche außergewöhnliche Erfahrungen gemacht haben oder wenigstens miterlebt haben, kann in das Leben jener, die noch suchen, Freude bringen und die Kraft, ihren Weg weiterzugehen.

Was kann einen Menschen dazu bringen, die Wirklichkeit plötzlich ganz anders und neu zu sehen? Warum wird der eine schon beim bloßen Anblick Babas verwandelt, während ein anderer einige Zeit braucht, bis er Baba ausgelotet und studiert hat? Und wieder ein anderer ändert sich kein bißchen, egal wieviel Kontakt er zu Baba hatte und trotz der unfaßbaren Beweise seiner Größe. Ich habe versucht, das zu analysieren, habe es jedoch aufgegeben. Die Antwort ist mir einfach zu hoch.

Ich erinnere mich, daß ich irgendwo gelesen habe, was Baba auf die Frage antwortete, warum manche Menschen im Āshram wohnen, sich Disziplin auferlegen, meditieren und an Gottesdiensten teilnehmen und allem Anschein nach voller Hingabe sind und dennoch kaum einen inneren Wandel erleben, während andere schon nach kurzer Zeit plötzlich in Seligkeit und Freude schwimmen und ganz neue Menschen werden. Baba vergleicht sie mit einem Felsen, der eine ganz spezifische Bruchfestigkeit hat, sagen wir bei zweiundzwanzig Hammerschlägen. Er hat vielleicht in einem früheren Leben schon zwanzig Hammerschläge bekommen, so daß er nur mehr zwei benötigt, um ganz auseinanderzubrechen, während ein anderer vielleicht nur zwei erhalten hatte und deshalb in diesem Leben noch zwanzig braucht.

Anschauungen wie diese, die eine völlig andere Dimension der Realität fordern, sind jenseits meines Bewußtseinsniveaus, und so kann ich über viele der hier wirksamen Faktoren einfach nichts sagen. Es ist mir bewußt, daß meine Möglichkeiten, mein Erlebnis anderen so mitzuteilen, daß sie am Wesen dieser Transformation wirklich teilhaben können, begrenzt sind. Aber ich kann etwas Licht in diese Vorgänge bringen, indem ich meine Reise noch einmal an mir vorüberziehen lasse – und ich darf dem Leser versichern, daß eine tiefgreifende innere Wandlung tatsächlich möglich ist, daß sich eine faszinierende neue Einsicht in die Welt und das Leben offenbart...und daß man fühlt, wie man wieder festen Boden unter den Füßen gewinnt. Diese wunderbare Wandlung konnte ich an mir erleben.

Als ich von meiner ersten Indienreise zurückkehrte, war ich in einer so euphorischen Stimmung und berauscht von dem, was ich erlebt hatte, daß ich dachte, jeder müsse an dem, was ich gesehen und erfahren hatte, interessiert sein und sich dafür begeistern. Es war mir absolut unverständlich, daß die meisten Menschen statt dessen nur mit den Achseln zuckten und ihren gewohnten Weg weitergingen. Ließ ich etwa einen ganz wesentlichen Teil bei meiner Erzählung aus, oder konnten sie nur etwas Bestimmtes einfach nicht sehen?

Bald nach meiner Rückkehr luden meine Frau und ich etwa 250 Freunde und Kollegen zu einem geselligen Abend ein. Ich hatte einige angesehene Leute gebeten – vielleicht als eine Art Rechtfertigung für mich selbst –, ebenfalls von ihren Erlebnissen mit Baba zu berichten und ihre Eindrücke von seiner Persönlichkeit zu beschreiben. Wir zeigten darüber hinaus etliche sehr schöne Filme, die Babas Kräfte und seine einmalige Art, mit Menschen umzugehen, aufzeigen.

Ich war äußerst erstaunt, wie wenige wirklich interessiert waren. Bei meinen Arztkollegen büßte ich dadurch viel an Glaubwürdigkeit ein – und zwar in einem Maße, daß einige meiner Studenten darauf angesetzt wurden herauszufinden, wie verrückt ich inzwischen wirklich sei und ob ich überhaupt noch fähig sei zu lehren.

Da ich alles so intensiv erlebt hatte, vergaß ich völlig, wie unglaubwürdig und verwirrend meine Geschichte auf Menschen wirken mußte, die dies kaum oder gar nicht mit irgendeiner Erfahrung, die sie jemals gemacht hatten, vergleichen konnten. Ich hatte vergessen, wie ich selbst damals reagiert hatte, als ich Indra Devi zum ersten Mal über ihre Erfahrungen mit Baba hatte sprechen hören. Ich hatte auch vergessen, was ich in Indien durchgemacht hatte, bevor ich akzeptieren konnte, was mir meine Augen und mein Herz suggerierten. Wenn es so viel Mühe macht, seinen eigenen Augen zu trauen, wie soll es da einfach sein etwas zu glauben, von dem irgendjemand behauptet, es seien Dinge geschehen... ich werde später darüber berichten. Habe ich überhaupt die Qualifikation zur Bewertung übersinnlicher und psychologischer Phänomene?

Lassen Sie mich etwas über meinen medizinischen und wissenschaftlichen Hintergrund erzählen... und einige jener Entwicklungsstufen nachzeichnen, die zu meiner spirituellen Wandlung führten.

Ich wurde in eine Arztfamilie hineingeboren. Mein Vater war ein recht angesehener Gastroenterologe in Detroit. Er erzählte mir einmal, daß er mich kurz nach meiner Geburt auf seinen Arm genommen hatte und mir ins Ohr geflüstert habe: „Mein Sohn, du wirst Arzt werden." Ich erinnere mich an häufige Besuche mit ihm im Krankenhaus, wo ich mit seinem Verhalten den Patienten gegenüber und mit der Beziehung Arzt/Patient vertraut gemacht wurde. Schon in jungen Jahren wurde ich mit Situationen konfrontiert, die mich manchmal verlegen machten, die aber oft auch aufregend waren, wenn wir zusammen unseren Rundgang im Krankenhaus machten und ich einen Eindruck von den Schicksalen der Menschen bekam.

Ich begann mein Medizinstudium im Jahre 1958 an der Universität Michigan. Meine anfängliche Vorstellung war, jenen Menschen zu helfen, die sich in einem kritischen Zustand befanden, und ich wollte entweder auf einer Intensivstation arbeiten, wo alles aufregend und sehr aktiv zugeht, oder aber als Chirurg auf dramatische Art Menschenleben retten. Nach zwei Jahren Medizinstudium entdeckte ich jedoch, daß Chirurgie und allgemeine Medizin in einer Weise praktiziert werden, in der, wie ich meine, einige der Unzulänglichkeiten unserer Zivilisation zum Ausdruck kommen. Das heißt, wir haben zwar ein hohes Maß an Spezialisierung erreicht, was aber zu Lasten des Menschen als Ganzem geht. Irgendwie schienen mir bei all der Faszination mit Spezialgebieten und technischen Finessen die Prioritäten verschoben worden zu sein. Ich fühlte, daß irgendetwas daran zu mechanisch und zu krampfhaft wissenschaftlich war.

Ich erinnere mich an ein Ereignis, das diese Situation für mich ganz deutlich machte. Es geschah während einer Neurologievorlesung, zu der einer der Professoren einen Patienten in den Vorlesungssaal brachte, um an ihm vor etwa 150 Studenten bestimmte Behinderungen der Gesichtsmuskulatur zu demonstrieren. Dieser Mann war sehr verwirrt und unfähig zu sprechen – ganz offensichtlich durch sein physisches Leiden zusätzlich beeinträchtigt. Der Professor sah die Studenten an und bat, die Schädigung der Gesichtsmimik zu beobachten, während er dem Patienten Schmerz zufügte, und unternahm dabei auch nicht den geringsten Versuch, einen menschlichen Kontakt zu ihm herzustellen. Dann grub er seine Knöchel tief in die Brust des Mannes, quetschte die Haut und drückte auf den Knochen darunter. Das Ergebnis war eine schauerliche Grimasse auf der einen Gesichtshälfte des Mannes – die andere war ja gelähmt. Die Situation war hyperwissenschaftlich und ohne die geringste Spur menschlicher Wärme. Für mich wurde hier mehr demonstriert als nur ein Fall von Paralyse.

Mein Interesse an mehr abstrakten Fragen, die sich mit der eigentlichen Natur des Seins befaßten, und darüber, wie ich einen tieferen Kontakt zu meinen Patienten herstellen konnte, führten mich zur Psychiatrie. Die Ausbildung, die ich genoß, war sehr stark psychoanalytisch orientiert, da viele der Dozenten vom Psychoanalytischen Institut in Detroit kamen. Dieses Gebiet interessierte mich, und ich wollte gerade mit meiner eigenen Analyse beginnen, als meine Pläne durch eine zweijährige Militärdienstzeit durchkreuzt wurden.

Meine medizinische Erfahrung beim Militär sammelte ich hauptsächlich in stationärer Psychiatrie in Fort Sam Houston, San Antonio, wo ich für zwei, manchmal drei psychiatrische Abteilungen verantwortlich war. Alles in allem habe ich wohl mehrere tausend Menschen psychotherapeutisch behandelt und selbst auch an Einzel- und Gruppentherapien teilgenommen. 1969 bestand ich den höchsten Kompetenztest auf psychiatrischem Gebiet und wurde somit amtlich geprüfter (Board Certified) Psychiater. Ich habe Erfahrung mit vielen psychiatrischen Techniken, einschließlich der psychoanalytischen Therapie, Gestalttherapie, der bioenergetischen Therapie, Verhaltenstherapie und konditionierenden Verhaltenstherapien, Entspannungstechniken, Gruppen- und Familientherapie und Eheberatung ebenso wie Gemeinschaftstherapie, Drogentherapie und Partnerschaftstherapie in einem allgemeinen Krankenhaus.

1968 zog ich mit meiner Familie nach San Diego, wo ich heute eine Privatpraxis habe. Als Assistant Clinical Professor lehre ich klinische Psychiatrie an der University of California. Außerdem bin ich psychiatrischer Berater des Hämodialyse- und Nierentransplantationsprogramms der Universität.

Mein Interesse an dem Phänomen anderer Bewußtseinsebenen datiert zurück in die Zeit meines Medizinstudiums. Damals schon wurde mir klar, daß, abgesehen von einigen wenigen, die sich außerordentlich dafür interessierten, die meisten diesem Phänomen gegenüber doch recht gleichgültig eingestellt waren. Ich konnte nicht begreifen, warum. Ich erinnere mich besonders an die Lektüre von William James' „Varieties of Religious Experiences" (Verschiedenheit Religiöser Erfahrungen) während meiner Studienzeit, und wie tief mich dieses Buch bewegt hatte. Es überraschte mich, daß die Reaktionen vieler meiner Freunde auf dieses Buch so ganz anders als meine waren und verstand es nicht. Selbst als ich mich bereits mit Psychiatrie beschäftigte, ließ meine Faszination bei dem Gedanken an die Möglichkeit einer geistigen Transformation – die uns Einblick in das tiefere Wesen der Wirlichkeit gestatten könnte – nicht nach. Die üblichen psychiatrischen Schriften langweilten mich zum größten Teil, und ich fühlte mich viel mehr zu spirituellem und mystischem Schrifttum hingezogen. Ich fragte mich, warum es so wenig Interesse für diese Gebiete gibt und warum sie so wenig erforscht sind, denn gerade für den Psychiater sollten sich doch darin geeignete Studienobjekte finden, da dieser ja im allgemeinen an allen psychischen Veränderungen und deren Bedeutung für die Therapie interessiert sein muß.

Die durch religöse Erlebnisse hervorgerufenen Reaktionen schienen von ganz anderer Beschaffenheit zu sein als die, die bei psychiatrischer Behandlung auftreten. In welcher Beziehung standen diese Reaktionen zueinander, und was hatte Spiritualität überhaupt mit Psychiatrie zu tun?

Psychiatrie und Spiritualität

Zu Anfang meiner psychiatrischen Laufbahn fühlte ich mich zur Psychoanalyse hingezogen. Ich beobachtete, daß viele Menschen, die Gefühlshemmungen hatten, durch diese Behandlungsmethode Besserung verspürten. Es gab aber auch viele andere, die zu Beginn der Behandlung eigentlich gesund waren und lediglich mehr über ihre Existenz und ihr Selbst auf einem tieferen psychologischen Niveau ergründen wollten. Diese Personen schienen keine wesentliche Veränderung zu erfahren. Sie glaubten auch selbst nicht, daß sich ihre bisherige Einstellung und Verhaltensweise merklich geändert hätte, wenn auch viele behaupteten, sie hätten mehr persönliche Einsicht gewonnen.

Eine andere Beobachtung war, daß viele Analytiker, anstatt mit der Entwicklung ihrer beruflichen Karriere spontaner, humaner und zugänglicher zu werden, im Gegenteil sich ein strengeres Gehabe zulegten, sich bei Tagungen beispielsweise besonders intellektuell und zerebral gaben und sich bei gesellschaftlichen Anlässen eher absonderten. War das nicht ein Zeichen für die grundsätzliche Begrenztheit der psychoanalytischen Methode?

Ich kam schließlich zu folgendem Ergebnis. In unserer Entwicklung lassen sich zwei Hauptvorgänge unterscheiden: Einmal die zu einer immer stärkeren Differenzierung und Spezialisierung und zum anderen die zu einer entgegengesetzten, abnehmenden Differenzierung, wobei Definition und Organisation abgebaut werden. Der erste Vorgang findet seinen Ausdruck in der phantastischen Entwicklung des individuellen menschlichen Wesens aus der Vereinigung zweier einzelner Zellen – dem Ei und der Spermie, die sich im Mutterleib treffen, um homogene Zellen zu bilden, aus denen sich dann das Organsystem, Arme, Beine, Augen usw. entwickeln. Zu diesem Zeitpunkt teilen sich die Zellen andauernd, um Zellgruppen zu bilden, wobei jede einzelne Zelle ein vielfältiges Potential besitzt, das die Fähigkeit hat, sich in jede einzelne der drei grundlegenden Gewebsarten zu verwandeln: Ektoderm, Endoderm und Mesoderm. Dann beginnt – wie unter dem Kommando eines unsichtbaren Regisseurs – eine faszinierende Organisationstätigkeit in der sich die wichtigsten Gewebssysteme zu unterscheiden und zu entfalten beginnen. Die Differenzierung wird immer spezieller, bis das Wunder eines vollständigen physischen Organismus mit all seinen verschiedenartigen Funktionen vollendet ist.

Der gleiche Prozeß setzt sich in der Entwicklung unseres geistigen und emotionalen Lebens während der Kindheit fort, wobei die frühen, noch recht unbestimmten Gefühle und Wahrnehmungen allmählich differenzierter werden. Wir entwickeln einen feinen Sinn für Individualität und das Getrenntsein von allem, was „nicht-ich“ zu sein scheint, zum „anderen“. Nachdem wir die Mutterbrust verlassen haben, entwickeln wir eine zunehmende Unabhängigkeit und mehr und mehr die Fähigkeit zur Selbständigkeit.

Der zweite Vorgang, der vielleicht tatsächlich „Sterben“ genannt werden könnte, wird durch eine zunehmende „Ent-Differenzierung“ gekennzeichnet: Man verliert das Gefühl des Getrenntseins und des eigenen Selbst wieder. Dies drückt sich physisch durch den langsamen Verfall der Körperorgane und schließlich den Tod des gesamten Organismus aus, gefolgt von einem langsamen Zerfall des Körpers zu Staub.

Obwohl dieser Vorgang – oberflächlich betrachtet – negativ zu sein scheint, fühlte ich, daß er den Prozeß, über den ich in der spirituellen Literatur gelesen hatte, reflektiert oder ihm ähnlich ist, d. h. dem Abbau des kleinen, individuellen Selbst, um in einem größeren, universalen Selbst aufgehen zu können. Dies schien mir mit jenem spirituellen Weg verwandt zu sein, den wir einschlagen, um das Bewußtsein der Dualität zu überschreiten und in einem fundamentalen Einssein oder einer Einheit im Universum zu verschmelzen. „Man muß sterben, um wiedergeboren zu werden.“ Dualität ist das Bewußtsein, das alles als getrennt und verschieden voneinander ansieht, und es scheint, daß durch spirituelles Fortschreiten dieses Getrenntsein und die Verschiedenheit überwunden werden, bis wir tatsächlich mit dem „anderen“ eins sind und die Subjekt-Objekt-Grenze überschritten ist.

In der Psychoanalyse hingegen schienen diese Vorgänge entweder vernachlässigt oder bestritten zu werden. Ich erkannte, daß die Psychoanalyse eher damit befaßt war, das Individuum als solches in den Vordergrund zu rücken und die eigenständige Einheit zu betonen, vital und stark – das heißt mit anderen Worten, dem Individuum seine eigene Persönlichkeit klarer zu machen. Gesundheit wurde als etwas angesehen, das aus diesem höheren Gefühl für Individualität kommt. Analytiker behaupten, daß Probleme im frühen Differenzierungsprozeß auftreten, wenn es einem Menschen bis zum Alter von etwa sechs Jahren nicht gelingt, eine starke eigene Identität zu entwickeln, sei es aufgrund eines Konfliktes mit den Eltern, eines Umwelttraumas oder aus welchem Grund auch immer. Es ist die Aufgabe des Analytikers, bei der Entwicklung dieses begrenzten Selbstgefühls zu helfen, indem der Klient Konflikte klärt, die wärend der Ödipalstufe der Entwicklung aufgetreten sind.

Und hier schien mir eine erste Schwäche im psychoanalytischen Verfahren zu sein. Denn obwohl mir klar war, daß die Individualisierung eine wichtige Stufe in der gesunden Entwicklung ist, verbleibt doch noch eine ganze ,Welt' der Evolution jenseits dieser Stufe, die im psychoanalytischen Denken nicht klar definiert ist. Die Schritte, die unternommen werden, um das individuelle Selbstgefühl durch die Betonung von Verstand und Gefühlen zu verstärken (den eigentlichen Kern des „kleinen" Selbst), mögen bis zu einem bestimmten Punkt ganz hilfreich sein – für die Weiterentwicklung des Menschen jedoch sind sie schädlich. Viele Psychiater und ein Großteil der Gesellschaft glauben fälschlicherweise, daß die gleichen psychoanalytischen Methoden, die einem Menschen geholfen haben, jenen Stand der Gesundheit und Reife zu erlangen, den er bereits mit sechs oder sieben Jahren hätte erreichen sollen, auch bei der weiteren Entwicklung während des gesamten Lebens angewandt werden sollten. Und genau hier liegt die Gefahr. Man kann leicht in die Falle einer Überbewertung seiner Gefühlswelt und des Verstandes auf Kosten der Moral geraten.

Wo der Analytiker sein Moral- und Werturteil unterdrückt, wird eine Welt der nahezu völligen Freizügigkeit für den Einzelnen konstruiert, in der man sich der Gefühle, Begierden und Bedürfnisse, die im Gefühlsleben blockiert waren, bewußt werden und sie ausleben soll. Eine besondere Beziehung zum Verstand, den Gedanken und Phantasien wird ermutigt und gefördert. Das schließt beliebige Assoziationen ein: Man erlaubt allem, was man denkt, unzensiert an die Oberfläche zu kommen und sich zu äußern. Man wird der starken wechselseitigen Beziehung zwischen Gedanken und Gefühlen, Begierden, Bedürfnissen und Trieben gewahr. Durch die freie Assoziation treten diese Elemente ins volle Bewußtsein, wo sie erkannt und behandelt werden können. Dies ist eine Möglichkeit, mit unserem Geistes- und Gefühlsleben besser vertraut zu werden.

Ein solcher Vorgang ist für die Psychoanalyse wesentlich, die Anwendung im Leben kann aber verheerende Auswirkungen haben. Und doch gibt es zahllose Beweise dafür, daß diese therapeutischen Prinzipien wie eine Art verzerrte Moral der Gesellschaft aufgepfropft werden, was dann zu der heutzutage vorherrschenden Beschäftigung mit der eigenen Selbstzufriedenheit beiträgt. Die Psychiatrie muß sich den Vorwurf gefallen lassen, durch ihre Zurückhaltung in Fragen der Moral und ihr Bekenntnis zur Wertfreiheit sowie durch ihr Scheitern bei der Definierung der Grenzen der freien Assoziationsmethode mitschuldig zu sein an diesen artfremden „Anleihen" und dem Verdrehen echter psychiatrischer Grundsätze. Es ist völlig klar, daß solche Grenzen notwendig sind. Bei unserem Versuch herauszufinden, wie weit wir mit Sexualität, Promiskuität und Pornographie, Aggression, Gewalttätigkeit und Selbstübersteigerung gehen können, hat unsere Kultur im allgemeinen heute Schiffbruch erlitten.

Ein Ende dieser Versuche, uns ‚so richtig gehen zu lassen', scheint mir nicht in Sicht zu sein. Wir sinken immer tiefer und tiefer in der Götzenanbetung unserer Sinne, Gefühle und Phantasien. Anstatt Herr über uns selbst zu werden und damit einige Ordnung in uns zu bringen und die Evolution des Menschheitsbewußtseins zu erleichtern, werden wir Sklaven unserer Gefühls- und Geisteskräfte, lassen uns treiben in unserer Sucht nach Befriedigung der Sinne. Wir haben unsere Erde verunstaltet und Luft, Wasser und Nahrung verseucht. Wir tauschen Gefühllosigkeiten und Gewalttätigkeit unter uns aus, anstatt unsere Liebe mit anderen zu teilen und dort zu helfen, wo wir gebraucht werden. Die moralischen und ethischen Direktiven für ein diszipliniertes und verantwortungsbewußtes Leben und die Erkenntnis, wie wichtig es ist, unsere selbstsüchtigen Wünsche und Begierden aufzugeben, um ein höheres Ziel für uns selbst und das Wohl der anderen zu erreichen, scheinen ihre Bedeutung verloren zu haben.

Eine Überbewertung von Gefühlsäußerungen führt nicht nur zum gesellschaftlichen Chaos, sondern behindert auch absolut die spirituelle Weiterentwicklung. Freiheit des Gefühlsausdruckes muß von einem bestimmten Punkt an (siehe später in diesem Kapitel) durch die Bereitschaft zur Aufgabe der Gefühlsbindungen ausgeglichen werden. Ebenso muß die Möglichkeit, daß unsere wahre Identität jenseits des Einflusses von Emotionen liegt, in Betracht gezogen werden. Ich glaube, daß der psychoanalytische Versuch ausgeglichener und ganzheitlicher sein wird, wenn er die spirituellen Prinzipien miteinbezieht. Unsere heutige Gesellschaft bedarf dringend spiritueller Praktiken, die den Geist entlasten und durch Meditation unter Kontrolle bringen, die Distanz zu den Gefühlen schaffen und Kontrolle und disziplinierten Einsatz unserer Energien fordern – was auf gesellschaftlicher Ebene durch die Entwicklung eines neuen Sinnes für Moral, Verantwortungsbewußtsein und Respekt anderen Menschen gegenüber zum Ausdruck kommt.

Eine andere von der Psychiatrie eingeschlagene Richtung, die, wie ich glaube, ebenfalls bis zu einem gewissen Grad hilfreich, darüber hinaus aber schädlich ist, ist die Tendenz zur Überbewertung der Wissenskapazität des Verstandes – jener Überzeugung, daß der Verstand alle Probleme und Schwierigkeiten zu lösen imstande ist. Obwohl man allmählich die Begrenztheit dieses Verstandes zu erkennen beginnt, geben ihm doch die meisten Psychoanalytiker den Vorrang gegenüber anderen Wahrnehmungsfähigkeiten, was jede tiefere Erkenntnis der Wirklichkeit stark limitiert.

Es scheint, als sei diese Überbewertung des Rationalen mit der wissenschaftlichen Weiterentwicklung und der industriellen und technischen Revolution gewachsen. Sofern man den gegenwärtigen Stand unserer Technik tatsächlich als den eigentlichen Fortschritt unserer Zeit betrachtet, mag man den Verstand als das Höchste ansehen. Ein Teil einer immer wortgewaltigeren Bevölkerung allerdings fühlt, daß wir einen zu hohen menschlichen Tribut für einen Fortschritt zahlen müssen, der in erster Linie materialistischer Natur ist. Daß wir ständig am Rande eines Atomkrieges und der totalen Vernichtung leben, beweist wohl eher die Begrenztheit des Verstandes als seine Unfehlbarkeit.

Der psychoanalytische Ansatz schien meiner Meinung nach Widersprüche und wenig durchdachte Anschauungen über den menschlichen Geist zu beinhalten. Ich sah es so: Die Analytiker hatten schnell erkannt, daß sich viele Menschen nicht aufgrund einer intellektuellen Interpretation oder einer lehrhaften Diskussion ihres Problems ändern, sondern eher dadurch, daß sie mittels der nicht-verstandesmäßigen Technik der freien Assoziation Einblick in ihre Probleme erlangen. Es schien, als hätten die Analytiker erkannt, wie wichtig es ist, über den Verstand hinauszugehen, um tiefer in das eigentliche Wesen unserer Existenz zu dringen und dann mit Hilfe des Verstandes den Befund auszuwerten und zu verarbeiten. Für die analytische Methode ist es eminent wichtig, daß der Patient den genetischen Faktor, der seine Verhaltensweise bestimmt, kennt und begreift – das heißt, daß er das Verhältnis früherer Umwelttraumata zu dem gegenwärtigen Symptom erkennt, um eine dauerhafte Heilung zu erzielen.

Tatsächlich herrscht unter den Psychotherapeuten immer mehr Ungewißheit darüber, ob der Verstand das, was man ent- und aufdeckt, überhaupt wägen und verarbeiten muß, damit eine Heilung stattfinden kann. Mit anderen Worten: Man muß nicht unbedingt wissen, in welcher Relation das Problem zu früheren Erfahrungen mit den Eltern oder der Umwelt steht, um vom Symptom geheilt zu werden. Es werden heute Psychotherapien entwickelt, bei denen die gesamte therapeutische Arbeit nonverbal durchgeführt wird und gar nicht erst versucht wird, das Warum und Wofür zu erklären. Die Erfolgsquoten dieser Art von Therapie erscheinen wenigstens ebenso hoch zu sein wie jene der psychoanalytischen. Könnte es etwa sein, daß die Heilkraft all dieser Therapien eher in der Liebe und im menschlichen Engagement zu finden ist und die gehirnwindungsreichen intellektuellen Maßnahmen im Grunde genommen sehr wenig vermögen?

Jedenfalls scheinen die Analytiker einerseits die zahlreichen Unzulänglichkeiten des Verstandes während eines Behandlungsverlaufs so weit erkannt zu haben, daß es zur Entwicklung einer Technik der freien Assoziation kam. Andererseits war ich betroffen über die zerebralen, überintellektuellen Ansichten, die viele Analytiker in Wort und Schrift vertreten. Es scheint, als glaubten sie tatsächlich, die menschliche Natur mit Hilfe von Schemen und Mechanismen verstehen und definieren zu können – genau wie ein Auto. Schon ganz zu Anfang meiner Ausbildung hatte ich starke Zweifel, daß man die Natur des Menschen auf diese Weise verstehen könnte. Aber viele Analytiker setzten stark auf diese Methode, und ich kann mich gut erinnern, wie mühsam es war, sich durch den Wust an trockenem Lehrstoff durchzuarbeiten. Ich bevorzugte stattdessen Bücher über Mystik, Zen-Buddhismus und andere spirituelle Lehren, in denen ich wieder und wieder die feste Zusicherung fand, daß höhere Ebenen der Wirklichkeit mit dem Verstand einfach nicht faßbar sind ... Ebenen, in denen der Verstand ein Hindernis ist, das es zu überwinden gilt, wenn man tiefer in seine wahre Natur schauen will. Sich mit Verstand, Gefühlen oder mit dem Körper eins zu glauben, führt den Menschen nur immer tiefer in die Welt der Illusion, in den Zustand des Leidens.

Ich fühlte, daß die Identifikation von Selbst und Verstand, welche die westlichen Verhaltenswissenschaftler vornehmen, das Resultat einer einseitigen Sicht der Realität ist. Ich fühlte mich einfach zu sehr zu solchen spirituellen Vorstellungen wie dem Ātman (Ātman = das wirkliche Selbst, das Göttliche in uns, unveränderlich, unvergänglich, unendlich, ewig) und Moksha (Moksha = die Vereinigung der Welle mit dem Meer, von dem sie verschieden zu sein scheint, Befreiung von Verblendung, Befreiung von dem Kreislauf von Geburt und Tod, Erlangen ewiger Glückseligkeit) hingezogen, als daß ich mich von den begrenzten Vorstellungen der modernen Psychiatrie über das Selbst einengen lassen konnte. Diese östlichen Anschauungen und die spirituellen Praktiken, die aus ihnen erwachsen, verlangten nach einer sorgfältigen Untersuchung.

Ein Vergleich der psychoanalytischen Methode der freien Assoziation mit der östlichen Praxis der Meditation verdeutlicht in konkreter Weise die Unterschiede zwischen Ost und West hinsichtlich der Einstellung zu Verstand und Selbst. Das Ziel der beiden Methoden ist es, unser tiefstes innerstes Wesen zu erkennen, und ein zentrales Element bei beiden ist das Bewußtsein, daß wir lediglich Beobachter und Zeugen sind, allerdings aus verschiedenen Gründen: Bei der freien Assoziation wird man zum Beobachter zu einem bestimmten Zweck – nämlich um die Gedanken und Gefühle zu beobachten, die an die Bewußtseinsoberfläche steigen. Es wird angenommen, daß diese Gedanken und Gefühle wertvoll sind, weil sie letztendlich zu den zugrundeliegenden Konflikten führen, die – sind sie erst einmal bekannt – gelöst werden können. Deshalb die Anweisung, diese Gedanken und Gefühle zu beobachten und ihnen nachzugehen.

Bei der Meditation dagegen kann allein schon dadurch, daß man sich selbst des Zeuge-Seins bewußt ist, der Zweck erreicht werden. Die Erfahrung, völlig im Hier und Jetzt konzentriert und sozusagen „im Brennpunkt“ zu sein, kann zu der tieferen Erfahrung unserer wahren Natur führen. Meditation sollte uns jenseits des Verstandes an einen Punkt bringen, an dem man vorüberhuschende Gedanken und Gefühle beobachten kann, ohne dabei verführt zu werden, sie zu beachten oder ihnen nachzugehen.

Wenn der Verstand überhaupt benutzt wird, dann ist es, um vom Willen des Beobachters so gelenkt zu werden, daß er eine innere spirituelle Erfahrung herbeiführt, wie das Empfinden der Ehrfurcht vor der Schöpfung oder ein allumfassendes Gefühl der Liebe und des Friedens. Erreicht werden kann dies durch die ständige Wiederholung eines der vielen Namen Gottes und den Versuch, sich ein Licht vorzustellen, eine Art des Gottesdienstes auszumalen oder irgendeine andere Methode. Diese Übungen sind dazu angetan, den Verstand zu zügeln. Dabei fördern sie in uns die Möglichkeit, Gott zu erfahren, den man als den wahren Kern unseres Wesens erkennt. In Verbindung mit dem eigenen Selbst als Zeugen und im Angesicht des Göttlichen kann man schließlich einen Punkt erreichen, an dem der Zeuge und das Bezeugte – „Ich" und „Das" – ineinanderfließen und eins werden. An diesem Punkt kann die tiefe Weisheit der östlichen Redewendung ‚Tat tvam asi – Du bist DAS' schließlich Wirklichkeit werden, und man betritt jenes Reich des Friedens und der Ruhe, das jenseits jedes Verstehens liegt.

Ganz anders auf der Couch des Psychiaters, wo man sich nach der Methode der freien Assoziation therapieren läßt. Man läßt sich zwar in tiefen Frieden und Ruhe fallen, aber das kann einfach als Reaktion zu all dem Bombardement der materiellen Welt gesehen werden und den Patienten aufs Neue dazu bringen, seinen Gedanken und Gefühlen nachzuhängen.

Im östlichen Gedankengut wird bezüglich der Beschaffenheit des menschlichen Wesens klar unterschieden zwischen Geist und wahrem Selbst – eine Unterscheidung, die von der modernen Psychiatrie nicht geschätzt wird.[1] Baba hat gesagt: ,,Der Wissenschaftler sieht nach außen und fragt immer: ‚Was ist das?' (das, was von den Sinnen wahrgenommen werden kann und in der Welt der Gefühle oder des Verstandes existiert. Anm. des Verf.) Der Heilige aber schaut immer nach innen, und seine Frage ist: ‚Was ist DAS?' (das, was jenseits der Sinne liegt, jenseits der Gefühle, jenseits der Begriffsfähigkeit des Verstandes. Anm. des Verf.) Der Geist ist wie ein Stoff, dessen Webfäden die Wünsche sind. Wenn wir unsere Wünsche aufgeben, zerfällt der Stoff, und unsere wahre Natur kommt zum Vorschein."

1 Im östlichen Schrifttum über das Bewußtsein steht zu lesen, daß die Gedanken mit extrem hoher Geschwindigkeit entstehen, sich weiterentwickeln und enden, und zwar in der Größenordnung von Billionen pro Sekunde. Es heißt, daß wir durch das Praktizieren bestimmter spiritueller Übungen wie der Meditation eine Bewußtseinsebene erreichen können, auf der die Beobachtung der Entstehung der Gedanken tatsächlich möglich ist. Offenbar besteht ein Zwischenraum zwischen dem Ende des einen und dem Anfang des nächsten Gedankens, in den wir, sobald wir eine genügend fortgeschrittene, erweiterte Bewußtheit erreicht haben, eindringen können und uns somit jenseits der Verstandesebene begeben. Dieser Zustand wird Samādhi genannt und bezeichnet den Zustand absoluter Glückseligkeit.

Die schwersten Bedenken bezüglich der Psychoanalyse kamen mir, als ich merkte, was in mir selbst bei meinen Versuchen, Patienten mit dieser Methode zu behandeln, vorgegangen war. Ich hatte mich weniger spontan gefühlt, stärker kontrolliert und isoliert von meinen Patienten – so genau das Gegenteil dessen, was ich erhofft hatte. Ich fing an, bei meinen Beobachtungen und Reaktionen nach einem Weg zu suchen, der weniger beengend war. Das führte mich zur Gestalttherapie, einer Methode, die mir interessant und vielversprechend erschien. Ich stürzte mich begeistert in die Erforschung dieser Therapie, indem ich sie an mir selbst ausprobierte.

Positiv war, daß mit dieser Methode das Wesen der Dualität und die Möglichkeit, über sie hinauszugehen, wesentlich direkter behandelt wurde und man damit wenigstens die grundsätzliche Möglichkeit einer spirituellen Natur des Menschen anzuerkennen schien. Außerdem wurde die Betonung weniger auf den Verstand als Mittel zur tieferen Erkenntnis gelegt als auf die eigene Verantwortung für seine Handlungen, also ohne dafür Vater, Mutter oder frühere Traumata heranzuziehen. Und doch wurde, wie bei den meisten einsichtsorientierten Psychotherapien, viel Wert auf die Freiheit des Gefühlsausdrucks gelegt, ohne genau zu definieren oder zu untersuchen, wann in der Entwicklung eine Abgrenzung von den Gefühlen wünschenswert oder notwendig wird.

Der Gestalttherapeut macht sich weniger Sorgen um das Warum, das hinter der Verhaltensweise eines Patienten steht, als der Psychotherapeut. Das, so meint er, führt nur zu übermäßig intellektuellem Reden über das Problem anstatt zu dessen Erleben. Seine Aufgabe ist es, dem Patienten zu einem solchen direkten Erleben zu verhelfen, wobei der Patient sich über sein Tun und Sein im Hier und Heute bewußt wird. In den Mittelpunkt dieser Art der Bewußtseinsfindung gestellt zu werden, ohne dabei unnötig von Erinnerungen an die Vergangenheit, Sorgen um die Zukunft, flüchtigen Gefühlen oder sich wiederholenden und ablenkenden Gedankenmustern bedrängt zu werden, wird als entwicklungsfördernd angesehen.

Dies schien mir, verglichen mit der analytischen Methode, eine ziemlich große Richtungsänderung zu sein. Auslegungen oder Erklärungen durch den Therapeuten wurden als Zeitverschwendung betrachtet, höchstens dazu geeignet, das Ego des Therapeuten aufzublasen. Seine Arbeit schien insofern weniger verstandesbetont, als er aufhörte, den Patienten auszuforschen, und sie war insofern spontaner und intuitiver, als er versuchte, den Patienten in seiner ganzen Wirklichkeit zu erfassen. Gestalttherapeuten schienen tatsächlich anders zu sein als Analytiker, – schon äußerlich schienen sie ihre ‚andere' Einstellung gegenüber der Welt zu reflektieren. Der gewöhnlich strenge, gutgekleidete und zu Zeiten etwas abwesend wirkende Typ des Psychiaters war schon optisch ein Gegensatz zu dem meistens spontanen, manchmal etwas zu lässigen Gestalttherapeuten, der dafür aber viel realitätsbezogener wirkte. Gestalttherapeuten wünschten oft, bei ihrem Vornamen genannt zu werden. Der Gründer dieser Richtung selbst, Fritz Perls, vermittelte den Eindruck einer rauhen Kratzbürstigkeit, die gelegentlich schon an Grobheit grenzte. Manchmal trug er einen Trainingsanzug, sonst grundsätzlich Freizeitkleidung. Er schrieb ein Buch mit dem wenig gelehrten Titel ,In and Out of the Garbage Pail' (Das Innen und Außen des Mülleimers). Diese Art Therapeut und Therapie gefielen mir.

Bei der Gestalttherapie wird der Patient dazu angehalten, sich jenseits der Dualität zu begeben und die Subjekt-Objekt-Grenze zu durchbrechen – sich wieder mit den verdrängten oder auf andere projizierten Aspekten des Selbst zu identifizieren, indem er tatsächlich zu jedem Objekt oder Gefühlszustand ,wird', der verdrängt oder als getrennt und abgesondert vom Selbst angesehen wird: und zwar häufig dadurch, daß er die Rolle des Objektes oder der Gefühle durchspielt oder versucht, einen Dialog mit ihnen zu entwickeln. Alles, was von den Sinnen wahrgenommen oder vom Verstand als abgetrennt vom Selbst ersonnen werden kann, wird als Projektion des Selbst betrachtet, als ein Aspekt des Selbst, den dieses aus irgendeinem Grund als fremd ansieht und deshalb versucht, es ,abzutrennen' und abzulehnen.

Häufig besteht die Behandlung darin, daß man den Patienten anweist, sich wieder zu dem Verdrängten zu bekennen, besseren Kontakt mit ihm herzustellen oder sich gar damit zu identifizieren und so jene Energien zurückzugewinnen, die im Vorgang der Projektion aufgehoben waren.

Von besonderer Bedeutung sind jene Projektionen, die als „schlecht" bezeichnet, in irgendeiner anderen Weise verdrängt oder als feindlich dem Selbst gegenüber angesehen werden, und man versucht, Verbindung zu diesen Bereichen herzustellen, um den Kampf gegen sie zu beenden. Wenn jemand zum Beispiel mit einer Phobie oder krankhaften Angst auf Hundegebell reagiert, kann man ihn auffordern, selbst den bellenden Hund zu spielen. Wenn er sich vor Wutausbrüchen, vor Gewalt oder Präpotenz fürchtet, mag es ihm zunächst schwer fallen, den bellenden Hund zu spielen. Wenn sein Widerstreben aber zu schwanken beginnt und er sich mit der Aufgabe anfreundet, kann ihm das helfen, mit seinen eigenen Impulsen und seinem Auftreten besser zurechtzukommen. Was vorher ein furchterregendes Erlebnis war, kann nun zu einer Quelle der Stärke werden. Auf diese Weise kann sich die Fähigkeit der Selbstbehauptung entwickeln, wann immer das Leben im Alltag diese Reaktion fordert.

Es geschieht öfters, daß dem Patienten dabei bewußt wird, daß solche Projektionen zum Symbol geworden sind und in dem Symbol etwas Wichtiges verborgen liegt, etwas, das er sonst gefürchtet und gemieden – oder verdrängt –hatte. Wenn man sich mit jenen Teilen seines eigenen Wesens, die aus Angst oder Schuldgefühl verdrängt wurden, neu identifiziert – sie wiederentdeckt, wird man stärker und damit gesünder.

Nehmen wir das vorhergehende Beispiel: Wenn man Angst vor einem Zornausbruch hat, so mag das Nachempfinden der Bewegungen und Gefühle eines bellenden Hundes, obwohl man das zunächst furchtsam ablehnt, eine Quelle der Freude und der Kraft werden, je mehr Erfahrung man dadurch gewinnt und erkennt, daß nichts Schreckliches damit verbunden ist. Da bei diesem Vorgang der Kontakt mit den unterdrückten Gefühlen wiederhergestellt wird – indem man sie miteinbezieht in die Reaktionsmöglichkeiten im täglichen Leben – braucht man all jenen Situationen, in denen die mögliche und passende Reaktion Zorn oder Aggression ist, nicht länger ausweichen oder sich davor fürchten.

Durch solche Behandlungen wurde mir das Wesen der Dualität immer stärker bewußt, und ich wurde auch mit einigen Techniken vertraut, die zum Abbau der Subjekt-Objekt-Grenzen nützlich waren. Ich fand Brauchbares in diesen Techniken, nach einer Weile aber auch manche Unzulänglichkeiten. Nach meiner eigenen Erfahrung zum Beispiel konnten diese Techniken meine Furcht vor dem Tod oder einem altersbedingten körperlichen und geistigen Verfall nicht beseitigen. Es gelang mir nicht, in eine Verfassung zu kommen, in der ich solchen Ängsten gegenüber unempfindlich geworden wäre. Ich wurde meine Abneigung gegen Schwäche nicht los. Ich wollte mich stark fühlen und jederzeit als Herr der Lage.

Egal wie oft ich diese Rollen durchspielte, es endete immer damit, daß ich etwas Bestimmtes mehr als etwas anderes wollte und weiterhin meine Angst vor Schwäche behielt und darum kämpfte stark zu sein. Obwohl ich mir meines Ausweichens völlig bewußt war, stellte ich doch fest, daß ich bei dem Versuch, das Problem zu lösen, bestimmte Rollen wieder und wieder durchspielte, ohne so recht voranzukommen. Dann kam eine Zeit, da ich fühlte, daß ich mit der Gestalttherapie nicht weiterkommen würde. Ich sah mich außerstande, einzelne Problemkreise zu durchbrechen und wiederholte bestimmte Verhaltensmuster und Reaktionen endlos ohne zu wissen, wie ich aus diesem Teufelskreis herauskommen konnte. Allmählich erkannte ich, daß das, was ich als Außenwelt ansah, im Grunde ich selbst und der Kampf mit ihr lediglich ein Abbild des Kampfes mit mir selbst war. Trotzdem war ich nicht in der Lage, diesen Kampf mit der Außenwelt zu beenden, weil ich nicht aufhörte, mit ihr zu ringen. Es war, als sei ich in der Rille einer Schallplatte hängen geblieben und wiederholte mich andauernd. Die einzige Möglichkeit, aus dieser Lage herauszukommen, wäre gewesen, mich selbst aus der Rille zu heben und an eine andere Stelle zu setzen.

Die Schwierigkeit und das Verwirrende an der Therapie schien zu sein, daß man von dem wirklichen Kummer und den Gefühlen, die ihn begleiten, nicht berührt werden darf, wenn man aus dem Kreis ausbrechen will. Psychotherapie mag bei der Überwindung einer irrationalen oder eingebildeten Angst wirksam sein, also wenn man eine Situation fürchtet, die ‚in Wirklichkeit' gar nicht schmerzhaft ist. Aber es ist eine ganz andere Sache, eine Situation zu fürchten, in der man den Schmerz ‚wirklich' spürt. Von ‚wirklichen' Emotionen nicht berührt zu werden, sie mit Abstand zu betrachten, wird von den meisten psychotherapeutischen Lehrmeinungen als negativ und unerwünscht angesehen. Solche Manöver werden von ihnen im allgemeinen als Schutzverhalten vor der Wirklichkeit betrachtet oder als Leugnung derselben. Auf der anderen Seite ist diese Art des Abstandnehmens von dem, was wir als ‚wirkliche' reale oder physische Welt bezeichnen, ein nicht wegzudenkender Bestandteil des spirituellen Weges. Das ist einer der Gründe, warum die Psychiatrie der Religion so kritisch eingestellt ist.

Die meisten Psychotherapien beruhen auf dem Glauben, daß eines der Grundprinzipien hinter jeglicher Motivation für unser Tun das Schmerz-Lust-Prinzip ist. Aus unserer Erfahrung von Lust, Freude oder Schmerz kommt der Wunsch, das eine dem anderen vorzuziehen. Unsere Anschauung, daß die Dinge getrennt voneinander existieren und daß sie von größerem oder geringerem Wert sind, steht in direkter Beziehung zu unserer Erwartung von Lust und Schmerz: Die Befriedigung unserer Erwartung ist lustvoll, die Enttäuschung der Erwartung ist schmerzhaft.

Wenn es einen Weg gäbe, dieses ganze System zu überwinden, so daß weder Lust noch Schmerz einem etwas anhaben könnten, hätte alles den gleichen ‚Wert' für uns. Der Zwang, sich in die eine statt in eine andere Richtung bewegen zu müssen, würde enden, denn alle Richtungen wären gleich. Die Idee, daß Dinge als voneinander getrennt und verschieden zu betrachten sind – die Dualität der Welt – wäre überwunden.

Der Standpunkt der Psychiatrie ist, daß es lediglich eine Maßnahme der Selbstverteidigung ist und ein Versuch, unsere wahre Identität zu unterdrükken, wenn wir von solchen zentralen Erfahrungen des alltäglichen Lebens unberührt zu bleiben wünschen. Die meisten Psychiater glauben nicht, daß es so etwas wie ein höheres Selbst oder eine Bewußtseinsebene jenseits der Dualität gibt. Sie halten Gott für eine Erfindung des Menschen und denken, daß der Glaube an ein höheres Selbst nur ein Schutz gegen die Gefühle ist. Ganz anders ist dagegen die spirituelle Einstellung: Abhängigkeit von Gefühlen ist eine Abwehr gegenüber der Erkenntnis eines eigenen, höheren Selbst.

Es wurde mir klar, daß auf einer bestimmten Stufe unserer Entwicklung – beim Prozeß der Differenzierung und der Entwicklung eines Selbstgefühls – es sehr wichtig ist, sich seiner Gefühle richtig bewußt zu werden und zu lernen, sie auszudrücken. Es ist wichtig, sich in beide Rollen – die des Schwachen und die des Starken – einzufühlen, alle Impulse zu empfinden, die mit dem Durchspielen beider Rollen verbunden sind und zu wissen, in welcher Beziehung das ganze Repertoire der Gefühle zu ihnen steht. Auf einer anderen Ebene der Entwicklung – der des Sterbens, der Aufgabe des

Vielleicht habt ihr Leute darüber reden hören, daß ich dies‚genommen' und jenes ‚gegeben' hätte, daß ich all eure Wünsche erfülle, eure Krankheiten heile. Aber diese Dinge sind nicht so wichtig wie Sattvaguna – jene Wesenseigenschaft der Beständigkeit, Reinheit und Selbstlosigkeit, die ich fördere, anerkenne und einflöße. Sicher: Ich segne euch mit Gesundheit und Wohlergehen, so daß ihr mit größerer Begeisterung und mit weniger Unterbrechungen in eurem Sādhana vorankommt.

kleinen' Selbst zugunsten einer Verschmelzung mit dem höheren Selbst – ist es äußerst wichtig zu lernen, Abstand zu den Sinnen und Gefühlen zu gewinnen. Man lernt, nicht Stärke anstatt Schwäche zu wünschen, oder Lust anstatt Schmerz, auch nicht Leben anstatt Tod, und daß alle Situationen gleich zu behandeln sind. Die Gegensätzlichkeit dieser Empfindungen ist nur scheinbar und nichts als Illusion. Sie spiegeln nur die dualistische Auffassung des Seins innerhalb des Universums wieder.

Einer der Gründe für das Scheitern der Psychiatrie bei der Integration dieser beiden Methoden zum Wohl des Menschen, scheint ein allgemeines Mißverständnis um das Wesen dieses „Abstandgewinnens" zu sein – eine Verwechslung von Abstandnehmen und Unterdrückung. Zwischen diesen beiden Positionen besteht ein großer Unterschied.

Ich glaube, daß es an jenem Punkt unserer Entwicklung, an dem wir versuchen, unsere Individualität stärker zu bestimmen, schädlich sein könnte, uns von den Gefühlen zu distanzieren. Das würde gerade zu dem Zeitpunkt eine Unterdrückung elementarer Kräfte bedeuten, da wir eben erst etwas über diese Kräfte lernen. Das ist, als wollte man das Laufen aufgeben, bevor man es überhaupt gelernt hat. Wir würden zu Gefühlskrüppeln werden. Man kann die Sinne und Gefühle nicht transzendieren und Gott überantworten, ehe man sie nicht wirklich zu beherrschen gelernt hat und ein gewisses Maß an Individualität erreicht hat. Sie sind nicht unser, und folglich können wir sie auch nicht aufgeben.

Tatsächlich wachsen wir einer Vereinigung mit dem universellen oder ‚kosmischen' Selbst kraft des menschlichen Selbst, das ein Vehikel für das Wachstum ist, entgegen – wie die Pflanze kraft ihres Stammes der Sonne entgegenwächst. Und da das menschliche, ‚kleine' Selbst in dem selben Maße verstandes- und gefühlsbedingt ist wie es körperlich ist, ist ein intensives Empfinden der Wirklichkeit und Einheit dieser Gefühle für unsere Entwicklung ebenso wichtig wie das Zellwachstum für den Stamm der Pflanze. Erst nach dem Erreichen dieses Zustandes der Individualität ist der Zeitpunkt gekommen, an dem das Ego – die Persönlichkeit des ‚kleinen' Selbst – aufgegeben wird, um mit dem höheren Selbst zu verschmelzen ... um die Bindung an die Sinneswelt zugunsten einer tieferen Verbindung mit Gott aufzugeben und unsere Kraft nun anstatt zur Bildung und Erhaltung des ‚Stammes' zum Blühen und Entfalten zu verwenden.

Sai Baba hat über den Vorgang der geistigen Entwicklung und die letzte Stufe der Befreiung gesagt: „... Es ist so, als ob aus der Blüte der eigenen Individualität eine Frucht heranwächst und aus sich selbst heraus mit süßem Saft füllt, um dann schließlich vom Baum herabfallen zu können."[1]

1 (Sathya Sai Speaks, Vol. VII, S. 253).

Der Unterschied zwischen Unterdrückung und Abstandgewinnen scheint also dieser zu sein: Die Unterdrückung der Sinne und Gefühle aus Angst trennt einen vom Kontakt mit ihnen, bevor man diese Kräfte zu zügeln und zu beherrschen gelernt hat – wobei man sich ihrer nie richtig bewußt wird. Das andere ist die willentliche Aufgabe dieser Gefühle und Sinnesempfindungen als ein Teil unserer Sehnsucht nach einer Weiterentwicklung, nachdem wir uns ihrer bewußt geworden sind und sie – wenigstens bis zu einem gewissen Punkt – gemeistert haben.

Die Religion verfügt über viele Techniken, Orientierungsrichtungen und Verhaltensweisen, die uns helfen können, Abstand von den Gefühlen zu gewinnen. Sie werden von den meisten Psychiatern allerdings als schädlich für die Stabilität der Gefühlswelt und die Gesundheit des Geistes angesehen. Die landläufige westliche Auffassung von einer solchen Methode des Abstandgewinnes ist, daß sie lediglich eine Form der Verteidigung gegenüber unseren natürlichen Trieben darstellt und deshalb eine Gleichgültigkeit dem Allgemeinwohl gegenüber ebenso Vorschub leistet, wie einem egoistischen Rückzug aus der Gesellschaft. Die spirituell Erfahrenen versichern hingegen, daß dies nicht der Fall ist. Sie verweisen auf die höchsten Ausdrucksformen einer wahrhaft spirituellen Haltung, wie sie in Lebensstil, Charakter und Handlungen solcher Großen wie Christus, Krishna und Buddha vorgelebt wurden... und sie betonen, daß man tatsächlich liebender, kreativer und produktiver wird, und zwar in einer Weise, die es einem erlaubt, in dieser Welt zu leben, ohne von ihr fundamental beeinflußt zu werden.

Es erhob sich also die Frage: Wie kann man aus dem Gefängnis der Dualität ausbrechen ... und ist das möglich, ohne dabei seine Bindung zu den Sinnen und Gefühlen aufzugeben?

Man darf nicht sein wie ein Stück Löschpapier, und all die Leidenschaften und Emotionen, all die Freuden und Leiden aufsaugen, die die Schauspielerin Natur auf der Bühne des Lebens vorführt. man muß sein wie die Lotosblüte, die ihre Blätter entfaltet, wenn sich die Sonne am Horizont erhebt: Unberührt von dem Schlamm, aus dem sie geboren ist, oder selbst vom Wasser, das sie trägt.

'MONKEY MIND'

Es war das Ende eines langen, harten Tages, eines Tages, der zu einem Wendepunkt in meinem Leben werden sollte. Soeben hatte eine Frau meine Praxis verlassen, die in einem ziemlich depressiven Zustand gekommen war. Während der Stunde, die sie bei mir gewesen war, fühlte ich, wie ein starkes und sehr unangenehmes Gefühl von mir Besitz ergriff, obwohl ich alles mögliche unternahm, um mich ganz auf das zu konzentrieren, was ich zu ihr sagte. Ich wußte nicht genau, wie es in diesem Fall angefangen hatte. Ganz plötzlich fühlte ich, wie ich innerlich auf jene Art mit mir zu ringen begann, die mir nun schon vertraut war... Zurück in den Teufelskreis, und alles von vorn...

Das Muster war mir wohlbekannt, denn ich hatte es schon bei vielen meiner Patienten sich entwickeln sehen und bei meiner eigenen Behandlung im Laufe meiner Ausbildung sozusagen aus erster Hand erfahren. Aber es zu erkennen, war eine Sache – mich selbst aus dieser Art von Konflikt zu befreien eine andere. Wie waren meine inneren Energien diesmal angezapft worden? Hatte die Patientin irgendwie ihre Verwirrung und ihre Probleme auf mich übertragen? Hatten ihr Ruf nach Hilfe und meine Unfähigkeit, ihre Not zu lindern, dieses Gefühl der Hilflosigkeit hervorgerufen? Ich wußte es nicht.

Nach dieser Stunde war ich völlig durcheinander. Ich konnte das Gefühl der Machtlosigkeit und der Verlorenheit, das sich in meinem Körper wie eine Lähmung ausbreitete, nicht ertragen. Ich kämpfte darum, wieder Stärke und Kraft zu spüren – und genau das ist das Wesen der Dualität.

Wenn ich ein Gefühl loswerden und durch ein anderes ersetzen will, wenn ich eine Sache einer anderen vorziehe, dann bedeutet das natürlich einen Kampf. Wenn ich Schmerzen genauso akzeptieren kann wie Freude, Trauer ebenso wie Glück, Schwäche ebenso wie Stärke, findet der Kampf nicht statt. Fange ich wieder an zu wünschen und zu wollen, so fängt der Kampf von vorne an. Wie kann man diesem Teufelskreis entrinnen?

Nach der Stunde mit der Frau war ich gefangen und wußte, daß ich mich nicht selbst befreien konnte. Was für ein Gefühl der Hilflosigkeit und der völligen inneren Zerstörung! Ich bestrafte mich selbst dafür, daß ich keine Kontrolle über mich hatte, wollte verzweifelt ausbrechen – aus mir selbst und dem Dilemma der Selbstinquisition und des inneren Kampfes, einem Strudel

Jedermann muß dazu aufgefordert werden, zu mir zu kommen und mich kennenzulernen. Wenn du dir einen Begriff von einem Berg machen willst, genügt es nicht, auf einen Stein zu zeigen und zu sagen: der Berg ist millionenmal größer als das hier. Du mußt dir schon einen echten Berg ansehen – zumindest aus der Entfernung.

Von der Bindung

In unserem Land gibt es eine besondere Art, Affen zu fangen. Man stellt ein großes Gefäß mit einer engen Öffnung auf und legt für den Affen reizvolle Dinge hinein.
Der Affe wird in das Gefäß hineingreifen, um eine Handvoll zu bekommen. Er wird dann nicht mehr in der Lage sein, seine Hand aus dem Gefäß herauszuziehen. Er wird glauben, irgendjemand im Innern des Gefäßes halte seine Hand fest. Darauf wird er versuchen, mitsamt dem Gefäß zu fliehen. Aber damit ist der Affe gefangen. Niemand hält den Affen fest. Der Affe hat sich selbst gefangen, weil er soviele Dinge in die Hand genommen hat. In dem Moment, wo er die Sachen losläßt, ist er frei.
Genau so, in dem großen Gefäß der Welt, mit der schmalen Öffnung der Familie, wird der Mensch durch weltliche Freuden in Versuchung geführt, und wenn der Mensch sich durch seine Verstrickung in weltliche Freuden verirrt, meint er, daß jemand oder etwas ihn festbindet. Es gibt aber keinen anderen, der für diese Bindung verantwortlich wäre.
In dem Moment, wo er seinen Wunsch nach Genuß aufgibt und sich löst, wird er frei sein. Dies ist der Weg, sich von der eingebildeten Bindung zu befreien.

schaler, verrücktmachender, sich immer wiederholender Empfindungen, Gedanken, Gefühle. Dadurch, daß ich dieses furchtbare Spiel mit mir trieb, versank ich nur immer tiefer in Gefühle der Verzweiflung, Verwirrung, Frustration und Sinnlosigkeit. In dieser Nacht konnte von Schlaf keine Rede sein.

„Gibt es irgendeine andere Möglichkeit für eine menschliche Existenz auf diesem Planeten?“ schrie es in mir. „Gibt es auf ihm nicht irgendwo einen Ort, in dem Ruhe und Frieden herrscht?“

Je angestrengter ich mir darüber den Kopf zerbrach, desto verwirrter wurde ich, und je verwirrter ich wurde, desto mehr kämpfte ich darum, diese Verwirrung mit einem Gefühl der Stärke zu ersetzen. Je mehr ich um Stärke rang, desto größer wurde mein Gefühl der Schwäche – je stärker der Kampf, desto größer die Erschöpfung.

In meiner Verzweiflung tat ich schließlich etwas, das so gar nicht meine Art war: Ich schaltete ganz einfach ab. Ich fragte mein Gedächtnis danach ab, was ich über andere Möglichkeiten des Seins in dieser Welt gelesen oder gehört hatte und fand dabei das Buch eines Psychologen Jack Huber mit dem Titel „Through an eastern window“ (Durch ein östliches Fenster). Der Autor hatte im fernen Osten meditieren gelernt, und sein Buch beschrieb Meditationstechniken, die ihn in eine andere Bewußtseinsebene versetzt hatten. Die Technik, die mich am stärksten beeindruckte, war die der Konzentration auf die Atmung.

In meiner Verzweiflung, und weil ich erkannte, daß ich über das bloße Nachdenken hinaus und zusätzlich dazu etwas unternehmen mußte, wenn ich aus dem Strudel herauskommen wollte, begann ich mich auf meine Atmung zu konzentrieren. Ich richtete mein ganzes Bewußtsein ausschließlich auf diesen Vorgang. Eineinhalb Tage lang hielt ich das durch. Trotz einer Empfindung des Leidens, das schon an Selbstmitleid grenzte, war meine Konzentration voll auf den Atmungsvorgang gerichtet.

Nun mag man glauben, daß das einfach sei. Es erwies sich aber als recht schwierig, so weit Herr über seinen Verstand zu sein, daß man ihn beliebig lang auf einen bestimmten Punkt richten kann – besonders, wenn man in einem verzweifelten und hilflosen Konfliktgefühl gefangen ist. Den verhexten Geist zu erlösen, so daß er frei und beweglich genug werden konnte, um sich auf den Atmungsvorgang zu konzentrieren und mich im Einklang mit diesem Vorgang zu fühlen, bedeutete einen stundenlangen Kampf. Zuerst konnte ich meine Aufmerksamkeit nur für ein paar Sekunden fixieren, bevor sich der Verstand wieder auf meinen inneren Kampf warf. Dann konnte ich mich zunehmend länger konzentrieren, blieb aber immer in eigenartiger Weise machtvoll hingezogen zu diesem Ringen. So hin- und hergerissen zwischen zwei Konzentrationsbrennpunkten fühlte ich, daß auch diese Übung sinnlos war. Ich sah aber keine andere Wahl als damit fortzufahren und hoffte, daß irgendetwas jenseits der Grenzen meines Bewußtseins geschehen würde – etwas, das mich aus der Falle herausführen würde.

Und dann geschah noch etwas. Ich tat, was ich seit meiner Kindheit nicht mehr getan hatte und was mir nun recht ungewöhnlich und unpassend erschien – ich fing an zu beten. Zu diesem Zeitpunkt war ich bereit, praktisch alles zu versuchen, um aus den Klauen meines Verstandes befreit zu werden.

„Oh Gott, wenn es eine andere Art des Daseins gibt," bat ich, „dann hilf mir bitte!" Und etwas Erstaunliches trat ein. Innerhalb von Sekunden fühlte ich eine Erleichterung in mir, so als wäre ein großes Gewicht plötzlich von mir genommen. Wellen von Energie durchpulsten meinen Körper. Ich fühlte mich erleichtert.

Welch seltsames Erlebnis! Was hatte es mit meiner eineinhalbtägigen Meditation und dem kurzen Gebet zu tun? Der Konflikt jedenfalls, der noch vor Sekunden so intensiv gewesen war, hatte sich vollkommen aufgelöst. Ich hatte einfach das Interesse daran verloren. Ich fühlte, wie mich eine wunderbare, friedvolle Ruhe erfüllte.

Was in aller Welt war das für ein Zustand, in dem ich mich da befand? Verstandesmäßig hatte ich gar nichts gelöst. Aber das Gefühl, das meinen Körper durchflutete, war wunderbar.

Erst viel später begann ich zu begreifen, was es damit auf sich hatte. Der Verstand ist ein mächtiges Werkzeug, das unter Kontrolle gebracht werden muß. Wenn er u n s dagegen kontrolliert, sind wir verloren. Wenn sich der Verstand an Empfindungen, Gefühle, Begierden hängt, sind wir gefangen. Mein Verstand war aus dem Verlangen heraus, stark zu sein und dem Gefühl der Verwirrung zu entrinnen, in einen Kampf verwickelt worden. Als es mir aber gelang, den Brennpunkt meines Interesses oder meiner geistigen Energie von diesem Kampf abzuziehen und somit Abstand von dem ganzen Problem zu gewinnen, war die Erleichterung, das Gefühl des Friedens und einer neuen Kraft groß.

Sai Baba hat gesagt, daß sich der „mind" – der Verstand – nicht mit den körperlichen Sinnen und Gefühlen zusammentun darf, sondern daß er seine eigenen Wahrnehmungsorgane hat, auf die er sich beziehen sollte. Das sind Bewußtsein, Friede, Wahrheit, Liebe, Glückseligkeit. Solange der Geist damit beschäftigt ist, ist alles in Ordnung. Und wenn ein starkes Verlangen nach Gott da ist, dann fließen schlechte Gedanken, sollten sie einmal auftauchen, einfach durch den Geist hindurch, ohne festgehalten zu werden. Baba sagt: „Die Gewohnheit zu denken ist uralt. Selbst, wenn mit ihr gebrochen wird, lebt sie noch eine Weile fort. Dreht sich nicht auch ein Ventilator noch eine Weile, nachdem der Strom abgeschaltet wurde? Die beste Methode ist,

Dem weltlichen Menschen erscheint der Gott-'verseuchte' Mensch verrückt, und er verlacht ihn. Aber aus der Sicht des Gott-'verseuchten' erscheint der Weltliche als Geisteskranker, als töricht, irregeführt, blind. Von allen Verrücktheiten, die den Menschen befallen können, ist Verrücktheit nach Gott die allerharmloseste, die segensreichste.

den Geist auf ein spirituelles Ziel zu richten – auf Perfektion, Gott, Rāma."

Er erzählt die Geschichte eines armen Mannes, der mit vielen niedrigen Arbeiten beladen war und sich durch sie gebunden und gefangen fühlte. Eines Tages traf er einen Weisen, der ihn fragte, was er sich am meisten wünsche. Der bat ihn um einen Diener, der ihm helfen könnte. Der Weise erklärte, daß sein Wunsch in Erfüllung gehen würde – allerdings sei ein Haken dabei: Der Diener würde nur so lange arbeiten, solange er ihn mit Arbeit versorgen könnte. Sollte er aber arbeitslos werden, würde er auf ihn losgehen und ihn töten. Der Mann fühlte sich recht sicher, denn er wußte, daß genügend Arbeit vorhanden war, um einen Diener für eine ganze Weile zu beschäftigen.

Kurz darauf kam tatsächlich ein Mann in sein Haus, der sich bereit erklärte, für ihn zu arbeiten. Im Anfang konnte er seinen neuen Diener dauernd mit Arbeit versorgen, bald aber – und zwar sehr viel eher, als er angenommen hatte – war alle Arbeit getan, und der Diener begann herumzulungern. Da geriet der Mann in Panik und eilte zu dem Weisen zurück. „Was soll ich nur tun?", stöhnte er.

Der Weise erwiderte: „Es gibt eine Lösung für dein Problem. Wenn der Diener seine Arbeit getan hat, lass ihn vor deinem Haus eine hohe Säule bauen und gib ihm den Auftrag, diese Säule ständig hinauf und hinunter zu klettern. Auf diese Weise kannst du ihn für alle Zeiten beschäftigt halten."

Der Diener in dieser Geschichte steht natürlich für den menschlichen Geist. Auf die richtige Bahn gelenkt, kann er ein starkes Werkzeug sein. Wenn er aber müßig und ohne feste Richtung und Kontrolle ist, kann er sehr gefährlich werden. Die Säule in der Geschichte steht symbolisch für Gott. Indem wir unseren Geist ständig mit Gott beschäftigen, zähmen wir ihn und bringen ihn unter Kontrolle. Als es mir gelang, den Geist von meinem inneren Kampf abzulösen, zu beruhigen und er sich mit seiner neuen Aufgabe – sich auf meine Atmung zu konzentrieren – beschäftigte, kam jene große Ruhe und Erleichterung.

Dies war der Anfang meiner Begeisterung für die nicht-zerebralen, nicht-verbalen Erfahrungstechniken in der Psychotherapie. Diese Schlüsselerfahrung in meinem Leben deutete auf andere Möglichkeiten eines Seins in dieser Welt, derer ich mir bisher nicht bewußt gewesen war und die dem Einzelnen ein außergewöhnliches Gefühl der Einheit und des Friedens bringen konnten. Ich konnte sie nicht so recht fassen, erlaubte aber, daß sich in mir ein gewisser Glaube an ihre Existenz entwickelte, aufgrund einer Fähigkeit, die ich immer als dem Verstand untergeordnet angesehen hatte – meiner Intuition.

Ich suchte mir einen Lehrer für eine therapeutische Technik, die Bioenergetik genannt wird. „Bioenergie" ist der geläufige Name für eine Form der Energie, die bereits seit Jahrtausenden im menschlichen Körper sowie im gesamten Universum vermutet wird und von einer Beschaffenheit ist, die für das normale menschliche Wahrnehmungsvermögen zu subtil ist.

Diese kosmische Energie oder Lebenskraft war in der einen oder anderen Form religiöser oder psychischer Bestandteil praktisch jeder Kultur in der uns bekannten Geschichte. Den Hindus zum Beispiel ist sie seit tausenden von Jahren als „prāna" bekannt. Für die Polynesier ist sie „mana", und in der phantastischen Weltanschauung der meisten prähistorischen Kulturen die allesdurchdringende Kraft, die selbst jenen Dingen Leben gibt, die wir im Westen als unbelebt ansehen. Hauptsächlich aufgrund der lange währenden Unfähigkeit der westlichen Wissenschaft, diese Energien oder Kräfte zu entdecken und zu messen, steht die westliche Zivilisation ihrer Existenz skeptisch oder jedenfalls fremd gegenüber. Neue ultrasensitive, computerisierte Instrumente jedoch beweisen, daß es sie tatsächlich gibt.

Russische Physiker und Psychologen, die auf jenen Gebieten der wissenschaftlichen Forschung , die man allgemein unter dem Begriff ‚Parapsychologie' zusammenfaßt, führend zu sein scheinen, haben der schwer faßbaren Kraft einen passenden wissenschaftlichen Namen gegeben. Sie nennen sie ‚bioplasmische' Energie.

Jedenfalls sagt die moderne Theorie über die Bioenergie, daß ihre ungehinderte Zirkulation durch den Körper und ihr Austausch zwischen Körper und Atmosphäre äußerst wichtig für das körperliche, geistige und spirituelle Wohlbefinden ist. Die meisten von uns haben jedoch Abwehrmechanismen gegen den freien Fluß und Austausch dieser Energie in sich entwickelt. Diese Abwehrmechanismen äußern sich in Verspannungen und Kontraktionen, Krampfzuständen der Körpermuskulatur, Beschwerden in den Eingeweiden und anderen Organen sowie sonstigen Krankheitszuständen. Wird der Fluß oder die Bewegung der Energie behindert, dann entwickeln wir Schmerzen – auf der körperlichen Ebene – Angstzustände und Depressionen auf der emotionellen und impulsive Gedanken, Vorurteile und Phantasien auf der geistigen Ebene.

Diese Art des Energieflusses ist dem nicht unähnlich, der von Akupunkteuren beschrieben wird. Sie sehen die Anwendung ihrer Nadeln als ein Mittel, das die Abwehrmechanismen – oder Sperren -aufheben und damit den richtigen Fluß durch den Körper wiederherstellen kann. Andere Techniken, bei denen der Körper zum Beispiel in eine Lage gebracht wird, die starke Belastungen und unkontrolliertes Zittern hervorrufen, oder solche, die Schmerzen verursachen, Tiefenmassage, Berühren oder Bewegen, können ebenfalls die Aufhebung dieser Sperren bewirken. Dabei wird ein Zustand der Erweiterung und Lockerung erzeugt, der die Selbsterfahrung und die

Erfahrung des „Anderen" zu einem tiefen, aufregenden und durchdringenden Erlebnis macht.

Wenn man Energien so freisetzt, wenn man dadurch enthemmter und flexibler geworden ist, wird man sich eines Vorgangs bewußt, der „zum Mittelpunkt" oder „in die Tiefe gehen" genannt wird und bei dem man ein Gefühl der Festigkeit in Bezug auf den eigenen Standort im Leben bekommt. Die Erfahrung des eigenen Selbst und des „Anderen" gewinnt eine neue Tiefe, man wird zuversichtlicher und fühlt sich sicherer. Es ist ein sehr bestimmtes Gefühl, das im Körper sowohl physisch als auch emotionell erfahren wird.

Wilhelm Reich, ein Zeitgenosse Freuds, war der Begründer dieser Behandlungsmethode. Er glaubte – und viele hielten ihn wegen dieser Idee für verrückt – daß eine bis dato unbekannte Energie in der Atmosphäre existiert, die er Orgon-Energie nannte. Man könnte sie sensitiv erfahren, meinte er, indem man sie sich einverleibte, vielleicht gar mit ihr eins wurde und dadurch große Stärke und Energie erlangte. Reich versuchte, diese Orgon-Energie einzufangen, indem er eigenartige Kästen baute, in die er seine Patienten steckte. Er glaubte sogar, daß er mit dieser Methode Krebs heilen könnte. Dies erschien vielen zufälligen Beobachtern und wohl den meisten seiner Zeitgenossen völlig absurd. Reichs Leben endete ziemlich tragisch wegen seiner Ideen mit der Krebsheilmethode und einiger anderer Behandlungsmethoden, durch die er mit dem Gesetz in Konflikt geriet. Er starb im Gefängnis.

Obwohl ich anfangs Reichs Auffassung sehr eigenartig fand, interessierte sie mich doch und faszinierte mich geradezu, als ich herausfand, daß eine große Ähnlichkeit zwischen den bioenergetischen Techniken und Yoga besteht. Und zwar trifft das für die Übungen und Körperstellungen genauso zu wie für die Theorie von der Energie im Raum und im Körper. Yogīs sprechen von der „prāna"-Energie in der Luft, Reich von der „Orgon"-Energie.

Zwei Monate nach der „Wendepunkt"-Erfahrung mit meiner Patientin begann ich mich mit der bioenergetischen Therapie zu befassen, und ich erlebte bald – und zwar ganz konkret – ein gewaltiges Sich-öffnen meines Körpers und das Freiwerden von Energie – ein Gefühl, das dem ganz ähnlich war, das ich nach jenem Meditations- und Gebetserlebnis gehabt hatte. Das Erlebnis der Bioenergie lehrte mich eine neue Art des Daseins in dieser Welt.

Ich begann zu sehen, daß es eine wirkliche Alternative zu einem Dasein gab, das zu stark vom Verstand, den Gefühlen und den Sinnen gelenkt war. Indem ich mich auf die innere Kraft konzentrierte, konnte ich mich selbst des Verstandes „entheben". Indem ich über ihren pulsierenden Fluß meditierte,

entdeckte ich, daß ich im Umgang mit meinen Patienten wesentlich intuitiver wurde, und mein Leben viel glücklicher.

Ich verstand nicht so ganz, wie das alles funktionierte, wie ich so viel von solch einem nicht-verstandesgeprägten Dasein profitieren konnte. Ich wußte nur, daß es bei mir tatsächlich wirkte. Konnte es sein, daß ich mir dadurch, daß ich mich auf die Wellenlänge dieser Energie eingestellt hatte, die Lebenskraft erschlossen hatte, die die fundamentale Quelle meiner Stärke, Kreativität und Intuition war?

Ich war mir zu diesem Zeitpunkt nicht darüber im klaren, noch konnte ich begreifen, in welcher Beziehung dieser Prozeß zur Psychoanalyse und zu anderen psychiatrischen Theorien stand.

Von da an befaßte ich mit mit einer ganzen Reihe anderer Techniken, die Energie freisetzen helfen. Es gibt genügend zur Auswahl, und wir werden damit regelrecht überschwemmt. Da gibt es Rolfing, Körperkontakttherapien, Massage, alle Arten von ‚Anfassen und Fühlen'-Gruppen, Begegnungs- und Sensitivitätssitzungen, Urschreitherapien, Thai Chi und anderes mehr. Während meine Familie so ziemlich zu kurz kam, besuchte ich sogenannte ‚growth'-Zentren, wo ich mich wild gebärdete, tanzte, stampfte, brüllte, schrie, stöhnte, ächzte, heulte, um primitive Gefühle kennenzulernen, die ich mir sonst versagte.

Dann kam das Wälzen auf dem Boden. Jeder umarmte jeden und tauschte intime Gedanken und Gefühle aus... Ich lag da auf dem Rücken, streckte meine Arme nach einer imaginären Mammi aus und sog mit geschürzten Lippen an einer imaginären Brust...

Kein Zweifel, daß diese Techniken etwas für sich hatten. Ich beobachtete, wie ich allmählich meine Angst verlor, mit jedem vorstellbaren Trieb und Verlangen zu experimentieren und daß ich dabei lebendiger und sensitiver wurde. Ich fand, daß ich imstande war, mich von alten ewiggleichen Konflikten freizumachen – ich hatte eine Wahl und konnte tatsächlich anders sein. Aber ich sah auch Gefahren: Eine starke Bedrohung meines Familienlebens und meiner engen Beziehung zu meiner Frau und meinen Kindern. Es gibt viele Verlockungen für jemanden, der sich in diesen Gefielden bewegt.

Ich sah viele Menschen sich gegenseitig animieren und Intimitäten austauschen und sah ein, daß man unter diesen Umständen nach einiger Zeit leicht in eine sexuelle Beziehung mit anderen schlittern konnte. Und so stellte ich mir die Frage: „Hier stehe ich also mit all dieser Energie, aber wie soll ich sie in die richtigen Bahnen lenken und nutzen, so daß ich dadurch lernen kann, und ohne daß ich mich und die, die ich liebe, dabei kaputt mache?"

Es sah so aus, als wäre ich wieder einmal in einer Sackgasse gelandet. Führer der „human potential"-Gruppen hatten einen größeren Horizont und neue Freiheit versprochen, und ich hatte voller Hoffnung ihren Zusicherungen geglaubt, daß die Möglichkeit zu unbegrenztem Wachstum bestehe. Aber auch da mußte ich feststellen, daß die Führer sich nicht an das hielten, was ihre Worte versprachen. Und ich blieb den Techniken gegenüber, die so ganz ohne Moral und Disziplin angewandt wurden, genauso mißtrauisch wie eh und je. Hinkten diese Techniken nun wirklich, oder bildete ich mir das nur ein?

Äskulapstab und Kundalini

Eine Woche nachdem ich Baba begegnet war, wurde mir die Botschaft bewußt, die in einem allgemein bekannten Symbol verborgen liegt: Dem Äskulapstab, dem Symbol der Medizin. Man vermutet, daß eine latente, aber ungeheuer machtvolle Energie, die Kundalini oder „Schlangenfeuer" genannt wird, im Körper „schläft" – ein verstecktes Potential, dessen sich die meisten Menschen ihr ganzes Leben lang nicht bewußt sind. Das Prinzip der Kundalini ist im Hinduismus, der Yogalehre und praktisch allen mystischen und okkulten Lehrsätzen von großer Bedeutung. Der Äskulapstab (Caduceus)[1] symbolisiert die Art und Weise, in der diese Energie geweckt wird. Als ich das entdeckte, erkannte ich, daß hier möglicherweise die Antwort auf viele meiner Fragen zu finden war.

Betrachten wir einmal das Symbol des Äskulapstabes. Es ist ein Stab, um den sich zwei Schlangen winden, die an verschiedenen Stellen übereinanderliegen. An der Spitze des Stabes befinden sich zwei Flügel. Charles W. Leadbeater, ein bekannter Gelehrter der okkulten und mystischen Literatur, stellte die Theorie auf, daß der Äskulapstab ein uraltes Geheimnis über die Wege und Möglichkeiten, Körper und Ego zu transzendieren, symbolisiert. Der Stab repräsentiert seiner Überzeugung nach die Wirbelsäule, und die beiden Schlangen stellen den Weg dar, den die Kundalini nimmt, wenn sie geweckt wird und sich von ihrer Quelle her, die sich im untersten Bereich der Wirbelsäule befindet, entfaltet. Der Weg, der auf der linken Seite beginnt, wird im Sanskrit Īdā genannt, der der rechten Seite Pingala; der Weg durch das Zentrum der Wirbelsäule hinauf zum Kopf Sushumna.

Es wird angenommen, daß der Einzelne die schlafende Kundalini durch – meist über mehrere Jahre hinweg diszipliniert geübte – Meditation, durch Singen oder durch bestimmte Yogaübungen freisetzen kann. Wenn die Kundalinikraft erwacht und sich entfaltet, dann erwachen oder öffnen sich gleichzeitig bestimmte Körperzonen entlang der Wirbelsäule, die Cakras genannt werden, und die zu Zentralen organisierter Energiesysteme werden. Wenn sich diese Energie entwickelt, verändert sich das Bewußtsein des Einzelnen. Es ändert sich die Art und Weise, wie er die Welt sieht und wie er auf sie reagiert.

1 Der Caduceus des Merkur (Äskulapstab), Symbol der Heilkunst; vor griechischer mythologischer Zeit war es vielleicht das Symbol der Kundalini oder des Schlangenfeuers.

Aufgrund meiner Erfahrungen mit der biogenetischen Therapie war ich diesem Konzept gegenüber aufgeschlossener als das normalerweise der Fall gewesen wäre. Ich konnte mir vorstellen, wie eine solche Transformation vor sich geht. Ich fing selber schon an, merkwürdige, mir neue Schwingungen und Wahrnehmungen zu verspüren. Außerdem fiel mir auf, daß die Diskussion über diese Art der Energie in der Fachliteratur immer häufiger auftauchte. Dr. William Tiller, ein angesehener Physiker der Universität Stanford, schließt die Cakras zum Beispiel ein in sein wissenschaftliches Modell über die Art, wie sich der menschliche Körper entwickelt in der Reaktion auf Energie- und Informationsstrahlungen, die aus seiner Umgebung auf ihn einwirken.[1] Und in ,,Breakthrough to Creativity" beschreibt Shafica Karagulla, eine Neuropsychiaterin aus Los Angeles, bis ins kleinste Detail die Cakras, wie sie von „Sensitiven" gesehen werden, mit denen sie arbeitet – Menschen mit hochentwickelten Sinneswahrnehmungen bzw. übersinnlicher Wahrnehmungskraft.

Angeblich gibt es sieben Cakras, die nicht im physischen, sondern im ätherischen Körper zu finden sind und von denen man annimmt, daß sie mit dem jeweiligen physischen Gegenstück räumlich zusammenfallen. (Dr. Tiller bezeichnet den ätherischen Körper als den „Negativen Raum-Zeit-Rahmenkörper" (negative space-time frame body), und betrachtet jeden dieser Körper als „einen abgestimmten Stromkreis, durch den man die Energie des Kosmos anzapfen bzw. mit einem anderen Aspekt des Selbst kommunizieren kann").[2] Man glaubt, daß die Cakras in engster Beziehung zu dem endokrinen Drüsensystem des Körpers stehen. Hand in Hand mit dem stufenweisen Erwachen jedes Cakras finden angeblich entsprechende Veränderungen im Körper, in den Gefühlen, im Denken und im Bewußt-Sein statt. Die fortschreitende Bewußtseinserweiterung bringt ein zunehmendes Wissen über sich selbst und ein vertieftes Gewahrwerden der eigenen Verbindung mit dem Universum mit sich. Schließlich, wenn das siebente oder „Kronencakra" am Scheitelpunkt des Kopfes geweckt und geöffnet ist, kann man vermutlich seinen physischen Körper verlassen – und so erleben wie die Seele den Körper transzendiert.

Es heißt, daß ein Mensch die höchste Wissensebene erreicht hat, wenn er zu der vollen Erkenntnis gelangt ist, daß die eigene grundlegende Identität nicht sein Körper, sein Ich bzw. seine Persönlichkeit ist, sondern vielmehr bewußte Energie oder Bewußt-Sein. Und dieses tatsächlich erfahrbare Aufsteigen von der normalen, alltäglichen Bewußtseinsebene zur höheren wird durch die Flügel des Äskulapstabes versinnbildlicht.

Was hat das nun alles mit der Psychiatrie zu tun? Das erste und das zweite Cakra, die angeblich zusammenfallen mit der Nebennierenrinde bzw. den

1 William Tiller, Radionics, Radiesthesia and Physics; A.P.M. Symposium Transcript „The Varieties of Healing Experience", Oct. 1971 (S. 55–78).

2 Ibid.

Keimdrüsen des endokrinen Drüsensystems, liegen in der analen und genitalen Region des Unterleibes. Dies scheint mit Freuds Beobachtungen von der Bedeutung dieser Körpergegenden bei der Entwicklung der Persönlichkeit anatomisch übereinzustimmen. Diese beiden Chakras scheinen mit gröberen, elementaren Energien wie Aggression und Feindseligkeit zusammenzuhängen bzw. mit dem, was bei Freud Analverhalten heißt – sowie mit dem Sexualverhalten. Nach der Theorie über die Kundalini-Kraft nimmt die Persönlichkeit, nachdem die Cakras erwacht sind, bestimmte psychologische Wesensmerkmale an, die den den Cakras zugeschriebenen Energien entsprechen. Tatsächlich beziehen sich viele der Persönlichkeitstypen in der Psychiatrie und ihre Beschreibung der jeweiligen Lebenseinstellung auf anale und genitale Charakteristika in verschiedenen Kombinationen und von unterschiedlicher Intensität.

Die meisten von uns sind sich dieser elementaren Energien bewußt, und ein Teil unserer Lebensaufgabe besteht darin, mit ihnen in Fühlung zu bleiben und sie so zu kanalisieren, daß sie unserem Überleben dienen. (Nicht ohne Grund wird das erste Cakra häufig das „Wurzelcakra“ genannt.) Es gibt jedoch auch einige Menschen, die von diesen elementaren biologischen bzw. Überlebensenergien abgeschnitten sind, so als ob diese Cakras in ihnen nie geweckt worden wären. Diese Menschen haben in ihrem Leben weder Aggressivität noch Sexualität erlebt; sie haben praktisch keine Möglichkeit, mit dieser Welt in Kontakt zu treten.

Mir scheint, daß es die Aufgabe des Psychiaters ist, Menschen zu helfen, mit diesen elementaren Energien in Fühlung zu kommen und dann Wege zu finden, sie so zu kanalisieren, daß sie zu besserer Anpassung an das Leben, zur besseren Regulierung des Lebens und zu größerem Glück führen. Meistens ist es aber so, daß die Psychiater den Fehler begehen, diese Energien zu erwecken, ohne sich um eine angemessene Kanalisierung und Disziplinierung zu kümmern. Auf diese Weise bekommen wir es dann mit den Schwierigkeiten zu tun, die so typisch für unsere Zeit sind, wie etwa „alles rauszulassen“ und unseren Emotionen und Trieben ein Podest zu errichten auf Kosten der Disziplin und Selbstkontrolle.

Ich habe bereits erwähnt, in was für Abgründe uns dieses Verhalten führen kann. Einige der zerstörerischen Nachwirkungen dieser Einstellung lassen sich in unserer Kultur beobachten. Beim Yoga wird im Gegensatz dazu viel Gewicht darauf gelegt, diese niederen Energien in angemessener Weise zu kanalisieren und zu disziplinieren. Wenn man sich erst einmal seiner Aggressivität und Sexualität bewußt geworden ist, wird man darin belehrt, wie man von ihnen Abstand gewinnen kann, so daß man sich auf das Wecken der höheren Cakras konzentrieren kann. Tatsächlich praktizieren Yogīs, die eine gewisse Entwicklungsebene erreicht haben, im allgemeinen sexuelle Enthaltsamkeit, die einhergeht mit einer Kontrolle über Gedanken und

Emotionen – einer Kontrolle, die zum Beispiel keinen Zorn und keine „schlechten Gedanken" zuläßt. Dies wird von den meisten Psychiatern, wie bereits erwähnt, im allgemeinen als repressiv angesehen.

So viel zum ersten und zweiten Cakras. Das dritte Cakra liegt vermutlich in der oberen Bauchgegend (und steht in Zusammenhang mit der Bauchspeicheldrüse); das vierte in der Brust, in der Nähe des Herzens (und hängt mit der Thymusdrüse zusammen); das fünfte im Hals bei der Schilddrüse; das sechste in Höhe der Augenbrauen zwischen den Augen – in der Gegend des sogenannten „dritten Auges" – (Hirnanhangdrüse); und das siebente am Scheitelpunkt des Kopfes (Zirbeldrüse). Wenn jede dieser Gegenden geweckt worden ist, erreicht man einen höheren Bewußtseinsstand und erfährt die Welt neu. Das Herzcakra zum Beispiel hat mit der Fähigkeit zu selbstloser Liebe zu tun. Wenn das Brauencakra oder das „dritte Auge" aktiviert worden ist, erlebt man unter Umständen Hellsichtigkeit und telepathische Phänomene. Wenn schließlich das „Kronencakra" geweckt ist, erhält man die Fähigkeit, den Körper zu verlassen und sich selbst als reines Bewußtsein zu erleben.

Die yogischen Kräfte, die während dieser in die Höhe führenden Reise erweckt werden, können einen Rückschritt und ein Hindernis bedeuten, die man unbedingt überwinden muß, wenn sie dahin tendieren, den spirituellen Aspiranten von diesen Kräften als solchen abhängig zu machen und ihn dazu bringen, das eigentliche Ziel aus den Augen zu verlieren, nämlich die Vereinigung mit dem höheren Selbst. Wir haben es hier mit der gleichen Gefahr zu tun, die auch bei unserer Bindung an die gröberen Energien wie Aggression, Selbstbehauptung und Sinnlichkeit liegen. Wir verstricken uns leicht mit der Macht, die in diesen Energien liegt, vergöttern sie und bleiben für immer da stecken.

Wenn der Äskulapstab und die damit verbundenen Theorien tatsächlich ein Bild der Wirklichkeit widerspiegeln sollten, wundert es mich gar nicht, daß ich die Theorien und Praktiken der Psychiatrie als sehr kurzsichtig empfand im Hinblick auf ihre Sicht des Menschen und seiner Stellung im Universum. Denn wenn sich jemand der in Aggressivität und Sexualität enthaltenen niederen Energien erst einmal bewußt geworden ist – was den Hauptinhalt der meisten Psychotherapien ausmacht – hat ja die Reise erst angefangen. Ganze Welten der Höherentwicklung liegen dann noch vor einem.

Aus dieser Perspektive gewannen Sai Babas Lehren über die Art und Weise, wie man sein Verhältnis zu anderen Menschen gestalten sollte, an Bedeutung. Eigenschaften wie Verantwortlichkeit, Disziplin, Arbeit, Pflicht, Gottesfurcht, Hingabe, rechtes Handeln und Selbstlosigkeit sind nicht nur für das Verhalten der Menschen untereinander wichtig, sondern insbesondere für die Entwicklung der notwendigen inneren Disziplin in einem selbst, die man braucht, um mit den höheren Energien umzugehen, sobald sie geweckt

worden sind. Alle religiösen Systeme stimmen darin überein, daß diese Eigenschaften für das Wachstum des Selbst und für die Stabilität der gesamten menschlichen Gemeinschaft dieser Erde unbedingt notwendig sind. Und darin, daß der Einzelne und die Gesellschaft ohne sie ins Chaos stürzen.

Obwohl der religiöse Bezugsrahmen altmodisch und spießig erscheinen mag, gemessen an unserem derzeitigen westlichen Wertsystem, so begann mir doch zu dämmern, daß er genau das ist, was wir brauchen – als ob das noch nie jemand zuvor gesagt hätte! Mir wurde klar, daß das Chaos sich dann entwickelt, wenn wir die höhere Wirklichkeit, die die meisten Leute Gott nennen, aus den Augen verlieren und an ihre Stelle den Verstand, die Emotionen und das Materielle setzen.

Demnach scheinen sowohl das System, das durch den Äskulapstab symbolisiert wird, als auch die in den meisten Religionen niedergelegten Systeme unsere Energien strukturieren zu wollen, indem sie Prioritäten setzen und uns erstrebenswerte Eigenschaften vor Augen halten, die einer höheren Perspektive entstammen als der, die wir in der Routine und den Anforderungen unseres alltäglichen irdischen Lebens erbringen können.

Was unserer modernen Kultur aber fehlt, ist die Überzeugung, daß diese religiösen Systeme im Wesentlichen die Wirklichkeit bzw. die Wahrheit darstellen. Die Religion scheint wirklich sehr stark in Verruf geraten zu sein.

Welches großartige Erlebnis könnte uns wieder dahin bringen, die ewigen Wahrheiten, die in den Weltreligionen verkörpert sind, zu erkennen und den Entschluß zu fassen, ein rechtschaffenes Leben zu führen? Wie gewaltig muß dieses Erlebnis sein?

Eine Seele wird verwandelt

Wenn der Äskulapstab, der das Kräftespiel der Kundalini-Energien symbolisiert, tatsächlich eine tiefreichende Sicht der Wirklichkeit darstellt, bietet er uns einen Anhaltspunkt, mit dessen Hilfe wir das Verhältnis der westlichen Psychiatrie zur Spiritualität überblicken können und vermittelt uns beträchtliches Wissen über die Beschaffenheit des Weges, der zu Gott führt. Es gibt ganz spezifische Äußerungen darüber, wie ein Mensch sein Leben führen soll; es gibt genaue Beschreibungen der Wegweiser, an denen wir auf unserem Weg vorbeikommen werden, und es gibt Hinweise auf die Fallgruben und Gefahren, die uns erwarten. Die entscheidende Frage, die wir an diesem Punkt stellen müßten lauten: Existiert dieses System wirklich; ist es eine gültige Beschreibung ‚des Weges'?

Mir scheint, daß der springende Punkt in der Antwort auf diese Frage für die meisten von uns – die von unserer wissenschaftlich und technologisch orientierten Kultur geprägt sind – darin liegt, ob sie einen direkten, konkreten Beweis liefern kann und nicht nur abstrakte Ideen. Für die meisten gilt als einschlägiges Argument die Erfahrung, die mit Hilfe unserer Sinne gemacht und gemessen werden kann. In dieser Hinsicht scheinen uns die Russen um einige Längen voraus zu sein. In dem Buch „Parapsychologische Entdeckungen hinter dem Eisernen Vorhang" von Sheila Ostrander und Lynn Schroeder wird berichtet, daß russische Wissenschaftler mit solchen sogenannten „Psi-" oder „paranormalen" Phänomenen wie Telepathie, Hellsichtigkeit, Psychokinese, Geistheilen und der Beschaffenheit der Aura experimentiert haben und nunmehr in der Lage sind, sie wissenschaftlich auszuwerten.

In unserem Lande ist man erst kürzlich auf eine mögliche Gültigkeit dieser Phänomene aufmerksam geworden. Mit unserer wachsenden Faszination vermehren wir auch unsere Anstrengungen, Erklärungen zu finden, die es uns ermöglichen, sie besser zu verstehen. Uri Geller, der von Wissenschaftlern des Stanford-Forschungsinstitutes gründlich untersucht worden ist, scheint – wie eine beachtliche Sammlung von Testergebnissen zeigt – bestimmte Psi-Kräfte oder „Siddhis" zu besitzen. So konnte er zum Beispiel Zeichnungen, die ihm anscheinend telepathisch von Testpersonen übermittelt wurden, mit bemerkenswerter Genauigkeit reproduzieren. Und es hat den Anschein, als ob er metallene Gegenstände über Entfernungen hinweg allein durch

Willenskraft verformen könnte, obwohl dies hierzulande von mehr als einer Seite angezweifelt wird.

Edgar Cayce wurde dadurch sehr bekannt, daß er offensichtlich fähig war, über weite Entfernungen hinweg telepathisch bzw. hellsichtig Informationen einzuholen und dann medizinisch ausgeklügelte Heilverfahren Menschen verschrieb, die er nie in seinem Leben kennengelernt hatte. Sein offensichtlicher Erfolg mit diesen Heilkräften ist dokumentarisch eindrucksvoll belegt.

„Psi"-Phänomene wie Geller und Cayce scheinen die Fähigkeit zu besitzen, Dinge wahrzunehmen, die außerhalb der Reichweite unserer Sinne liegen. Sie berichten oft von ähnlichen Erfahrungen hinsichtlich ihrer Kräfte; und viele von ihnen kommen darüber zu ähnlichen Schlußfolgerungen. Die meisten sind der Ansicht, daß es tatsächlich eine höhere Ordnung der Wirklichkeit gibt als die, derer wir uns normalerweise bewußt sind und daß sie aus irgendeinem Grunde, der jenseits ihres Begriffsvermögens liegt, als Kanäle zwischen dieser höheren Wirklichkeit und der uns vertrauten Welt benutzt werden.

Kathryn Kuhlman, die – inzwischen verstorbene – angesehene Pfarrerin einer Kirche, in der anscheinend viele Wunderheilungen stattgefunden haben, sah sich auch als in Beziehung zu dieser höheren Welt stehend. Sie sagte, daß sie ganz eindeutig die Gegenwart des „Heiligen Geistes" spüren könne. Sie könnte in ihrer Gemeinde vor tausenden von Menschen stehen und auf eine bestimmte Stelle im Kreis der Zuhörerschaft weisen, mit ganz präzisen Bemerkungen wie etwa: „Da steht ein Herr, der seit langem an einem Karzinom in seiner Hüfte leidet. Er ist gerade geheilt worden... In dem Teil des Auditoriums ist jemand mit einem gebrochenen Knöchel, der gerade geheilt und von seinen Schmerzen befreit wird... Da drüben ist jemand, der jahrelang an den Rollstuhl gefesselt war und der jetzt geheilt ist und aufstehen kann. Würden diese Leute bitte aufstehen und nach vorne kommen!" Und in einer eindrucksvollen, erstaunlichen und ergreifenden Demonstration einer undefinierbaren Kraft, die da am Werke ist, erhoben sich diese Leute und gingen zur Kanzel.

Im Rahmen dieses Buches kann ich nur darauf hinweisen, daß es bekannte Beispiele gibt als Beweis dafür, daß tatsächlich paranormale Kräfte in den Menschen existieren, die behaupten, in Kontakt mit einer höheren Wirklichkeit zu stehen. Aber der Leser ist sich ja selbst über den Umfang der Dokumentation bewußt, die sich mit diesem Thema beschäftigt. Vieles davon ist auch absurd, reißerisch und reine Geschäftemacherei. Ein Großteil der Literatur ist jedoch ein faszinierendes und beredtes Zeugnis einer Dimension des Seins, die jenseits der materiellen Welt liegt.

In der Geschichte der Menschheit hat es einmalige, angeblich göttliche Gestalten gegeben, die in höchst konkreter Art und Weise außergewöhnliche

SS

Kräfte an den Tag legten und die nicht nur ausgesagt haben, daß sie Kenntnis von einer solchen höheren Wirklichkeit besäßen, sondern daß sie diese tatsächlich selbst verkörperten – womit sie andeuteten, daß sie die Dualität vollkommen überwunden hatten und in die Einheit des Universums eingegangen waren.

All die Konzepte, mit denen sich dieses Buch befaßt – die Frage nach der im Äskulapstab verborgenen Wahrheit, die Grenzen menschlicher Möglichkeiten, der Sinn des Lebens, die Realität Gottes und die Beschaffenheit des Weges, der zu IHM führt ... all diese wichtigsten und tiefgründigsten Fragen, die den Kern unserer Existenz berühren und nach deren Beantwortung wir uns sehnen, damit wir unser Leben so einrichten können, daß es uns zur Wahrheit führt – all diese Fragen werden durch das Auftreten solch großer Wesen beantwortet. Ihr Erscheinen auf der Erde hat eine ungeheure Wirkung auf die Menschheit gehabt. Sie sind die strahlendsten Höhepunkte in der Geschichte der Menschheit.

Allein schon die Art und Weise,wie sie leben und durch die Dynamik ihres Lebens machen sie die Wirklichkeit höherer Dimensionen erkennbar, das ehrfurchtgebietende Geheimnis des Nicht-Faßbaren. Und durch das Wunder ihrer Liebe und ihrer Ermutigung schenken sie uns Glauben, Kraft und eine Richtung für unser Leben und rufen in vielen das Glück und die Liebe hervor, die durch den Kontakt mit dem Göttlichen entstehen. Unserer heutigen Welt sind lediglich eine Handvoll solch göttlicher Gestalten bekannt: Unter ihnen die legendären Gestalten der Hindu-Tradition Rāma und Krishna, dann Buddha und Jesus Christus.

Mit diesem Buch beabsichtige ich, Ihnen eine weitere vorzustellen: Sathya Sai Baba, der meiner Meinung nach der strahlendste, klarste lebende Beweis einer höheren Realität ist. Er verkörpert den konkreten Beweis, den jeder überprüfen kann. Er selbst hat gesagt, daß wir wirklich unerhörtes Glück haben, denn kein anderer Avatāra – Inkarnation Gottes oder des göttlichen Geistes – hat sich je so zugänglich und offen unter den Menschen bewegt und ihnen damit gestattet, die Herrlichkeit, die er verkörpert, zu sehen und zu erfahren. Er lädt die Menschen ein, zu ihm zu kommen, ihn kennenzulernen und zu prüfen – und dann zu einem eigenen Urteil zu kommen.

Von allen emotionalen, psychologischen und sozialen Einflüssen und Phänomenen, die ich beobachten konnte, und von allen Erfahrungen, die ich je gemacht habe, kommt keine dem Mysterium und der Tiefe meiner Erfahrung mit Sai Baba gleich. Er hat mich gelehrt, daß unser tiefstes und innerstes Streben und Sehnen nicht der Aggression, der Macht oder der Sexualität gilt, sondern dem Einswerden mit Gott, der Heimkehr zu Gott.

Sai Baba hat mir gezeigt, wo und warum andere psychologische Theorien, an die ich glaubte, kurzsichtig und begrenzt sind, wenn sie die Realität Gottes und der spirituellen Dimension nicht anerkennen. Er hat mir gezeigt, wie man trotz aller Hindernisse auf dem spirituellen Weg weitergeht. Ich halte ihn für einen so großen und einmaligen Lehrer, daß man ihn weder mit Worten definieren noch in Schemen einordnen kann. Es ist unmöglich, ihn zu erklären und festzulegen.

Bangalore, den 22. Mai 1972, 8 Uhr morgens

Liebe Sharon,

ich zweifle nicht daran, daß Sai Baba göttlich ist. Ich wundere mich selbst, daß ich so etwas sage. Was muß mit mir passiert sein, mit mir, einem rational denkenden, wissenschaftlichen Menschen, daß ich so etwas sage? Ich glaube, ich kann diese Erfahrung einem anderen gar nicht mitteilen. Ich weiß, daß das alles keine Hypnose, kein Massenwahn, keine Halluzination, keine Hysterie und auch nicht das Resultat eines Kultur- oder Drogenschocks ist. Es wäre zu einfach zu sagen, daß ich eine Materialisation gesehen habe und daraufhin plötzlich ein anderer Mensch wurde. Ich staune über die Erfahrung, ohne daß ich dazu imstande wäre, sie in allen Einzelheiten wiederzugeben, und ich bin froh, daß ich sie mit so vielen teilen kann, die sie auch miterlebten.

Ich glaube, daß Baba eine Inkarnation Gottes ist. Ich habe jetzt das Gefühl, daß alle diese Geschichten der Hindus, Christen und Juden nicht symbolisch gemeint sind; es gibt tatsächlich eine spirituelle Ebene der Wirklichkeit, die sich selbst offenbaren kann. Eine der erstaunlichsten Erkenntnisse, die ich gewonnen habe ist die, daß ich erfahren habe, wie überraschend und plötzlich man sich verändern kann, wenn man diese höhere Wirklichkeit sieht. Es ist so, als ob man von einer Bewußtseinsebene in eine andere springen würde – alles erscheint völlig anders.

Wenn ich mit Leuten rede, die Baba verehren, kann ich jetzt eine ganz bestimmte feine Schwingung zwischen uns spüren, die uns sagt, daß wir uns einer neuen Wirklichkeit bewußt geworden sind; und wenn ich mit Leuten rede, die keine Devotees sind, fühle ich ganz klar, daß sie gewisse Nuancen nicht nachempfinden oder nicht verstehen. Ich kann einfach nicht genauer beschreiben, was bei diesem plötzlichen Wandel geschieht – nur, daß etwas sehr stark auf mein Leben einwirkt und daß alles, was ich sehe, von dieser Erfahrung und von der Vision einer neuen Wirklichkeit gefärbt ist.

Wenn ich stark genug bin, auch in Zukunft die Bedeutung von all diesem zu verstehen, weiß ich, daß ich mich ganz grundlegend verändern werde. Ich sehe jetzt ganz klar, daß es moralische und spirituelle Gesetze gibt, die unsere Existenz regeln – Gesetze, denen wir zu folgen haben – die vielleicht noch realer sind als naturwissenschaftliche Gesetze. Befolgen wir sie, führen sie uns zur höchsten Wahrheit, zur Glückseligkeit und zum Sinn; lassen wir sie außer acht, erfahren wir Schmerzen, Sinnlosigkeit und Leid. Es kommt mir eigenartig vor, daß gerade ich so stark an eine höhere Wirklichkeit, an eine höhere Ebene des Seins glaube, wo ich doch noch vor wenigen Tagen ein solcher Zweifler und Skeptiker gewesen bin.

Gestern habe ich noch mehr Wunder erlebt. Es ist so, als ob Baba mir jetzt erlaubte, diese wunderbare Macht aus nächster Nähe zu beobachten. Ich erlebte, wie direkt vor meinen Augen ein Ring entstand, den ein Professor bekam, der hier zu Besuch ist; dazu viel Vibhūti. Ich habe unzählige Leute getroffen, die mir über Babas unglaubliches Wissen um ihre tiefsten Geheimnisse berichtet haben. So kommt es vor, daß er sich diskutierenden Gruppen im Ashram nähert und in ihr Gespräch unvermittelt Klarheit bringt und eine Richtung gibt, ohne daß er vorher körperlich anwesend war, um wissen zu können, über was da eigentlich gesprochen wurde.

Kurz und gut – ich bin der Meinung, daß ich hier einem direkten Geschehen in Fleisch und Blut beiwohne, das tausendmal mehr verwunderlich ist als die ganzen Märchen, die ich meinen vier süßen Kindern bisher erzählt habe. Ich glaube jetzt wirklich, daß die Geschichten über Hexen und Engel, über Ungeheuer und Götter höchstwahrscheinlich von einer Dimension des Seins berichten, die in größerem Maße wirklich ist als die physikalische Welt, die wir als wirkliches Leben ansehen. Ich bin mir jetzt dessen bewußt geworden, daß es tatsächlich solche Dinge wie schwarze Magie und das Böse, Engel und Götter gibt.

Ich empfinde es als einen Segen, daß ich hier sein und ein solches Phänomen erleben darf. Ich spüre Babas Liebe und seinen Schutz immer stärker; meine Bedenken und meine Furcht, die noch vor wenigen Tagen angesichts dieser Macht in mir aufkamen, lösen sich auf. Baba scheint aus nichts als Liebe zu bestehen: Er ist überall und verströmt sich an alle mit unendlicher Energie. Ich kann mir nicht vorstellen, wie ein menschliches Wesen die Dinge, die er tut, mit einer solchen Energie ausführen könnte. Sein Lächeln verzaubert dich und er kann sich im Bruchteil einer Sekunde von einem kleinen Kind in einen Löwen verwandeln. Nachdem ich selbst seine Kräfte erlebt habe und Zeuge von Materialisationen war, bin ich überzeugt davon, daß die unzähligen Geschichten, die ich über ihn gehört habe, wahr sind.

In nächster Zukunft wird es meine Aufgabe sein, mit gewissen Elementen in meinem Leben ins Reine zu kommen, um mich mehr auf Baba auszurichten. Seine Lehren sind klar: Er weist den Weg. Er predigt die ständige Meditation und den ständigen Kontakt mit Gott. Er predigt, daß man sich ganz den göttlichen Zielen und einer rechtschaffenen Lebensweise verschreiben soll ... wobei man keine schlechten Gedanken oder Handlungen aufkommen lassen darf, seine Gefühle kontrollieren und von ihnen Abstand gewinnen und seine Leidenschaften in die rechten Bahnen lenken muß. Disziplin, Disziplin; die Ebene der körperlichen Freuden muß man transzen-

dieren. Vergeude keine Sekunde deiner kostbaren Zeit, denke immer an dein spirituelles Ziel, arbeite hart, verschreibe dich Gott, strebe nach Weisheit. Ich habe fürchterlich gegen diese meiner Meinung nach so puritanische Moral angekämpft, und doch – nachdem ich Babas Größe erlebt habe, kann ich nicht anders als das, was er sagt, voll und ganz zu akzeptieren. Er ist wahrhaftig großartig ...

Der Zeitpunkt meiner Heimkehr rückt näher, und ich bin bei dem Gedanken, Euch bald wiederzusehen, ganz aufgeregt.

Mit all meiner Liebe, Sam.

24. Mai, 6.30 morgens

Meine Liebste,

gestern war ein sehr schwerer und schmerzvoller Tag. Wurde sehr krank, 41 Grad Fieber, Schmerzen am ganzen Körper, Durchfall und Magenkrämpfe. Ich war ganz benommen und fühlte mich sehr unwohl. Obwohl ich, wie du ja weißt, in einer solchen Lage normalerweise sehr ängstlich bin, war ich erstaunlich gelassen, trotz der großen Schmerzen. Ich hatte das Gefühl, daß Baba mich beschützte. Er kam selbst zu mir herauf, fühlte meinen Puls und sagte, es würde mir bald wieder gut gehen. Ich habe anschließend geweint, weil ich spürte, daß er genug für mich empfand, um zu mir zu kommen. Heute morgen fühle ich mich schon viel besser.

Früher hat mich der Gedanke, mir einzugestehen, daß ich von etwas abhängig war, immer peinlich berührt, aber jetzt bin ich davon überzeugt, daß diese Art der Abhängigkeit echt ist, denn der Mensch ist ja wirklich sehr zerbrechlich und verwundbar und sehnt sich danach, eine Verbindung zu seinem Vater zu haben und eine Wirklichkeit höherer Ordnung kennenzulernen. Ich glaube tatsächlich, daß dies wahrscheinlich der wichtigste Instinkt des Menschen ist und seine eigentliche Lebensaufgabe darstellt.

Die Vorlesungen hier waren in letzter Zeit ein wenig besser. Eine war über Srī Aurobindo. Er wird als Heiliger angesehen, der wegen seiner Teilnahme am Widerstand gegen die englische Oberhoheit einst gefangengenommen und in Einzelhaft verwahrt wurde. Nach kurzer Zeit geschah in ihm der Durchbruch in eine andere Bewußtseinsebene und er sprach 14 Tage lang mit einem verstorbenen großen Yogī, Swami Vivekananda, der ihn tiefer in die Prinzipien der Yogapraxis einführte. Nach seiner Freilassung schrieb er über das, was er aus seinem Kontakt mit dieser höheren Dimension gelernt hatte und brachte damit neues Licht und neues Leben in die Spiritualität. Im Anschluß an seine Entlassung aus dem Gefängnis gründete er einen Āshram und lebte vierzig Jahre lang in einem einzigen Zimmer, ohne es jemals zu verlassen.

Stell dir das einmal vor – nur ein Verrückter oder ein Heiliger kann so etwas tun. Er gilt als ein Wissenschaftler des Bewußtseins, der augenscheinlich alles im innerlichen Raum gefunden hat, und der keine Zeit in der Welt, wie wir den äußerlichen Raum nennen, zu verbringen brauchte, außer der Zeit, die notwendig war, um sie zu überwinden. Diese Art des Lernens fasziniert mich ungemein. Ganz im Gegensatz zu der westlichen Betonung auf Gehirntätigkeit und auf Aneignung intellektuellen Wissens kann so ein Yogī zehn Jahre lang mit einem Arm an einem Baum hängen und durch diese Technik alles lernen, was man wissen kann. Seltsam, aber wahr.

Diese kosmische Ordnung der Dinge, dieses Ineinandergreifen der Realitäten erregt und begeistert mich zunehmend. Es ist für mich höchst erstaunlich, daß wir als Menschen aus der uns vertrauten Realität ausbrechen – die Leute hier nennen sie „Illusion“ – und in eine höhere Bewußtseinsebene aufsteigen können, in der wir tatsächlich mit großen Geistern der Vergangenheit bzw. der Zukunft in Berührung kommen. Ich habe über diese höheren Ebenen des Bewußtseins gelesen und erlebe täglich konkrete Beweise ihrer Existenz und auch über die Eigenschaften, die man erlangen kann, wenn man sich höher und höher entwickelt.

Wie es scheint, muß der Mensch sein Verhaftetsein mit dem materiellen und sinnlichen Leben aufgeben und ein spirituelles Leben anstreben. Baba hat erklärt, daß es seine Aufgabe ist, den Menschen und der Welt wieder Rechtschaffenheit zu bringen. Er sagt, daß er darin nicht scheitern wird. Für mich steht fest, daß es meine Aufgabe ist, mich zu ändern und ein spiritueller Mensch zu werden.

In Liebe, Sam.

25. Mai, 8.00 Uhr morgens

Liebste Sharon und Kinder,

jeden Tag lerne ich Neues hinzu. Gestern kam Dr. S. Bhagavantam, ein sehr bekannter Kernphysiker von internationalem Ruf hier an. Seine Ehrerbietigkeit, Sanftheit, Demut, Freundlichkeit und sein Respekt machten großen Eindruck auf mich. Diesen Mann sah ich mit dem Gesicht am Boden zu Babas Füßen liegen und später demütig auf ihn zugehen und ihn schüchtern etwas fragen. Baba lächelte, ging dann hinüber zu einem Korb voll Vibhūtipäckchen und gab ihm eine Handvoll. Der berühmte Wissenschaftler machte dann kehrt und ging mit einem Lächeln davon, das vollkommene Erfüllung ausdrückte.

27. Mai, 10.00 Uhr abends

Liebste Sharon und Kinder,

es ist spät, ich bin müde, bin lange aufgewesen: Der heutige Tag begann um 3.00 Uhr früh. Ich habe an Nāgara-Sankirtan teilgenommen, einem Brauch, der von Baba wieder ins Leben gerufen wurde und sich in Indien immer mehr verbreitet. Um 5 Uhr morgens ging ich zusammen mit den Studenten barfuß durch die Straßen eines nahegelegenen Städtchens und sang Bhajans – religiöse Lieder, die die Namen der vielen verschiedenen Aspekte bzw. Formen Gottes, in denen Er den Menschen im Laufe der Geschichte erschienen ist, besingen. Baba sagt, es sei gut, bei solchen heiligen Schwingungen aufzuwachen, wie sie beim Singen des Namens Gottes entstehen, und es ist recht beeindruckend, diese Gruppe von Männern in einer solch durchgeistigten und andächtigen Haltung durch den Ort schreiten zu sehen. Aber jetzt bin ich sehr müde und kaum noch imstande, mehr über dieses Erlebnis zu schreiben.

Heute habe ich auch zum ersten Mal gesehen, wie Babas Kopf pulsierende Energie entströmte; und ich konnte deutlich seine Aura sehen. Das muß der Heiligenschein sein, mit dem immer die Engel dargestellt werden. Was für ein Erlebnis!

In Liebe, Sam

29. Mai, 9.00 Uhr morgens

Liebste Sharon,

gestern war wieder ein hektischer Tag. Bin wieder um 3.00 Uhr aufgestanden, so daß wir rechtzeitig bei Baba sein konnten, um auf den Straßen singen zu können. Ich fühle mich ständig schwach und müde wegen dieses Stundenplans.

Etwas Aufregendes ist aber doch geschehen. Ich werde allmählich unruhig, weil ich meine Abreise für den 31. geplant habe und immer noch kein Privatinterview mit Baba gehabt habe. Ich dachte schon, daß mir diese Gelegenheit entgehen würde und fragte die anderen, was ich tun sollte. Alf war der Ansicht- da ich sozusagen sein Schützling war – es sei seine Pflicht, Baba zu fragen; als er das tat, bekam er zur Antwort, daß ich nicht am 31., sondern erst am 1. abreisen würde. Deshalb muß ich jetzt also herumrennen und meine Reservierungen umbuchen. Ich nehme an, das bedeutet, daß ich hierbleiben soll, um die Abschlußfeierlichkeiten am Ende des Sommerkurses mitzuerleben, die am letzten Tag des Monats stattfinden sollen. Ich habe das zuversichtliche Gefühl, daß er mich zu sich hereinrufen wird. Ich bin in guter Stimmung.

In Liebe, Sam

2. Juni, 12.45 – im Flugzeug, das auf seine Starterlaubnis von Bombay nach New York wartet.

Meine Liebste,

ich warte auf den Abflug nach Hause und kann es kaum erwarten, Euch zu sehen und mit Euch allen zusammenzusein. Die beiden letzten Tage waren hektisch und außergewöhnlich. Weil ich meinen Abflug auf den 1. Juni verschoben hatte, konnte ich bei der Abschlußfeier des Sommerkurses dabei sein. Es war alles sehr eindrucksvoll und machte deutlich, daß Baba ein sehr großes Interesse an der Erziehung hat und daß viele führende Persönlichkeiten Indiens zu seinen Anhängern zählen. Eine ganze Reihe hoher Beamter waren anwesend, von denen einige während der Feierlichkeiten eine Ansprache hielten.

Mir ist auch bewußt geworden, daß viele Leute Baba gern sehen würden, aber nur wenige dürfen zu ihm herein, um ein wirklich vertrauliches Gespräch zu führen. Ich habe einigen jungen Amerikanern geraten, ihn zu besuchen, und sie sind auch gekommen – aber nur, um lange, heiße Stunden vor dem Tor zu sitzen und schließlich entmutigt wieder abzuziehen. Ich habe wirklich außerordentliches Glück gehabt, Baba so nahe sein zu können und besonders auch darin, einen so großartigen Führer und nunmehr engen Freund in Alf gefunden zu haben. Nun, in der Hoffnung, ein Privatinterview zu bekommen, wartete ich also sehnsüchtig... Aber Baba schenkte mir kaum einen Blick.

Ich bin heute ganz früh am Morgen vor dem Abflug zum Āshram hinausgefahren, aber er kam nicht herunter, um mich zu sehen. Kurz und gut: Ich habe kein Privatinterview bekommen und reise jetzt ziemlich niedergeschlagen und verletzt ab – bis auf ein paar starke Lichtblicke: Erstens weiß ich, daß Baba mehr weiß als ich, und was ich gerne möchte, ist vielleicht nicht das, was ich brauche. Zweitens habe ich alles bekommen, weswegen ich hergekommen bin, und sogar mehr. Er hat mir die Augen geöffnet für die Existenz einer höheren Realität und hat mich von seiner Größe überzeugt. Für mich hat er eine sehr tiefe Bedeutung und große Wichtigkeit. Er hat mir ein kostbares Geschenk gemacht, und daß er mich nicht persönlich sehen wollte, muß seine Richtigkeit haben.

Da sitze ich also nun in einem ziemlich muffigen Flugzeug, warte auf unseren Start und denke immerzu an Euch. Hoppla! Das Flugzeug setzt sich in Bewegung und ich muß mich anschnallen. Bald bin ich bei Euch.

In Liebe, Sam

Teil II Heimkehr

Zur Rettung der Guten, zur Vernichtung der Bösen und zur Wiederherstellung der gottgewollten Ordnung werde ich von Zeitalter zu Zeitalter geboren. Immer, wenn Unfrieden sich der Welt bemächtigt, verkörpert sich der Herr in menschlicher Form, um erneut (den Weg) festzulegen, wie man göttlichen Frieden erlangt, und um die menschliche Gemeinschaft wieder zum Frieden zu erziehen. In unserer heutigen Welt haben Kampf und Streit so überhand genommen, daß es in den Familien, den Schulen, der Gesellschaft, den Religionen, den Städten und Staaten keinen Frieden und keine Einigkeit mehr gibt.

Die Herabkunft des Herrn wird von Heiligen und Weisen sehnsüchtig erwartet. Sādhus haben gebetet, und so bin ich gekommen. Meine wichtigsten Aufgaben sind es, die Veden zu stärken und meinen Devotees zu helfen. Eure Tugend, eure Selbstbeherrschung, eure innere Freiheit, euer Glaube, eure Beständigkeit: Das sind Zeichen, an denen die Menschen meine Herrlichkeit erkennen. Du kannst dich erst dann als Devotee bezeichnen, wenn du dich ganz und gar, ohne eine Spur von Eigenwillen, meinen Händen überantwortet hast. Die Erfahrung, die du durch den Kontakt mit dem Avatāra machst, kann dich zur Glückseligkeit bringen.

Der Avatāra verhält sich wie ein Mensch, damit die Menschen sich ihm verwandt fühlen können, aber er zeigt sich auch in seiner übermenschlichen Größe, damit die Menschen nach dieser Größe streben und durch dieses Streben zu ihm kommen können. Er kommt in menschlicher Gestalt, damit ihr erkennt, daß es Gott ist, der alles bewirkt und durch den alles geschieht, und daß dieser Gott in eurem Herzen wohnt.

Avatāras wie Rāma und Krishna mußten ein oder auch mehrere Wesen töten, die der gottgewollten Ordnung feindlich gesinnt waren, um auf diese Weise die Tugend zu retten. Aber heute gibt es keinen, der vollkommen gut wäre; wer sollte also Gottes Schutz verdient haben? Alle sind vom Bösen befleckt – wer würde also überleben, wenn der Avatāra beschlösse, das Böse auszurotten? Darum bin ich gekommen, um die Intelligenz auf verschiedene Arten zu korrigieren. Dieser Avatāra muß Rat geben, helfen, befehlen, verurteilen, er muß allen als Freund und Wohltäter zur Seite stehen, damit sie ihre schlechten Neigungen aufgeben, den richtigen Weg erkennen, ihn beschreiten und das Ziel erreichen können. Ich muß den Menschen die Augen öffnen für die Gültigkeit und den Wert der Veden, der Shāstras und der heiligen Schriften, die die Verhaltensnormen festlegen.

Wenn ihr mich annehmt und ‚ja' zu mir sagt, antworte ich darauf und sage: ‚ja, ja, ja' zu euch. Wenn ihr mich aber nicht wollt und ‚nein' sagt, kommt von mir auch ‚nein' zurück. Kommt, prüft, erfahrt, habt Vertrauen. Dafür ist der Avatāra da. So sollt ihr ihn für euch nutzen.

In meinen Ansprachen erwähne ich (den Namen) Sai Baba nicht, aber ich trage den Namen des Avatāras Sai Baba. Ich lege überhaupt keinen Wert auf die Unterscheidung zwischen den verschiedenen Erscheinungsformen Gottes: Sai, Rāma, Krishna usw. Ich rede euch nicht ein, die eine sei wichtiger als die andere. Betet weiterhin die von euch erwählte Gottheit an und verehrt sie in der euch vertrauten Art und Weise – und ihr werdet merken, daß ihr mir näher kommt. Denn alle Namen sind mein und alle Formen sind mein. Ihr braucht eure einmal erwählte Gottheit nicht aufzugeben, um eine neue anzunehmen, nachdem ihr mich gesehen und gehört habt.

Jeder Schritt des Avatāras während seines Verweilens auf der Erde ist vorherbestimmt. Rāma erschien, um die Wurzeln von Satya und Dharma, der Wahrheit und der Rechtschaffenheit, zu stärken. Krishna kam, um Shānti und Prema, Frieden und Liebe zu bewahren. In unserer Zeit sind alle vier in Gefahr auszusterben. Aus diesem Grund ist der gegenwärtige Avatāra gekommen. Dharma, die gottgewollte Ordnung, ist in die Einsamkeit geflüchtet und muß in die Dörfer und Städte zurückgebracht werden. Anti-Dharma, das Chaos, das die Dörfer und Städte zugrunde richtet, muß in die Wildnis zurückgetrieben werden.

Ich bin gekommen, um euch die Schlüssel zum Schatzhaus der Glückseligkeit zu geben und euch zu lehren, wie man sich diese Quelle erschließt, denn ihr habt den Weg zu einem gesegneten Leben aus den Augen verloren. Wenn ihr diese Zeit, die euch zu eurer eigenen Rettung geboten wird, vergeudet, seid ihr selbst daran schuld. Ihr kommt her, um wertlose Kleinigkeiten von mir zu bekommen, belanglose Heilungen, bessere Positionen, weltliche Freuden und Annehmlichkeiten. Nur sehr wenige von euch wollen das haben, das zu geben ich gekommen bin – nämlich die Befreiung selbst. Selbst unter diesen wenigen gibt es nur eine Handvoll, die auf dem Weg des Sādhana, der spirituellen Disziplin, bleiben und das Ziel erreichen. Euer irdischer Verstand kann das Wirken Gottes nicht begreifen. Allein durch die geschickte Anwendung eurer Intelligenz könnt ihr ihn nicht erkennen. Ihr mögt vielleicht seinen günstigen Einfluß spüren, aber erklären könnt ihr ihn nicht. Eure Erklärungen sind nichts als Vermutungen, nichts als Versuche, eure Unwissenheit in hochtrabende Worte zu kleiden. Bringt doch etwas davon in euren Alltag hinein als Beweis dafür, daß ihr durch mich das Geheimnis des höheren Lebens erfahren habt: Zeigt mehr Brüderlichkeit.

Sprecht sanfter und mit mehr Selbstbeherrschung. Nehmt beides, Niederlage und Sieg, mit der gleichen Gelassenheit hin.

Ich bin mir immer der Zukunft, der Vergangenheit und der Gegenwart eines jeden von euch bewußt. Darum werde ich nicht so sehr von Mitleid bewegt. Weil ich eure Vergangenheit, euren Hintergrund kenne, ist meine Reaktion anders. Ich lasse es oft zu, daß euer Leiden andauert – durch kleine Erleichterungen gemildert – weil es die Folge des Bösen ist, das ihr in früheren Inkarnationen bewußt begangen habt. Ich bin nicht der Urheber von Freude oder Leid – ihr selbst seid die Schmiede dieser beiden Ketten, die euch binden. Ich bin Ānanda Svarūpa, die verkörperte Glückseligkeit. Kommt, laßt euch Ānanda von mir geben, lebt in Ānanda und seid voller Frieden.

Meine Taten sind die Grundmauern, auf denen ich mein Werk errichte, die Aufgabe, um deretwillen ich gekommen bin. All die Wunder, die ihr beobachtet, sollten in diesem Licht gesehen werden. Das Fundament eines Dammes erfordert viele verschiedene Baustoffe. Ohne diese Vielfalt hält er nicht und kann auch das Wasser nicht zurückhalten. So müssen auch die Menschen eine Inkarnation Gottes auf viele verschiedene Weisen für ihre Höherentwicklung benutzen.

Der Herr hat nicht die Absicht, für sich zu werben. Ich brauche keine Werbung – weder ich noch irgendein anderer Avatāra des Herrn. Für wen wagst du es eigentlich zu werben? Für mich? Was weißt du über mich? Heute sagst du von mir dies und morgen das. Dein Glaube wird immer noch erschüttert. Du lobst mich, wenn alles gut geht und klagst mich an, wenn etwas mißlingt. Wenn du anfängst, mich hochzuloben, steigst du auf die Ebene derjenigen herab, die darin wetteifern, Reichtümer anzuhäufen, indem sie andere schlechtmachen und sich selbst anpreisen.

Wo Geld eingesammelt, angehäuft oder zur Schau gestellt wird, da bin ich nicht gegenwärtig. Ich komme nur dorthin, wo Aufrichtigkeit, Glaube und Hingabe geschätzt werden. Nur geistig minderwertige Menschen finden Gefallen daran, für sich zu werben und sich selbst zu erhöhen. Für einen Avatāra sind diese Dinge völlig belanglos. Avatare brauchen keine Werbung.

Die Wiederherstellung von Dharma, der gottgewollten Ordnung, ist mein Ziel. Dharma zu lehren und zu verbreiten ist mein Anliegen. Was ihr Wunder nennt, ist nur ein Mittel zu diesem Ziel. Einige von euch wenden ein, Rāmakrishna Paramahamsa habe gesagt, daß Siddhis, übernatürliche Kräfte, ein Hindernis auf dem Weg des spirituellen Aspiranten seien. Ja, Siddhis können einen Sādhaka in die Irre führen. Er muß seinen Weg geradeaus weitergehen, ohne sich auf sie einzulassen. Sein Ego wird ihn zu Fall bringen, wenn er der Versuchung erliegt, seine yogischen Fähigkeiten öffentlich auszuüben. Das ist der richtige Rat, den jeder spirituelle Aspirant beherzigen sollte. Der Fehler liegt nur darin, daß man mich mit einem Sādhaka gleichstellt, wie der, dem Rāmakrishna helfen wollte, den er führte und warnte. Diese Siddhis oder yogīschen Fähigkeiten gehören zum Wesen des Avatāras. Die Erschaffung von Gegenständen, die beschützen und Freude bereiten sollen, ist spontan und dauerhaft. Erschaffen, erhalten und auflösen kann nur der Allmächtige, sonst niemand.

Zyniker werten Dinge ab, ohne sie zu kennen. Wenn sie die Shāstras lernen oder sich um direkte Erfahrung bemühen würden, könnten sie mich verstehen. Da ihr von Natur aus träge seid, bringt ihr es nicht fertig, die spirituellen Übungen zu machen, die nötig sind, um das Wesen Gottes zu entdecken. Diese Trägheit muß verschwinden. Sie muß dem Menschen ausgetrieben werden, in welcher Form sie auch immer auftreten mag. Das ist meine Mission. Meine Aufgabe besteht nicht lediglich darin, zu heilen, zu trösten und individuelles Leid zu beseitigen – sie ist viel wichtiger. Die Beseitigung von Not und Elend ist nur eine Begleiterscheinung meiner Mission. Meine Hauptaufgabe ist die Wiedereinsetzung der Veden und der Shāstras und ihre Verbreitung auf der ganzen Welt. Diese Arbeit werde ich tun. Nichts kann sie einschränken, nichts kann sie aufhalten. Wenn der Herr etwas beschließt und will, dann kann sich nichts seinem göttlichen Willen entgegenstellen.

Sicher habt ihr Leute sagen hören, ich sei ein Magier. Man darf aber die Offenbarung göttlicher Allmacht nicht mit Magie verwechseln. Magier führen ihre Tricks vor, um damit ihren Lebensunterhalt zu verdienen, um berühmt und reich zu werden. Ihre Grundlage ist die Unwahrheit, sie leben von der Täuschung. Diese Inkarnation aber könnte niemals so tief sinken. Diese Inkarnation ist gekommen, weil es Gottes Ratschluss war zu kommen. Dieser Ratschluß wurde gefaßt, um Satya – die Wahrheit – am Leben zu erhalten.

Göttlicher Ratschluß wird immer wahrgemacht. Denkt daran: es gibt nichts, was göttliche Allmacht nicht vollbringen könnte. Sie kann Erde in Himmel umwandeln und Himmel in Erde. Wer daran zweifelt, beweist damit nur, daß sein Geist zu schwach ist, große Dinge zu erfassen, wie die unbeschreibliche Großartigkeit des Universums.

Ich bin gekommen, um alle Menschen die Essenz der Veden zu lehren, alle mit dieser kostbaren Gabe zu beglücken, und die uralte Weisheit, Sanātana Dharma, zu beschützen und zu erhalten.

Es ist meine Aufgabe, Glück zu verbreiten, und deshalb bin ich immer bereit, zu euch zu kommen, nicht nur einmal, sondern zwei- und dreimal, so oft ihr mich wollt.

Viele von euch denken wahrscheinlich, daß all die Menschen, die aus allen Teilen Indiens und aus dem Ausland nach Puttaparthi kommen, Beiträge in die Kassen des Nilayam fließen lassen. Aber laßt mich die Wahrheit sagen.

Ich nehme von niemandem irgendetwas anderes als seine Liebe und Hingabe. Das ist seit vielen Jahren meine feste Gewohnheit. Menschen, die hierherkommen, geben mir nur den Reichtum ihres Glaubens, ihrer Hingabe und ihrer Liebe. Das ist alles.

Viele von euch kommen mit gesundheitlichen Problemen oder mit seelischem Kummer zu mir. Das alles sind nur Köder, um euch hierherzubringen. Der Hauptzweck besteht darin, daß ihr die Gnade erfahrt und euer Glaube an Gott gestärkt wird. Kummer und Sorgen müßt ihr eigentlich willkommen heißen, denn sie lehren euch Demut und Ehrfurcht.

Die Jagd nach äußerlichen Dingen ist die Ursache all eurer Unzufriedenheit. Diese Art des Verlangens ist unstillbar. Bist du erst einmal Sklave deiner Sinne geworden, lassen sie dich bis zum Tod nicht mehr los. Es ist ein unlöschbarer Durst. Ich aber rufe euch zu mir und erfülle euch auch weltliche Wünsche, damit ihr euch Gott zuwendet. Kein Avatāra hat das jemals zuvor getan: Unter die Menge gehen, sie beraten, führen, trösten, aufrichten und ihr den Weg von Satya, Dharma, Shānti und Prema zeigen.

In allem, was ich tue, werde ich mich niemals nach dem richten, was andere darüber sagen oder denken. Ich werde meine Pläne zur Wiederherstellung der Rechtschaffenheit (Dharmasthāpana), meine Ansprachen und meine Handlungsweisen nicht ändern. Ich stehe seit vielen Jahren fest zu diesem Entschluß und arbeite an der Aufgabe, um deretwillen ich gekommen bin, nämlich die Menschen zum Glauben an den Weg des höchsten spirituellen Friedens (prashānti) zu bringen. Ich werde nicht haltmachen und auch keinen Schritt zurückgehen.

Nicht einmal der größte Wissenschaftler kann mich mit Hilfe seines Laborwissens verstehen. Ich bin immer voller Glückseligkeit. Ich lächle immer, egal was passiert. Darum kann ich die Freude auf euch übertragen und euch eure Last erleichtern. Ich triumphiere nicht, wenn man mich lobt; es schreckt mich nicht, wenn man mich schmäht. Nur wenige haben meine Absicht und meine Bedeutung erfaßt, aber ich sorge micht nicht. Wenn Dinge über mich gesagt werden, die nicht in mir sind – warum sollte ich mich sorgen? Wenn Dinge erwähnt werden, die in mir sind – warum sollte ich triumphieren? Für mich heißt es immer: ‚Ja, Ja.'

Wenn ihr euch ganz hingebt und euch dem Herrn überantwortet, dann wird er euch führen und beschützen. Dafür ist er ja gekommen. Er sagt ausdrücklich, daß er es tun wird und daß es eben diese Aufgabe ist, die ihn hierhergebracht hat.

Ich kenne die Ungeduld eures Herzens und eure Sehnsüchte. Aber ihr kennt nicht mein Herz. Ich fühle die Schmerzen, die ihr leidet und die Freude, die ihr empfindet, denn ich bin in euren Herzen. Ich wohne in dem Tempel jedes Herzens. Verliert nicht den Kontakt zu Gott, gebt die Gemeinschaft mit ihm nicht auf, denn nur wenn die Kohle mit der lebendigen Glut in Berührung ist, kann auch sie zu glühen beginnen.

Pflegt die Nähe zu mir in eurem Herzen, das wird euer Leben bereichern. Dann werdet auch ihr einen Teil dieser höchsten Liebe besitzen. Euch ist eine großartige Gelegenheit gegeben. Vertraut darauf, daß ihr alle befreit werdet. Seid euch bewußt, daß ihr erlöst seid. Viele zögern noch zu glauben, daß alles besser wird, daß das Leben für alle glücklich und voll Freude sein wird, und daß das goldene Zeitalter wiederkommt. Laßt mich euch versichern, daß diese göttliche Inkarnation nicht vergebens gekommen ist. Sie wird die Krise, in der sich die Menschheit befindet, abwenden.

Sathya Sai Babas Ansprache an seine Devotees an seinem 43. Geburtstag am 23. November 1968 in Prasanthi Nilayam.

Der Avatāra

In der Hindu-Religion ist ein Avatāra ein außergewöhnliches Wesen – eine geheimnisvolle Verkörperung des Göttlichen in menschlicher Gestalt – das zum Wohle der Menschheit inkarniert. Laut Definition verkörpert ein Avatāra sechzehn besondere Eigenschaften. Die wichtigsten dieser Eigenschaften – und gleichzeitig diejenigen, die ihn klar von den Sterblichen unterscheiden – sind die völlige Beherrschung und Transzendenz der physischen Welt – einschließlich der Fähigkeit, Dinge nach Wunsch entstehen zu lassen – die Eigenschaft der Allwissenheit, der Allmacht und Allgegenwart, die Fähigkeit, einen Strom reiner und endloser Liebe zu erzeugen; die Macht, besondere Gnade auszuüben, die alle Bedingungen des Karma (Tribut, der für Taten der Vergangenheit geleistet werden muß) transzendiert und sich in der Fähigkeit äußert, das Leben eines Menschen durch einen göttlichen Willensakt vollständig zu verändern. Der letzte wirkliche Avatāra – so glaubt man nach Hindu-Tradition – war Krishna, der vor etwa fünftausend Jahren lebte.

Sai Baba macht folgenden Unterschied zwischen einem Avatāra und einem spirituellen Aspiranten bzw. einem höher entwickelten Menschen: Die letzteren beiden können sich durch spirituelle Übungen zu höheren Ebenen der Selbsterkenntnis entwickeln und dabei vielleicht sogar Siddhis oder Yogakräfte entfalten. Im Gegensatz dazu wird der Avatāra schon mit dem totalen Bewußtsein geboren. Anstatt sich von der irdischen Geburt ausgehend himmelwärts, oder auf die höheren Seinsebenen hin zu entwickeln, wählt der Avatāra, der schon von vollkommener göttlicher Wesensart ist, den Weg hinab zur Erde.

Die Handlungen des Avatāras sind vollständig frei. Sie sind nicht durch Karma gebunden oder bestimmt. Sein Leben ist ein Akt der Liebe, ein großes Spiel, eine reine Äußerung des Göttlichen. „Seine Aufgabe ist es, Frieden und Freude zu schenken und den Menschen, die schon lange auf der Suche sind, ein Gefühl der Erfüllung zu bringen, die Förderung der Rechtschaffenheit (Dharma), die Beseitigung des Bösen und den Sieg über die Verderbten. Die Herabkunft Gottes auf die Erde, die Inkarnation des Formlosen in einer Form ist die greifbar gewordene Sehnsucht der Suchenden. Er ist verdichtete

Wonne, die der Gottsuchende durch seine Hingabe erfährt."[1]

Man glaubt, daß der Avatāra sich der Vergangenheit, Gegenwart und Zukunft klar bewußt ist und völlige Kenntnis seiner Mission und seines Lebensweges hat. Er bestimmt den Ort und die Familie seiner Geburt und entscheidet sich zur Inkarnation, um Liebe in die Welt zu bringen und das spirituelle Bewußtsein der Menschen anzuheben. Baba sagt von sich, daß er ein voller Avatāra ist und daß sein Erscheinen auf der Erde in heiligen Schriften – einschließlich der Bibel – vorausgesagt worden ist.

Sai Baba wurde am 23. November 1926 geboren. Sein Familienname lautete: Satyanarāyana Raju. Geschichten, die von der Familie und den Dorfbewohnern erzählt werden, berichten von ‚Wundern', die unmittelbar vor seiner Geburt geschahen. So haben – heißt es zum Beispiel – Musikinstrumente im Hause der Familie von selbst angefangen zu klingen. Ein anderer, ungewöhnlicher Vorfall soll sich kurz nach der Geburt des Kindes zugetragen haben. Jemand bemerkte eine Bewegung unter der Decke, auf der das Kind am Boden lag, und hob es schnell auf. Unter der Decke fand man eine Kobra, die aus irgendeinem Grunde dem Kind nichts getan hatte. (Die Kobra ist – zufällig oder nicht – das Symbol Shivas, Gottes in seinem Aspekt der Umwandlung).

Von frühester Kindheit an war der kleine Satya – für alle sichtbar – ganz anders als seine Spielkameraden. Obwohl in seiner Familie Fleisch gegessen wurde, war er ein geborener Vegetarier, der den Gedanken an das Töten von Tieren verabscheute. Er war allen gegenüber äußerst hilfsbereit, führte uneigennützig die verschiedensten Arbeiten aus und brachte oft Bettler nach Hause, damit sie von den Eltern zu essen bekämen – obwohl diese ihn oft dafür schalten, weil sie das als unverantwortliche Großzügigkeit betrachteten. Von seinen Spielkameraden wurde er ‚Guru' genannt. Er leitete ihre Gesänge zum Lobe Gottes vor Schulbeginn und faszinierte und amüsierte sie dadurch, daß er Süßigkeiten und Spielzeug aus einem offensichtlich leeren Beutel nahm und an sie verteilte.

Als Satyanarāyana dreizehn Jahre alt war, ereignete sich ein rätselhafter Zwischenfall. Eines Tages während, er draußen spielte, sprang er mit einem lauten Schrei in die Luft und hielt sich den nackten Fuß. Seine Familie befürchtete, er sei von einem Skorpion gestochen worden und würde es nicht überleben. Er schlief aber in dieser Nacht ohne sichtliche Anzeichen von Schmerz oder Krankheit. Vierundzwanzig Stunden später fiel er in eine Art der Bewußtlosigkeit, die einen ganzen Tag dauerte. Als er wieder aufwachte, war sein Verhalten eigenartig: Perioden von Bewußtlosigkeit wechselten sich mit einem anscheinend tranceähnlichen Zustand ab. Er fing an, lange Passagen aus der Sanskritdichtung und -philosophie zu singen und zu rezitieren – was weit über das Maß seiner Schulbildung hinausging.

1 Bhāgavata Vāhinī (Sai Babas Erläuterung des Bhāgavata, einer heiligen Schrift der Hindus) Seite 1 und 2.

Zeitweise wurde er ganz steif, und es schien den Umstehenden, als ob er seinen Körper verließe. Danach beschrieb er ferne Orte, die er laut Aussage seiner Eltern nie besucht hatte und Menschen, denen er nie begegnet war. Er lachte, weinte und erklärte komplizierte religiöse Lehrsätze. War er etwa von bösen Geistern besessen?

Satya mußte nun eine Zeit der Folterung über sich ergehen lassen, denn seine Eltern brachten ihn zu verschiedenen Exorzisten der Gegend. Ein berühmter und gefürchtete Exorzist, der die Besessenheit des Jungen als eine perönliche Herausforderung betrachtete, rasierte Sathyas Kopf, ritzte drei Kreuze in die Kopfhaut und schüttete ein ätzendes Mittel in die Wunden und in seine Augen, bis sie fast völlig zugeschwollen waren. Endlich konnten seine Eltern diese Qual nicht länger mitansehen und unterbrachen die ‚Behandlung', obwohl ihr Sohn offensichtlich nicht geheilt worden war.

Baba erklärte später, daß er damit zeigen wollte, daß er jenseits von Freude und Schmerz sei, jenseits der Dualität. Er sagte, daß es überhaupt keinen Skorpionstich gegeben habe: „Kein solcher Stich könnte einen Sathya Sai Baba hervorbringen. Und wenn er es könnte, dann müßten Skorpione Gegenstand tiefster Verehrung und Anbetung sein."

Zwei Monate nach dem vermeintlichen Stich, im Jahre 1940, sah Satyas Vater eines Tages, wie eine Menschenmenge sich um seinen Sohn versammelte. Es zeigte sich, daß er damit beschäftigt war, Süßigkeiten und Früchte aus dem Nichts zu materialsieren, und viele Menschen warfen sich zu Boden und nannten ihn eine Inkarnation Gottes.

Ohnehin schon seit langer Zeit durch das Verhalten seines Sohnes genervt und nun auch noch durch die Zurschaustellung von Zaubertricks – oder schlimmer noch – schwarzer Magie erregt, hob der Vater einen Stock vom Boden auf und näherte sich der Menge. „Wer bist du ... wer bist du?", fragte er zornig.

Mit ruhiger, fester Stimme vekündete der Junge: „Ich bin Sai Baba." Und dann erzählte er , wie er gerade diese Familie für seine jetzige Inkarnation ausgesucht hatte als Antwort auf die Gebete eines ergebenen Weisen unter ihren Vorfahren. Er sei, so sagte er, die Wiedergeburt eines nicht so bekannten, aber sehr respektierten moslemischen Heiligen, der Sai Baba von Shirdi genannt wurde und der zwar wie ein Moslem gekleidet ging, auf der Stirn aber Asche wie ein Hindu trug. Dieser Sai Baba war acht Jahre vor der Geburt Sathyas gestorben – was genau der Zeit entspricht, die laut dem Bericht der Anhänger jenes Sai Baba vergehen sollte, ehe er wiedergeboren würde.

Natürlich war es für viele Dorfbewohner schwierig, diesen Jungen, so ungewöhnlich und liebenswürdig er auch sein mochte, tatsächlich als die Wiedergeburt eines Mannes zu akzeptieren, der von seinen Anhängern als

Heiliger angesehen worden war. Der junge Satyanarāyana begann allmählich wirklich ein rechtes Rätsel zu werden. Ein paar Monate später dann, an einem Donnerstag – dem ‚Gurutag' in Indien – kam eine Gruppe zweifelnder Dorfbewohner zu ihm und bat: „Gib uns ein Zeichen!"

Mit einer schnellen und unerwarteten Geste warf Satya eine Handvoll Jasminblüten auf die Erde. Dort, so wird berichtet, formierten sie sich klar und deutlich zu dem Schriftzug ‚Sai Baba' in Telugu, der Sprache dieser Gegend.

Bald danach erklärte Sathya Sai Baba seiner Familie, er gehöre nicht länger zu ihnen. Seine Anhänger riefen ihn und er müsse gehen. Im Oktober seines dreizehnten Lebensjahres verließ er die Schule und begann, Anhänger um sich zu sammeln. Ihre Zahl wuchs schnell, und so wurde es bald nötig, einen Āshram zu errichten, in dem viele mit ihrem Guru leben und wo ihn alle sprechen konnten, die seine Führung suchten. Der Bau von Prashānti Nilayam (Stätte des ewigen Friedens) wird selbst heute noch ständig erweitert in dem Bestreben, Sai Babas anschwellende Zahl von Anhängern zu beherbergen. Hier und in Brindavan, seiner Sommerresidenz, hat Baba Millionen von Menschen aus Indien und der ganzen Welt empfangen.

Sai Baba sagt, sein Name habe eine tiefere Bedeutung. ‚Sai' bezeichnet den weiblichen Aspekt des Universums und ‚Baba' den männlichen. Der volle Name bedeutet somit die Vereinigung der beiden. Weiterhin hat er erklärt, daß er die Manifestation des Shiva-Shakti-Aspektes des Universums sei, dem männlich- weiblichen Aspekt des Göttlichen. Für manche scheint er beide Wesensarten zu verkörpern, denn seine Bewegungen sind ebenso leicht und fließend wie kraftvoll und gebietend.

Baba spricht öfters über das Leben von Shirdi Sai Baba. Er materialisiert für dessen Anhänger Bilder von ihm und bestätigt seine enge Verbindung zu dem Heiligen dadurch, daß er Vibhūti – die heilige Asche – entstehen läßt. Shirdi Sai Baba pflegte seinen Anhängern ebenfalls Asche zu geben. Allerdings nahm er sie von einer bestimmten Feuerstelle, die ständig brannte. Und nun läßt Sai Baba aus Puttaparthi dieses Feuer offenbar in einer anderen Dimension brennen, in die er mit einer einfachen Bewegung seiner Hand hineingreift, um die heilige Asche aus einem anscheinend unbeschränkten Vorrat zu entnehmen.

Die meisten Wunder, die man Jesus Christus zuschreibt, hat Berichten nach auch Sai Baba gewirkt. Seine Anhänger glauben fest daran, daß er jenseits aller Begriffe von Zeit und Raum steht und nicht an physikalische Gesetze gebunden ist... Wohldokumentierte Berichte von zuverlässigen Augenzeugen – einige werden in diesem Buch wiedergegeben – scheinen klar zu belegen, daß Baba Gedanken lesen und in die Vergangenheit und die Zukunft schauen kann; daß er fähig ist, sich jederzeit an jeden beliebigen Ort der Welt zu versetzen und an mehreren Orten gleichzeitig zu sein, sich verschiedene äußere Erscheinungsformen zuzulegen und die Elemente zu beeinflussen – wie zum Beispiel Gewitter auflösen, Stürme entfachen und unmittelbar drohende Katastrophen augenblicklich abwenden.

Augenzeugen berichten darüber, wie er eine körperliche Krankheit oder Verwundung anderer auf sich nimmt, um die Gesundheit oder das Leben des Betroffenen zu schützen; er wird dabei an der selben Stelle krank und heilt sich dann in einem Augenblick selbst. Andere beschreiben, wie er mit Hilfe chirurgischer Instrumente heilt, die er einfach materialisiert und anschließend mit professioneller Geschicklichkeit selbst anwendet, oder wie er sich in der leibhaftigen Gestalt eines Chirurgen manifestiert und an dessen Stelle und mit dessen Hand kritische Operationen ausführt. Es gibt praktisch keine Krankheit, die er laut Bericht nicht schon einmal geheilt hätte – und es gibt Beweise dafür, daß er einen Devotee (Anhänger) sogar wieder zum Leben erweckt hat.

Yogī Shuddhānanda Bhāratī, ein berühmter mystischer Dichter aus Süddien, sagte während einer Ansprache anläßlich einer Konferenz, bei der Sai Baba den Vorsitz geführt hatte: „Seit fünfzig Jahren praktiziere ich Yoga, habe einmal ein Schweigegelübde für zwanzig Jahre eingehalten, bin mit Shrī Shirdi Baba, Shrī Rāmana Maharshi, Shrī Aurobindo, Shrī Meher Baba[1] und anderen zusammengetroffen. Als Ergebnis dieses Sādhana (spirituelle Praxis), bin ich nun Shrī Sathya Sai Baba begegnet."

„Ich kam," so sagt Baba, „weil sich die guten Menschen der Welt – die Weisen, die Sādhus und die Sādhakas (spirituelle Aspiranten), die Gurus und die Gottesfürchtigen – nach mir sehnten. Mögen die Reinen und Rechtschaffenen Freude daraus ziehen."

Am Abend des 28. Juni 1963 bat Baba Herrn N. Kasturi, seinen Übersetzer und Biographen, einen Historiker und engen Devotee, im Āshram bekannt zu geben, daß er eine Woche lang keine weiteren Interviews mehr geben würde. Früh am nächsten Morgen wurde Baba plötzlich bewußtlos.

Anfänglich glaubten anwesende Devotees, er habe sich einfach in einen Zustand der Trance begeben, wie er es in der Vergangenheit des öfteren getan hatte, wenn er in seinem feinstofflichen oder astralen Körper auf Reisen zu gehen schien, um einen Devotee irgendwo zu helfen, der in Not war. Man wußte, daß diese Trance gewöhnlich ein paar Stunden andauerte. Diesmal aber blieb Baba sehr viel länger ohne Bewußtsein. So lange, daß es seine Anhänger schließlich mit der Angst zu tun bekamen und ärztliche Hilfe herbeiriefen.

Zusätzlich zu dem Arzt des Āshramkrankenhaus wurde Dr. Prasannasimba Rao, der stellvertretende Direktor des Gesundheitsamtes des Staates Mysore aus Bangalore herbeigerufen. Nach einer ausführlichen Beschreibung der

1 Verehrte indische Heilige (s. Anhang).

Symptome schrieb: „Die Diagnose des Zustands zwang mich zu der Annahme, daß tuberkulöse Meningitis mit einem möglichen Tuberkulom (Tumorartige Masse entzündeten Gewebes, das infolge von tuberkulöser Infektion entsteht) vorlag, die schon längere Zeit latent vorhanden gewesen sein mußte ... „

Als der Arzt eine entsprechende Behandlung beginnen wollte, sah es so aus, als würde Baba das Bewußtsein wieder erlangen. Baba verweigerte die Injektionen und andere ärztliche Hilfe. Die Beschwerden, so sagte er, würden in fünf Tagen vorüber sein. Ein entfernt lebender Devotee hätte einen Gehirnschlag und einen Herzinfarkt zu erleiden gehabt, die ausgereicht hätten, ihn zu töten, sagte Baba. Er hätte sich entschlossen, die Krankheit auf sich zu nehmen – mit all ihren Symptomen der Lähmung, Herzanfällen, teilweisem Verlust des Augenlichts, hohem Fieber und starken Schmerzen – um den Anhänger vor Leiden und dem sicheren Tod zu bewahren. Während der anschließenden fünf Tage erlitt Baba schwere Herzanfälle; seine linke Seite war gelähmt und seine Sprache sowie die Sehkraft des linken Auges waren schwer in Mitleidenschaft gezogen.

Dann am Donnerstag, den 4. Juli, erlangte Baba wieder genügend Bewußtsein und Kraft, um zu verkünden, daß sich ein Blutgerinnsel in seinem Gehirn aufgelöst hätte und keine weiteren Herzanfälle mehr zu befürchten seien. Die linke Seite seines Körpers war jedoch noch immer gelähmt, und seine Sprache war schleppend und sehr schwach. Seine Devotees dachten, daß es Monate dauern würde, bis seine Gesundheit wiederhergestellt sein würde.

Guru Pūrnima, ein religiöser Feiertag, rückte näher und viele Besucher hatten sich im Āshram versammelt. Natürlich waren sie aufgrund der Gerüchte, die sich über Babas Zustand verbreiteten, äußerst bestürzt und niedergeschlagen. Da sie die Ursache nicht kannten, bzw. nicht an sie glauben konnten, begannen sie zu zweifeln. „Wenn Baba wirklich Gott in menschlicher Gestalt ist," so fragten sie sich gegenseitig, „warum leidet er dann an körperlichen Gebrechen? Warum heilt er sich nicht selbst?"

Am Abend des Guru-Pūrnima-Tages, des 6. Julis, kam Baba, von einigen seiner Schüler mehr getragen als gestützt, die Wendeltreppe von seinem Schlafzimmer in die überfüllte Gebetshalle herab. Die ganze linke Seite seines Körpers war noch gelähmt und seine Worte bestanden aus einem schwachen, kaum verständlichen Gemurmel.

Ein anwesender Arzt beschreibt die Szene so: „Seine Haltung war ganz typisch für einen Gelähmten. Das linke Bein zog er in einem Halbkreis nach, wobei die Zehen am Boden entlangschleiften. Als die Menschen Baba in diesem Zustand sahen, weinten selbst die Standhaftesten."

Einige Minuten saß er in seinem Lehnstuhl vor etwa fünftausend schweigenden, sorgenvollen und tiefbewegten Menschen, die sich innerhalb und außerhalb der Halle versammelt hatten. Dann deutete er an, man möge ihm Wasser bringen. Es wurde in einem Becher gebracht, den man an Babas verzerrte Lippen hielt.

Er trank etwas, tauchte dann die Fingerspitzen seiner rechten Hand in das Wasser und sprenkelte ein paar Tropfen auf seine gelähmte linke Hand und das linke Bein. Anschließend strich er mit der rechten Hand über den linken Arm und dann mit beiden Händen über sein steifes linkes Bein.

T.A. Ramantha Reddy, ein Ingenieur, der für die Regierung arbeitet, saß in einer der vordersten Reihe ganz in Babas Nähe. Er berichtet: „Innerhalb von Sekunden schien Svāmīs linkes Bein, sein Auge und die gesamte linke Seite wieder völlig normal zu werden. Es war ein Anblick für Götter, seine plötzliche Genesung zu erleben; alle Anwesenden wurden Zeugen der größten seiner göttlichen Kräfte ... „

N. Kasturi beschreibt das Ereignis folgendermaßen: „Er erhob sich und begann mit seiner Guru Pūrnima-Ansprache. Die Menschen trauten ihren Augen und Ohren nicht. Aber als sie langsam erkannten, daß Baba wirklich dort vor ihnen stand und zu ihnen sprach, sprangen sie wie verrückt vor Freude herum. Sie tanzten, schrien und weinten. Einige wurden ganz ekstatisch vor Dankbarkeit und begannen hysterisch zu lachen und wild in die Menge zu rennen, die von draußen hereingestürmt kam.

Baba – wieder auf den Beinen – sprach über eine Stunde lang. Anschließend sang er einige Bhajans und stieg schließlich ohne Hilfe die Treppe hinauf. An diesem Abend aß er sein gewöhnliches Abendbrot und der folgende Tag sah ihn wieder in seiner gewohnten, lebhaften und herzerfrischenden Gesundheit, mit der er das volle Programm seiner Aktivitäten durchführte. Der Zustand, der offensichtlich auf einen Schlaganfall zurückzuführen war, und den er anscheinend selbst herbeigeführt hatte, verging genau in dem von ihm vorausgesagten Zeitraum, ohne irgendwelche erkennbaren Nachwirkungen zu hinterlassen.

In der Rede, die Baba an diesem Abend hielt, sagte er über diese Episode: „Dies ist nicht Svāmīs Krankheit, dies ist eine Krankheit, die Svāmī auf sich genommen hat, um einen Menschen zu retten. Svāmi selbst kennt keine Krankheit, noch wird er jemals krank werden. Ihr müßt alle glücklich sein; nur das kann Svāmī glücklich machen. Wenn ihr trauert, ist Svāmī nicht glücklich. Eure Freude aber ist Svāmīs Nahrung.“[1]

Später sagte Baba in seiner Ansprache: „Für jene, die keinen Zufluchtsort haben, ist Gott die Zuflucht. Das ist der eigentliche Grund dafür, warum ich diese Krankheit auf mich nehmen mußte, die sonst einen hilfloser Devotee getroffen hätte. Er hätte diese schlimme Krankheit erleiden müssen,

1 Zitiert aus Howard Murphet: Der indische PSI-Meister.

einschließlich der vier Herzanfälle, die sie begleiteten, und das hätte er nicht überlebt. So mußte ich ihn meiner Pflicht (Dharma) entsprechend, die Bhaktasamrakshana (Bewahrung der Anhänger von Schaden jeglicher Art) ist, erretten.

Es gibt aber noch einen anderen Grund, warum die achttägige Dauer der Krankheit eingehalten werden mußte – ein Grund, den ich bisher noch nicht offenbart habe, den ich in den letzten siebenunddreißig Jahren für mich behalten habe. Die Zeit ist gekommen, ihn euch zu nennen." Baba erzählte dann der faszinierten Zuhörerschaft folgende hier in Kürze wiedergegebene Geschichte.

„Vor tausenden von Jahren wurde der große Weise Bharadvāja, der die ganzen Veden (heilige Schriften) beherrschen wollte, von Indra (dem Herrscher der Götter) angewiesen, ein Yāga (vedisches Opferritual) durchzuführen. Begierig darauf, daß Shakti (die Gefährtin Shivas) die Aufsicht dabei führen und er ihren Segen erhalten möge, machte sich Bharadvāja nach Kailāsa (dem heiligen Berg im Himalaya), dem Wohnsitz von Shiva und Shakti auf (Shiva ist der männliche, Shakti der weibliche Aspekt Gottes), um die Einladung zu überbringen. Er fand jedoch beide im kosmischen Tanz vereint und wartete acht Tage. Während dieser Zeit wurde er von den beiden scheinbar ignoriert. Er hatte wohl das Willkommenslächeln, das Shakti ihm zugeworfen hatte, nicht verstanden.

Unglücklich und enttäuscht entschloß sich Bharadvāja heimzukehren. Aber als er den Abstieg begann, erlitt er vor lauter Kälte und Erschöpfung einen Schlaganfall, der seine linke Seite lähmte. Shiva näherte sich ihm sodann und heilte ihn vollständig, indem er Wasser aus einem Kamandalu (Gefäß) über ihn sprengte. Nachdem Shiva ihn so getröstet hatte, gewährten ihm nun beide, Shiva und Shakti, verschiedene Wünsche. Darüberhinaus sagten beide zu, bei dem Yāga anwesend zu sein. Shiva versprach dem Rishi (Weisen), daß sie beide menschliche Form annehmen und dreimal in dem Geschlecht der Bharadvājas oder ihrem Gotra (Abstammungslinie) geboren werden würden und zwar Shiva allein in Shirdi als Sai Baba; Shiva und Shakti zusammen in Puttaparthi als Sathya Sai Baba und dann Shakti allein als Prema Sai.[1]

Als Sühne für die Krankheit, die Bharadvāja bei Kailāsa erlitten hatte, gab Shiva ein weiteres Versprechen: „Shakti wird acht Tage lang einen Schlaganfall leiden, wenn wir beide als Sathya Sai inkarnieren und am achten Tage werde ich sie von allen Zeichen der Kranheit befreien, indem ich Wasser auf den Körper sprengte, ebenso, wie ich deine Krankheit auf Kailāsa geheilt habe."

Baba fährt fort: „Es war die Einlösung dieses Versprechens, was ihr heute gesehen habt. Das Versprechen, das in dem Tretā-Yuga (dem lange

1 Sai Baba sagt, daß er sich in Zukunft noch einmal als Prema Sai Baba inkarnieren wird.

vergangenen Zeitalter, in dem sich all dies abspielte) gegeben wurde, mußte eingelöst werden. Der arme, sonst mit Sicherheit verlorene Devotee, dem der Schlaganfall bestimmt war, den ich dann übernahm, war eine gute Gelegenheit, die sich anbot und genutzt wurde. Die Krankheit mußte durchgestanden werden; der Devotee mußte gerettet werden; das Versprechen mußte eingelöst und das Geheimnis gelüftet werden. Die Göttlichkeit dieser Inkarnation mußte noch deutlicher herausgestellt werden, was durch dieses große Wunder geschehen ist. All das wurde mit diesem einen Zwischenfall vollbracht.

Laßt mich euch noch etwas sagen: nichts kann die Arbeit dieses Avatāras beeinflussen oder aufhalten. Als ich all diese Tage oben in meinem Zimmer war, gingen einige Menschen wie Irre umher und sagten: ‚Mit Sai Baba ist es aus', und sie schafften es, daß viele, die nach Puttaparthi gekommen waren, wieder umkehrten. Einige sagten, ich wäre in Samādhi (Gemeinschaft mit Gott) – als ob ich ein Sādhaka (Aspirant) wäre. Einige fürchteten, ich sei ein Opfer schwarzer Magie geworden – als ob mir derartige Dinge etwas anhaben könnten.

Die Herrlichkeit dieses Avatāras wird von Tag zu Tag deutlicher sichtbar werden. Als in früherer Zeit der Govardhanagiri (Name eines Berges) von dem kleinen Jungen (Krishna ist damit gemeint) in die Höhe gehoben wurde, erkannten die Gopīs und Gopālas (Kuhhirtinnen und Kuhhirten – die Freunde und Begleiter Krishnas), daß Krishna der HERR war. Diesmal wird nicht nur ein Govardhanagiri angehoben werden, sondern eine ganze Bergkette – ihr werdet es sehen! Habt Geduld; habt Vertrauen."

Seitdem er erklärt hat, er sei die Verkörperung von Shiva und Shakti, ist die Zahl der Anhänger Babas sehr schnell angewachsen. „Prashānti Nilayam wird sehr bald ein neues Mathura (heilige Stadt und Geburtsort Krishnas) und Tirupati (eine andere heilige Stadt Indiens) werden und hunderttausende von Anhängern anziehen. Viele Heilige und Weise werden sich im Nilayam versammeln, um die Erfüllung ihres Lebens zu erreichen, nämlich ewige Glückseligkeit", hat Baba erklärt.

Die wohldokumentierten Berichte über Sai Babas Kräfte gehen in die tausende. Viele wurden in Howard Murphets faszinierendem und informativen Buch ‚Sai Baba – der indische PSI-Meister' zusammengetragen. Eine der dramatischsten Geschichten, die ich bisher gehört habe, möchte ich wegen ihrer Einmaligkeit und dem, was mir später widerfuhr, hier wiedergeben. Sie berichtet von der Wiedererweckung Walter Cowans, der nach Augenzeugen-Berichten am Weihnachtstag 1971 vom Tod ‚zurückgeholt' wurde. Dr. John Hislop, ein ehemaliger Professor und Geschäftsführer einer Firma, der jetzt im Ruhestand in Mexiko lebt, war Zeuge dieses außergewöhnlichen Erlebnisses. Hier die Zusammenfassung seines Berichtes:

„Früh am Morgen des Weihnachtstages verbreitete sich die Nachricht unter den Devotees, die sich um Baba geschart hatten, daß ein älterer Amerikaner einen tödlichen Herzanfall erlitten hatte. Als wir das Gerücht hörten, gingen meine Frau und ich sofort zum Hotel der Cowans, wo uns Elsie bestätigte, daß ihr Mann gestorben sei. Sie hatte Sai Baba um Hilfe gebeten und mit großer Selbstbeherrschung und im Bewußtsein der menschlichen Sterblichkeit das Gebet mit ‚Möge Gottes Wille geschehen' beendet. Walters Leiche wurde in einem Krankenwagen zum Krankenhaus gebracht. Als Elsie und ihre Freundin, Frau Ratan Lal, später am selben Tag zum Krankenhaus gingen, erfuhren sie, daß Sai Baba auch schon dagewesen sei. Zu ihrem unbeschreiblichen Erstaunen fanden sie Walter am Leben."

Dr. Hislop erkannte, wie wichtig es war, Walters ‚Tod' in Form von ärztlichen Berichten und Zeugenaussagen genauer zu dokumentieren und untersuchte den Fall daher eingehend. „Auf meine Bitte hin befragte Richter Damadar Rao aus Madras den Arzt, der sich um Walter gekümmert hatte, als er ins Krankenhaus eingeliefert wurde. Der Arzt sagte aus, daß Walter tatsächlich tot gewesen war, als er ihn kurz nach Eintreffen des Krankenwagens untersucht hatte. Es war kein Lebenszeichen mehr festzustellen gewesen.

Er hatte Walter für tot erklärt und verstopfte Nase und Ohren mit Watte. Der Körper des Toten wurde mit einem Tuch bedeckt und in einem leeren Zimmer aufgebahrt. Der Arzt verließ dann das Krankenhaus und verpaßte deswegen Sai Babas Anwesenheit im Krankenhaus. Als der Arzt wieder zurückkam, war Sai Baba bereits wieder gegangen, und der Arzt fand Walter lebend vor. Er konnte keine Erklärung dafür finden.

Später am Tage erzählte Sai Baba seinen Devotees, daß er Walter tatsächlich wieder ins Leben zurückgeholt hatte. Er gab keine Begründung für seine Handlung, der Grund bleibt ein Geheimnis, das er bisher noch nicht enthüllen wollte."

Anschließend kümmerte sich Sai Baba noch zwei- oder dreimal in ganz außerordentlicher Weise um Walters Gesundheit. Dr. Hislop beschreibt, wie Baba bei einer Versammlung eine spirituelle Ansprache gehalten und anschließend Urkunden ausgeteilt hatte. Nach der Versammlung hatte sich Baba an Hislop gewandt und gesagt: „Während ich die Ansprache hielt, rief mich Mrs. Cowan. Ich eilte sofort zum Krankenhaus und tat alles notwendige. Mr. Cowans Gesundheitszustand hatte sich plötzlich verschlechtert."

Hislop fährt fort: „Obwohl er also auf der Rednerbühne stand, begab sich Sai Baba zum Krankenhaus und tat alles nötige. In meinen und meiner Freunde Augen jedoch hatte er seine Rede und die Verteilung der Urkunden keinen Augenblick unterbrochen. Wie soll man ein derartiges Mysterium wohl erklären?"

Als Walter wieder so weit hergestellt war, daß er von Madras nach Bangalore gebracht werden konnte, beschrieb ihn Hislop als außerordentlich gesund aussehend. „Dr. Gnaneswaran, den meine Frau und ich seit Jahren kannten, kümmerte sich in Bangalore um Walter. Er hatte Walters Krankengeschichte erhalten, aus der hervorging, daß bestimmte Labortests schweren Diabetes und verschiedene Krankheitsbilder zeigten. Er verglich sie mit seinen eigenen neuen Laboruntersuchungen und konnte die Ergebnisse kaum glauben. Nicht nur, daß er keinerlei Symptome für einen Diabetes finden konnte, nein, auch alle anderen Tests für verschiedene andere Krankheiten fielen negativ aus. Er sagte voller Bewunderung: ‚Nur der göttliche Baba, nur Gott selbst, konnte so etwas fertigbringen.'"

Im folgenden ein Bericht von Walter Cowan selbst über seinen scheinbaren Tod und die Wiedererweckung durch die Gnade Sai Babas:

„Zwei Tage nach meiner Ankunft im Hotel Connemara in Madras erkrankte ich plötzlich an schwerer Lungenentzündung. Während ich nach Atem rang, war auf einmal der ganze physische Kampf vorbei, und ich starb. Ich befand mich in einem Zustand großer Ruhe und herrlicher Glückseligkeit – und der Herr, Sai Baba, stand neben mir.

Obwohl mein Körper tot auf dem Bett lag, arbeitete mein Geist während der ganzen Zeit weiter, bis Baba mich wieder zurückbrachte. Ich verspürte weder Besorgnis noch Furcht, sondern ein herrliches Gefühl des Wohlbehagens. Ich hatte alle Angst vor dem Tode verloren.

Baba führte mich dann in eine sehr große Halle, in der hunderte von Menschen umherliefen. Dies war die Halle, in der die Unterlagen über alle meine früheren Leben aufbewahrt wurden. Baba und ich standen vor Gericht. Der Diensthabende kannte Baba sehr gut, und Baba bat ihn um die Aufzeichnungen über alle meine früheren Leben. Er war sehr freundlich, und ich hatte das Gefühl, daß alles, was immer man auch beschließen möge, für meine Seele das Beste sein würde.

Die Aufzeichnungen wurden in die Halle gebracht. Es waren ganze Arme voll Schriftrollen, die alle in verschiedenen Sprachen abgefaßt zu sein schienen. Während sie vorgelesen wurden, erklärte Sai Baba sie mir. Am Anfang berichteten sie von Ländern, die seit tausenden von Jahren nicht mehr existieren und an die ich mich nicht erinnern konnte. Als sie dann zu der Zeit König Davids kamen, wurde es spannender. Ich konnte kaum fassen, wie bedeutend ich in jedem der Leben, die nun folgten, gewesen sein sollte. Im weiteren Verlauf der Lesung über mein Leben wurde deutlich, daß das, was wirklich zählte, meine Motive und mein Charakter waren, denn ich war immer für äußerst friedliches Handeln im spirituellen und politischen Bereich eingetreten. Ich kann mich nicht an all die Namen erinnern, bin aber wohl in praktisch allen Geschichtsbüchern der Welt von Anfang der Zeitrechnung an erwähnt. In all meinen Inkarnationen in den verschiedensten Ländern führte ich meine Mission aus – und die hieß, Friede und Spiritualität zu verbreiten.

Nach etwa zwei Stunden war die Lesung beendet und der Herr, Sai Baba, sagte, daß ich die Aufgabe, für die ich auf die Welt gekommen wäre, noch nicht beendet hätte und bat den Richter, ich möge ihm überantwortet werden, damit ich meine Mission, die der Verbreitung der Wahrheit diene, erfüllen könnte. Er bat darum, man möge meine Seele durch seine Gnade wieder in meinen Körper zurückkehren lassen. Der Richter sagte: ‚So sei es.'

Der Fall war nun abgeschlossen, und ich machte mich mit Baba auf, um wieder in meinen Körper zurückzukehren. Ich zögerte, diesen wunderbaren Zustand der Glückseligkeit aufzugeben. Ich schaute meinen Körper an und dachte, daß die Rückkehr dahinein dem Sprung in einem Misthaufen gleichkommen müsse, aber ich wußte, daß es das Beste sein würde, meine Mission zu Ende zu bringen, auf daß ich schließlich einmal mit dem Herrn, Sai Baba, eins werden könnte. So kehrte ich also wieder in meinen Körper zurück ... und genau in dem selben Moment fing alles wieder von vorne an – nach Luft ringen, krank sein, aber leben. Ich öffnete die Augen, sah meine Frau und sagte: ‚Rosa steht dir wirklich gut...'“

Nachdem Hislop Walters Bericht gehört hatte, fragte er Sai Baba, ob Walters Erlebnis wirklich oder nur eine Art Halluzination bzw. Illusion gewesen sei. Baba erwiderte: „Sein Erlebnis war ein wirkliches Erlebnis und keine Illusion. Es war ein Erlebnis, das in Mr. Cowans Geist stattfand, und ich war selbst dort – ich lenkte und klärte seine Gedanken.“ Als Baba gefragt wurde, ob jeder das gleiche Todeserlebnis habe, sagte er: „Nicht notwendigerweise; einige mögen ähnliche Erlebnisse haben, andere nicht.“

BHAGAWAN SRI SATHYA SAI BABA

PRASANTHINILAYAM P.O
ANANTHAPUR DT.
TELEPHONE No. 30.

BRINDAVAN
WHITEFIELD
TELEPHONE No. 33.

Date :

Message

You as body, mind or soul are a dream. but what you really are is Existence, Knowledge, Bliss. You are the GOD of this universe. you are creating the whole universe and drawing it in. To gain the infinite universal individuality the miserable little prison individuality must go. Bhakti is no crying or any negative condition. it is seeing of all in all we see. it is the heart that reaches the goal. follow the heart. A pure heart seeks beyond the intellect. it gets inspired.
Whatever we do reacts upon us. if we do good, we shall have happiness and if evil, unhappiness within you is the real happiness, within you is the mighty ocean of nectar divine. Seek it within you, feel it, feel it, it is here, the self. it is not the body, the mind, the intellect, the brain. it is not the desire of the desiring. it is not the object of desire. Above all these, you are. All these are simply manifestations. You appear as the smiling flower, as the twinkling stars. what is there in the world which can make you desire anything?

With Blessings and
Love
Sri Sathya Sai Baba

Du – als Körper, Geist oder Seele – bist nur ein Traum. In Wirklichkeit bist du Sein, Bewußtheit, Seligkeit. Du bist der Gott dieses Universums. Du erschaffst das ganze Universum und nimmt es in dich auf. Um die unbegrenzte, allumfassende Persönlichkeit zu erlangen, muß sich die erbärmliche, kleine Gefängnis-Persönlichkeit auflösen. Bhakti hat nichts mit einem weinerlichen oder sonstwie negativem Zustand zu tun. Bhakti bedeutet, in allem, was wir sehen, das Ganze zu sehen.

Das Herz ist es, das das Ziel erreicht. Ein reines Herz begreift mehr als der Verstand. Es wird inspiriert. Was wir auch tun – es fällt auf uns zurück. Tun wir Gutes, so werden wir glücklich. Tun wir Böses, so werden wir unglücklich. das wahre Glück liegt in dir. In dir selbst ist das gewaltige Meer des göttlichen Nektars. Suche es in dir selbst, fühle es – es ist hier, das Selbst. Es ist nicht der Körper, der Geist, der Verstand. es ist nicht der Wunsch, nicht der Wünschende; es ist auch nicht der Gegenstand des Wunsches. Über all diesem bestehst Du. All diese sind nur Erscheinungsformen. Du bist es, der als die lächelnde Blume erscheint, als funkelnder Stern. was gibt es denn dort in der ganzen Welt, nach dem du Verlangen haben könntest?

Mit Segen und Liebe

Shrī Sathya Sai Baba

Gold Spot

Nach der Rückkehr von meiner ersten Indienreise fühlte ich ein inneres ‚Erwachen', so also ob sich in mir ein einst vertrauter, verborgener und verschlossener innerer Raum geöffnet hätte und ich mich wieder mit einem Teil meines Selbst vertraut gemacht geschlossen hätte, der längst vergessen war. Ich identifizierte es als religiöse Erfahrung und begann mich zu fragen, ob ein solches inneres Zentrum in uns allen schlummert und nur darauf wartet, durch ein persönliches spirituelles Erlebnis wiedererweckt zu werden. Diese Erwachen, dieses Sich-Öffnen oder Sich-Entfalten war mir eine Quelle großer Freude und mit ihm kam ein immer tiefer werdendes Gefühl der Liebe für Baba – und die Menschen allgemein. Erfuhr ich da etwas über die Dynamik der Liebe, von der die moderne Psychiatrie nichts weiß?

Nichts war wichtiger als diese neue Wirklichkeit. Ich begann die Entfaltung dieser verborgenen Möglichkeiten in mir fasziniert zu verfolgen. Babas Lehren wurden für mich zu einer Lebensweise. Ich wurde Vegetarier, fing an Hatha Yoga zu üben und voller Zuversicht zu meditieren.

In der Losgelöstheit der Meditation fühlte ich wieder Babas Nähe und erkannte bald, daß das einzige, was uns trennte, meine begrenzte Fähigkeit der Konzentration auf ihn war und nicht die geographische Entfernung. „Verliert nicht den Kontakt zu Gott, gebt die Gemeinschaft mit ihm nicht auf, denn nur wenn die Kohle mit der lebendiger Glut in Berührung ist, kann auch sie zu Glut werden", hatte Baba gesagt. Ich versuchte, diesen Kontakt ständig aufrechtzuerhalten.

Diese neue Einstellung machte sich auch in meiner Arbeit und in meinem gesellschaftlichen Leben bemerkbar. Als Fortsetzung der Meditation versuchte ich mir während der Ausübung meiner täglichen Tätigkeiten Babas körperliche Erscheinung und meine Erlebnisse mit ihm vor Augen zu halten, so als seien meine Verrichtungen ein Geschenk für ihn. Ich versuchte, ihn in allem zu sehen, was mir begegnete, und so zu reagieren, als sei alles buchstäblich ein Teil von ihm.

Das war eine echte Herausforderung an meine Selbstbeherrschung und Konzentrationsfähigkeit und eine wunderbare Methode, meinem täglichen Leben eine bestimmte Prägung zu geben. Dadurch daß ich seine Gestalt in meinem Herzen und im Geiste festhielt, war ich ihm so nahe, wie ich es in Indien gewesen war. Ich wollte meine ganze Zeit darauf verwenden, mich auf dieses wunderbare Erwachen zu konzentriern – zum einen, weil diese Erfahrung an sich so viel Freude brachte, zum anderen aber auch, weil Baba uns dazu auffordert, weil es ein Weg ist, der uns näher zu Gott führt. Das Ziel unseres Lebens ist es, Gott zu erkennen, sagt er, und das erreicht man, indem man Ihn auf konkrete Art und Weise in alle seine Handlungen einbezieht.

„Das Göttliche muß im Geiste, im Herzen und im Handeln seinen Ausdruck finden; in Gedanken, Worten und Taten." Natürlich verlangt diese Einstellung zum Leben Disziplin, Geduld und Beharrlichkeit. Wenn man aber bei dieser Aufgabe von jemandem wie Sai Baba mit soviel Liebe und Fürsorge geführt wird, dann wird das Unternehmen zum Vergnügen.

„Tatsächlich sind es die Regeln und Beschränkungen, die dem Spiel des Lebens seinen Reiz geben. Wenn beim Fußballspiel jeder Spieler alles mit dem Ball machen dürfte, und es weder Foul noch Aus, weder Abseits noch Tor, weder Einwurf noch Strafstoß gäbe, dann wäre es ein sinnloses Spiel, das niemandem Ānanda – Freude – machen würde."[1]

Ich begann einzusehen, daß ich meine spirituellen Übungen mit Sorgfalt zu machen hatte, weil ich in einem hohen Maße der Schöpfer meines eigenen Schicksals bin. Baba drückte es 1972 in einer Botschaft an seine amerikanischen Anhänger folgendermaßen aus: „Du – als Körper, Geist oder Seele bist nur ein Traum. In Wirklichkeit bist du Sein, Bewußtsein, Freude. Du bist der Gott dieses Universums. Du erschaffst das Universum und nimmst es in dich auf."

Baba fährt dann fort, die Vorgehensweise bzw. die Art der spirituellen Arbeit zu beschreiben, durch die man es erreichen kann, mit dem Universum eins zu werden: „Um die unbegrenzte, allumfassende Individualität zu erlangen, muß sich die erbärmliche kleine Gefängnis-Persönlichkeit auflösen. Bhakti hat nichts mit einem weinerlichen oder sonst einem negativen Zustand zu tun. Bhakti bedeutet, in allem, was wir sehen, das Ganze zu sehen. Das Herz ist dasjenige, welches das Ziel erreicht. Folge dem Herzen. Ein reines Herz begreift mehr als der Intellekt. Es wird inspiriert."

In mir wuchs die Überzeugung, daß unsere ganze Stärke vom Kontakt mit Gott und aus der Meditation über Gott herkommt – man stellt sich ein auf Gottes Liebe, indem man tatsächlich selbst zu dem Vorgang, der Schwingung oder der Frequenz wird, die man Verehrung, Meditation oder Anbetung nennt … indem man selbst Gott wird.

Konnte es sein, daß, wenn wir uns selbst so einstellen – etwa wie man einen Radiosender einstellt – bedeutungsvolle Botschaften aus dem Universum empfangen? Und daß wir unsere gewohnte Wirklichkeit nur deswegen erleben, weil wir uns selbst auf minderwertige ‚Radiostationen' eingestellt

1 Sathya Sai Speaks, Band II, S. 219.

haben, nämlich auf die Verblendung durch die Sinnesobjekte und das ständige Ringen um Prestige und Macht?

In Babas Lehren sah ich die Möglichkeit für unbegrenztes inneres Wachstum und Evolution. In spiritueller wie in beruflicher Hinsicht, wurde meine Arbeit lebendiger, interessanter, produktiver. Ich stellte fest, daß ich mich intuitiv besser auf meine Patienten einstellen konnte, wenn ich eine meditative Körperhaltung einnahm.

Als ich diese Veränderung sah, verstärkte sich mein Interesse an Baba als Lehrer. Wie konnte ich ihm näher kommen? Sollte ich mich ihm gegenüber so verhalten, wie ich es anderen Lehrern gegenüber getan hatte? War die beste Möglichkeit zu lernen die, in seiner physischen Nähe zu sein und direkt mit ihm zu sprechen?

Schon wenige Wochen nach meiner Rückkehr entschied ich, daß ich wieder zu ihm fahren mußte, um ihm die Frage selbst zu stellen. Ich sehnte mich danach zurückzukehren und Dinge zu erleben, von denen ich wußte: Sie sind wie jene, die Christus getan hat. Ich wußte, daß ich Augenzeuge eines allmählich sich entfaltenden monumentalen Ereignisses in der Geschichte der Menschheit wurde. Würde ich wohl zu Füßen dieses großen Lehrers sitzen dürfen? Vielleicht, wenn ich Arbeit in einem indischen Krankenhaus fände, und er mir erlaubte, ihn regelmäßig zu besuchen ... Wir schmiedeten Pläne für eine Reise im Oktober 1972. Diesmal sollte meine Frau, mein Bruder und dessen Frau – die nebenbei bemerkt auch die Schwester meiner Frau ist – und ein Cousin mitkommen. Wir wollten uns Indra Devi und noch fünfunddreißig anderen anschließen.

Ich erinnerte mich, daß meine Frau und ich meinem Bruder und meiner Schwägerin vor meiner ersten Reise gegenüber gesessen und über das Abenteuer gesprochen hatten, das mir bevorstand. Don war recht skeptisch gewesen. Irgendwo mußte in meinem Hirn eine Schraube locker sein. Ich erinnerte ihn an seinen Kommentar: „Sam, auf diesen Subkontinent würden mich keine zehn Pferde bringen. Dort gibt es nichts als Armut, primitive Lebensweise und Krankheiten." Man stelle sich vor, daß dieser 150%ige Wissenschaftler und Arzt mich nun begleiten würde – zwar immer noch voller Skepsis, aber irgendwie schien er doch langsam ein Gespür für das Erregende eines solchen Unternehmens zu bekommen und vielleicht auch herauszufinden, was seinen extravaganten Bruder so verwandelt hatte.

Ich hatte auch einen Anruf von meinem Cousin Jerry erhalten, einem Mathematikprofessor aus dem Osten der Staaten, den ich schon eine ganze Weile nicht mehr gesehen hatte und der sich gerade von einer schweren Krankheit erholt hatte. Krankheit und Tod haben es an sich, daß sie uns dazu bringen, über die tieferen Fragen nachzudenken: Wer sind wir, und wohin gehen wir – gibt es einen Gott, und was ist der Sinn des Lebens? Jerry betrachtete die Frage von einem rein mathematischen Standpunkt aus und war zu der Ansicht gekommen, daß es sogar wahrscheinlich sei, daß zur Zeit ein Avatāra existiert: „All die Berichte über diese außergewöhnlichen Ereignissse in der Vergangenheit können einfach nicht nur ein Produkt der Phantasie gewesen sein“, sagte er. „Es waren alles wahrscheinlich seltene, aber dennoch wirkliche Ereignisse. Und wegen der Ähnlichkeit der Berichte und der zeitlichen Intervalle zwischen dem Auftreten einzelner großer Wesen ist es äußerst wahrscheinlich, daß solch ein Ereignis jetzt eintreten könnte.“

Lila, eine Bekannte, kam auch mit. Ungefähr ein Jahr vor der Reise, lange bevor sie jemals von Sai Baba gehört hatte, war Lila in die Universitätsklinik zu einer Brustgewebsentnahme eingeliefert worden.

Während sie voller Furcht und Sorge auf den chirurgischen Eingriff wartete, gab ihr eine Zimmergenossin ein Gebet zu lesen. Sie las es unmittelbar vor der Operation und spürte, daß sie sich sofort völlig entspannte und von einem Gefühl des Friedens erfüllt wurde. Die Untersuchung ergab, daß ihr nichts ernsthaftes fehlte.

Einige Zeit danach sprachen Lila und ich über Sai Baba, und ihre Neugier war erwacht. Sie las ein Buch über ihn und erwog die Möglichkeit, zu ihm zu reisen. Zu dieser Zeit war sie allerdings tief verschuldet und sah einfach keine Möglichkeit, das Geld für eine Reise nach Indien aufzubringen. Ihr Mann Homer ist Erfinder und hatte damals kein ständiges Einkommen. Er hatte fünf Jahre lang keine einzige Erfindung verkauft, aber, so unrealistisch es auch aussehen mochte, sie traf die Reisevorbereitungen, ließ sich impfen und ein Visum ausstellen. Dann ereigneten sich seltsame Dinge. Gerade als sich Lila besonders niedergeschlagen fühlte, hatte sie einen ungewöhnlichen Traum. Während sie in einem Auto fuhr, schaute sie plötzlich nach oben und sah Sai Baba auf dem Dach eines Hauses wie den Geigenspieler im Film ‚The Fiddler on the Roof‘ herumtanzen. Babas Augen funkelten, er war voller Schalkhaftigkeit und das hob ihre Stimmung enorm. Bald darauf schlug eine Erfindung Homers überraschend ein. Die Ereignisse überschlugen sich; einige Leute interessierten sich für seine Erfindung und so verbesserte sich seine finanzielle Lage plötzlich und völlig unerwartet – das erste Mal seit fünf Jahren. Eine Woche vor dem Abflug hatte Lila nun genügend Geld für die Reise und da sie alle Vorbereitungen getroffen hatte, fand sie sich wieder, außer sich vor Freude, mit uns an Bord eines Flugzeugs.

Eine wunderliche Ansammlung von Menschen ging mit uns auf die Reise. Von dem, der glaubte, übernatürliche Kräfte zu besitzen, bis zum übergescheiten Wissenschaftler gab es da Menschen aus allen Lebensbereichen, junge und alte, die sich zu Baba hingezogen fühlten. Eine alte Dame, deren Nahrung fast nur aus Früchten bestand, bekam während des Fluges Bauchschmerzen, und ich staunte und amüsierte mich über die vielen verschiedenen Heilmethoden, die an ihr ausprobiert wurden. Da gab es einen

Chiropraktiker, der sie in alle Richtungen verrenkte und einen Geistheiler, der meinte, er könne sie kurieren, indem er in einer größeren Entfernung ein Glas Wasser tränke und dadurch ihr Inneres reinige. Einige versuchten es mit Meditation und Anrufen der Geister von Verstorbenen. Und schließlich versuchte ein Psychiater – nämlich ich – ihr mit gutem Zureden und einer Beruhigungstablette zu helfen. Jeder hatte seine eigene Methode für die arme, stöhnende und leidende Frau ... Das ‚Wunder' bestand darin, daß sie sich trotz alledem auf halbem Weg erholte. Nachdem wir zuerst in Bombay und dann in Bangalore gelandet waren, stellte sich heraus, daß Baba in Puttaparthi war, und so machten wir uns also, vierzig Mann hoch, in einer Karawane von zehn Autos auf zum Āshram. Die Entfernung von Bangalore nach Puttaparthi beträgt etwa 160 Kilometer, und die Fahrt war ungewöhnlich angenehm und schön. Kurz hinter Bangalore kamen wir an einem verlassenen Flugplatz vorbei: ‚Achtung tieffliegende Flugzeuge' Ich grinste. Alles, was ich sehen konnte, waren eine Kuh und ein Affe.

Die Reise führte uns durch interessante, geschäftige, kleine Dörfer, bergiges Land und große, weite Ebenen – die Landschaft wechselte ständig. Auf halbem Weg fiel Regen und kühlte die Luft. Gegen sechs Uhr abends kamen wir schließlich in Puttaparthi an. Die Sonne war gerade untergegangen, und die kühle Luft roch sauber und frisch. Wir näherten uns Prashānti Nilayam über die Hauptstraße von Puttaparthi, einen ungepflasterten Weg, auf dem Menschen und Tiere durcheinanderliefen und an dem rechts und links kleine Hütten standen. In den Fenstern und vor allen Geschäften waren Bilder von Baba ausgestellt. Eine hohe Steinmauer trennte Prashānti Nilayam vom Dorf.

Wir bogen nach links ab, durchfuhren ein altes Tor... und befanden uns auf dem Gelände des Āshrams. Wir waren ziemlich aufgeregt. Wir konnten das rhytmische Singen der Bhajans von irgendwo innerhalb des Āshrams hören und wußten, daß sich die Menschen dort versammelt hatten, um auf Babas Erscheinen zu warten. Wir hatten erfahren, daß sich Baba zweimal täglich unter die versammelte Menge begibt und Darshan erteilt. Darshan ist der Segen, den der Anblick des Herrn bedeutet. Bei dieser Gelegenheit wählt er häufig ein paar Glückliche aus, die er später zu einer persönlichen Unterhaltung empfängt.

Wir sprangen alle eiligst aus den Taxis und gingen in die Richtung, aus der der Gesang kam. Die Schwingungen, die von Ehrfurcht und Hingabe durchdrungen waren, signalisierten uns, daß wir uns auf heiligem Boden befanden. Als wir die Versammlung erreichten, sahen wir, wie Baba langsam über einen freien, kreisförmigen Platz schritt. An die fünfzehntausend Devotees saßen hier, und aller Augen hingen an dem Meister, obwohl sein Blick nach innen gerichtet schien, so hielt er doch alle in einem ehrfürchtigen Bann.

Aufs Neue verspürte ich die große Freude, Baba nahe sein zu dürfen... Der Augenblick war zutiefst bewegend. Wir standen schweigend in einiger Entfernung, bis er seinen Rundgang beendet und den Tempel wieder betreten hatte. Dann näherten sich uns einige Amerikaner und halfen uns, Unterkunft für die Nacht zu finden. In Prashānti Nilayam wurde noch eifrig gebaut. Obwohl einige Schlafsäle an der Peripherie des Āshramgeländes gebaut wurden, um Wohnraum für ständig dort lebende Menschen und Besucher zu schaffen, waren doch erst wenige fertiggestellt. Stein- und Sandhaufen lagen überall herum und geschäftige Bauarbeiter bildeten einen lebhaften Hintergrund in einer sonst ruhigen und friedvollen Umgebung.

Ein wichtiges Fest – Dassera, das Fest des Sieges – war gerade vorüber und deshalb befanden sich noch tausende von Menschen auf dem Gelände. Zu viele für die begrenzten Unterbringungsmöglichkeiten. In Anbetracht der Probleme, die eine solche Menschenmenge mit sich bringt, ging jedoch alles überraschend reibungslos zu. Zwei überdachte Areale, etwa von der Größe eines Fußballfeldes gewährten hunderten von Menschen Unterkunft, die nachts einfach auf dem bloßen Boden schliefen. Unsere Gruppe gehörte zu den Glücklichen, die in den Schlafsälen untergebracht wurden.

Trotzdem ging es recht spartanisch zu. Männer und Frauen wurden getrennt, und zu siebt wurde uns ein Raum von etwa drei mal vier Metern zugewiesen. Diejenigen, die keine Luftmatratze hatten, schliefen auf dem Betonboden. Ein Wasserhahn zum Waschen war vorhanden, und ein Loch im Boden stellte die Toilette dar. Auch die Frauen waren in einem solchen kleinen Raum zusammengepfercht. Sie waren aber mit einem Waschbecken und einer Sitztoilette ‚gesegnet', was das Ganze äußerst attraktiv erscheinen ließ.

Der Zivilisationsschock, den die meisten Amerikaner erfahren, die zum ersten Mal nach Indien kommen, ist massiv. Schon beim Aufsetzen meiner Füße auf den Boden des Waschraums, der mit Spinnweben und Spinnen übersät war und in dem es außerdem noch unangenehm roch, wurde mir ganz mulmig zumute. Das Abwassersystem, so hatte man mir erzählt, war durch die Überbelegung und einen Regenguß, der Teile der Anlage überschwemmt hatte, in sehr schlechtem Zustand.

Trotz der Unbequemlichkeiten empfanden aber die meisten Prashānti Nilayam als einen ganz besonderen Ort mit starken spirituellen Vibrationen. Götterstatuen, Bilder von Baba und das ständige Fegen des heiligen Bodens um den Tempel herum verstärkten die Atmosphäre heiliger Stille. Viele stellten fest, daß sie ungewöhnlich tief meditieren konnten. Babas Gegenwart durchdrang den Āshram. Während des Singens konnte man Baba in den entstehenden Schwingungen fast physisch fühlen.

Sai Baba bewohnt nur einen Raum im zweiten Stock des großen Tempels in der Mitte des Ashrams. Der Tempel wurde gerade umgebaut, und so waren ständig Arbeiter um ihn herum und auf dem Dach beschäftigt. Vor dem Tempel befand sich der freie Platz, wo die Devotees auf Baba warteten. Hier mußte man seine Schuhe ausziehen, während man sie im übrigen Āshramgelände ruhig anbehalten durfte.

Zweimal täglich gegen elf Uhr morgens und um halb sechs Uhr abends erschien Baba zum Darshan. Da die Zeit seines Erscheinens nie genau vorauszusagen war, fanden sich die Menschen normalerweise schon recht frühzeitig ein und warteten. Die Haupttagesbeschäftigung der meisten Amerikaner bestand darin, schweigend um den Tempel herumzusitzen und oft viele Stunden lang in der heißen Sonne zu warten. Viele, die an einen schnelleren Lebensrhythmus gewöhnt waren, wurden unruhig.

Mein Bruder und ich hatten genügend Zeit, uns sehr nahezukommen. Obwohl er außergewöhnliche Ausdauer und großes Durchhaltevermögen an den Tag legte, versicherte er mir, daß Baba erst einmal bestimmte Kriterien erfüllen müsse, bevor er ihn als göttlich betrachten könnte: Erstens müsse Baba den Lauf der Sonne ändern, zweitens müsse er einen großen Fluß zum Stehen bringen, drittens von ferne eine Kuh erschaffen und sich viertens in einen Berg verwandeln.

Mein Cousin Jerry war voll angespannter Erwartung. Beim ersten Morgengrauen stand er auf und machte sich kampfbereit. Er sagte, er würde den ganzen Tag in der Nähe des Tempel sitzen – ohne zu essen und ohne auch nur eine Sekunde Zeit zu verschwenden. Im Lauf des Tages gingen mein Bruder und ich einige Male an ihm vorbei, um zu sehen, wie er sich hielt. Er blieb standhaft, wenn er auch mit Fortschreiten des Tages ein wenig abzuschlaffen schien. Am Ende des ersten Tages, der keine Begegnung mit Baba gebracht hatte, war seine Stimmung merklich gesunken.

Am zweiten Tag bekam einer der Männer im Zimmer starken Husten, hohes Fieber, und begann zu delirieren. Er war zu krank, um das Zimmer zu verlassen, und wir mußten ihm Essen bringen und uns um ihn kümmern. Einige Leute kamen bald zu der Ansicht, daß sie diesen Zustand nicht länger ertragen könnten und so bald wie möglich wieder abreisen würden. Sie wollten nur noch abwarten, bis sie mit Baba persönlich gesprochen hätten. Am Ende des zweiten Tages erfuhren wir, daß er uns am nächsten Morgen empfangen würde. Wir jubelten. Am Morgen zwängten wir vierzig uns in einen kleinen Raum und warteten auf ihn.

Endlich in seiner Gegenwart zu sein, bedeutete eine aufregende Abwechslung zu dem ständigen Warten-Müssen. Baba scheint in ständiger Glückseligkeit zu leben. Gesicht und Körper sind immer von einer Aura reiner Energie beleuchtet, die ich bei keinem anderen Menschen beobachten konnte. Seine Bewegungen sind gewandt und sicher, sein Lächeln ist voll sprechender Lebendigkeit. Mit durchdringendem Blick stand er einen Augenblick neben seinem Stuhl und schaute auf uns, wies hier und da jemanden an, sich hinzusetzen, um sicherzugehen, daß wir alle bequem saßen, und erst dann setzte er sich. Dies allein schon erfüllte jeden mit Fröhlichkeit. Als wir nun alle so zu seinen Füßen saßen, begann er anmutig und leicht scherzend zu sprechen.

Plötzlich wandte er sich Lila zu und sprach mit sehr sanfter Stimme jenes Gebet, das ihr vor einem Jahr gegeben wurde, als sie im Krankenhaus lag. Er wiederholte wie nebenbei jedes einzelne Wort und machte dann eine Bewegung mit seiner Hand in der Luft, aus der er eine große Gebetskette hervorbrachte, eine Japamala, die aus 108 kristallklaren Perlen bestand, und warf sie Lila zu. Dazu muß ich sagen, daß sie mir gegenüber vor der Reise erwähnt hatte, wenn Baba irgendetwas für sie materialisieren sollte, dann würde sie sich eine Japamala wünschen und hatte mir die Gebetskette auch genau beschrieben. Die Kette, die ihr Baba jetzt gab, stimmte mit dieser Beschreibung ganz genau überein. Lila war zutiefst erschüttert. Und dann brach sie in Tränen aus.

„Nein, nein, du mußt stark sein!“, rief Baba aus. „Ich versuche es – ich versuche es“, sagte sie. Und Baba erwiderte: „Nicht versuchen. Tun!“ Darauf wandte er sich einem Mann zu und fragte: „Was wünschst du dir?“ Der Mann gab keine Antwort. In bekannter Weise führte Baba ein paar schnelle kleine Kreisbewegungen mit seiner rechten Hand aus und ließ einen Ring mit kreisförmig angeordneten Edelsteinen entstehen. Später erzählte mir Paul, der Empfänger des Ringes, daß er genau so aussah, wie er ihn sich gewünscht und jemandem in Los Angeles vor der Reise beschrieben hatte. Er paßte haargenau auf seinen Finger.

Unser Interview mit Baba dauerte etwa eine halbe Stunde. Ich fühlte mich von seiner Aufmerksamkeit und Liebe überschüttet. Er sagte, daß er jeden von uns in den kommenden Tagen zu einer ganz persönlichen Unterredung einladen würde. Dann bat mein Cousin Jerry Baba, etwas für ihn zu materialisieren. Er hatte einen billigen Ring in Griechenland gekauft und trug ihn an seinem kleinen Finger. Er wollte, daß Baba diesen Ring in etwas anderes verwandle. Baba lehnte ab.

Jerry fühlte sich abgewiesen; offensichtlich wollte Baba nicht zu etwas gezwungen werden und auch nichts unter Beweis stellen. Jerry beschloß bald abzureisen. Er konnte die Zustände im Āshram nicht länger ertragen und war auch enttäuscht, daß Baba ihn nicht nachdrücklicher von seinen außergewöhnlichen Kräften überzeugt hatte.

Die primitiven Zustände und Unbequemlichkeiten wurden vielen Amerikanern einfach zu viel. Einige beschlossen schon nach zwei Tagen wieder abzureisen. Diejenigen, die abreisen wollten, sollten bereits am nächsten Tag ihr persönliches Interview haben und Jerry setzte seinen Namen mit auf die Liste.

Babas Größe und Herrlichkeit stand in seltsamem Kontrast zu der primitiven Umgebung, in der all dies stattfand. Man konnte sehr leicht durch das körperliche Unbehagen desillusioniert werden. Am Abend vor Jerrys Abreise gingen Donald, Jerry und ich aus dem Āshram hinaus und gingen Puttaparthis Hauptstrasse entlang zu unserem bevorzugten Eßlokal, einem kleinen Laden, wenig mehr als ein Schuppen, der sich aber durch den einzigen Kühlschrank im Dorf auszeichnete. Hier konnte man Getränke in Flaschen, einschließlich Coca-Cola bekommen. Das Getränk, das wir normalerweise bestellten, hieß ‚Gold Spot' und war in Flaschen abgefüllter Orangensaft. Da wir dem Wasser nicht trauten, tranken wir dort meist ‚Gold Spot', aßen Gebäck und Eis und gelegentlich eine Banane.

An diesem Abend waren wir von der Hitze und dem langen Sitzen wie erschlagen. In ziemlich gedrückter Stimmung zogen wir müde Puttaparthis Hauptstraße hinunter, indem wir es vermieden, in Kuhfladen und sonstige tierische Exkremente zu treten. Unsere Stimmung sank noch weiter, als wir einigen Bettlern auf unserem Weg begegneten: einem verwachsenem Kind und einem Spastiker, der sich am Boden daherschleppte und eine Bettelschale um den Hals hängen hatte.

Der Wechsel konnte nicht krasser sein für Leute wie uns, die vor fünf oder sechs Tagen noch mitten in einer amerikanischen Metropole gelebt hatten, geblendet von materiellem Reichtum und Komfort. Wir schleppten uns zum Erfrischungsladen und ließen unsere müden Körper auf Stühle fallen, die um einen kleinen Tisch herumstanden. Dann bestellten wir Gold Spot, Bananen und Gebäck. Als der Besitzer, ein unaufdringlicher, dunkelhäutiger Mann, der von der Hüfte abwärts in ein weißes Tuch gehüllt war, ins Hintere des Ladens ging, erhob sich von der Orangenpresse plötzlich ein Schwarm großer summender Fliegen. Wir beglückwünschten uns gegenseitig, daß wir in Flaschen abgefüllte Getränke gewählt hatten.

Sehr schnell begann die Unterhaltung unsere angeschlagene Stimmung widerzuspiegeln. Beinahe zwanzigtausend Kilometer von zu Hause entfernt begannen Donald und Jerry nicht nur an ihrer eigenen Zurechnungsfähigkeit zu zweifeln, sondern fanden darüberhinaus, daß auch ich mich in intensive psychiatrische Behandlung begeben müßte.

Oh, wie ich innerlich lachte! Ich wußte, welche Herrlichkeit wir hier beobachten durften, obwohl wir in der Illusion lebten, hier Not und Entbehrung zu erfahren – aber was konnte ich in dieser Situation sagen? Welch großen Einfluß emotionale und physische Unannehmlichkeiten doch auf die Ausgeglichenheit unseres Bewußtseinszustandes ausüben! Einen solchen Verlust des seelischen Gleichgewichts kann ich auch bei mir häufig beobachten. Es erstaunt mich immer wieder, wie ich mich täuschen lasse, obwohl ich doch erkannt haben müßte, wie kümmerlich sie die Wirklichkeit spiegeln.

Wenn mir so etwas passiert, dann schwöre ich mir immer wieder, mehr Abstand von den Gefühlen zu gewinnen. Ich ertappe mich dann aber nur zu bald wieder dabei, wie ich mich von ihnen überwältigen lasse und sage dann zu mir selbst: „Aha, wir sind mal wieder soweit, Sam. Ich hoffe nur, daß du diesmal wenigstens schnell da herauskommst."

Baba spricht häufig von der Falle der Gefühle, und ich weiß, daß es eine Menge von spiritueller Arbeit kosten wird, von ihnen Abstand zu gewinnen.

Am nächsten Morgen warteten Donald und ich vor dem Tempel – in der Sonne – und beobachteten die Leute, die an diesem Morgen vor ihrer Abreise zum Interview gingen. Ich betete zu Baba, er möge doch etwas Schönes für Jerry machen. Er sehnte sich so sehr danach, einen Schimmer von Gott zu erheischen, und ich wußte, was für eine Ruhe und was für einen tiefen Sinn der Glaube seinem Leben verleihen könnte. Wir warteten fast den ganzen Morgen. Und dann kamen plötzlich viele Menschen strahlend aus dem Tempel heraus. Wir fingen einzelne Geschichten auf.

Baba war wie immer wunderbar gewesen und hatte sich regelrecht verströmt, in all der liebenden und beschützenden Kraft, die von ihm ausgeht. Einigen hatte er die Hand hingehalten, daß die Anwesenden sehen konnten, wie die Gegenstände aus seiner Handfläche fielen. Wir hielten nach Jerry Ausschau und fanden ihn in einer ungewöhnlich glänzenden Laune. Sein Gesicht leuchtete förmlich.

Er sagte, er wüßte noch nicht genau, was er eigentlich von dem Interview halten sollte, aber er sei jetzt froh, daß er die Reise gemacht hätte. Irgendwie war das Interview die ganze Sache wert gewesen. Er schien sogar ein wenig von seinem Hochmut eingebüßt zu haben – eine Frau der Gruppe bat, jemand möge ihr beim Tragen ihrer Taschen behilflich sein, und er bot sich ganz spontan dazu an. „So etwas mache ich sonst nie!", sagte er. „Langsam scheine ich den Verstand zu verlieren."

Baba hatte ihn in das kleine Nebenzimmer geholt und ein Gespräch angefangen. Das war es aber nicht, was Jerry wollte. Er bat Baba erneut, etwas mit seinem Ring zu unternehmen und streifte ihn von seinem Finger. Baba sagte, daß das nicht sein eigentlicher Wunsch sei. Aber Jerry bekniete ihn weiter. Endlich nahm Baba den Ring in seine Hand, blies darauf ... und gab Jerry einen völlig anderen Ring zurück – der dennoch wie angegossen paßte.

Das hatte Jerry nun offensichtlich erschüttert. Trotzdem war er noch immer nicht vollständig überzeugt, daß das ganze nicht irgendein Zaubertrick war. Auf der anderen Seite – wie konnte er sonst diese tiefe Freude und Erregung erklären? Er brauchte die Sicherheit und Vertrautheit seiner gewohnten häuslichen Umgebung, um intensiver über das hier Erlebte nachdenken zu können.

Für meine Frau, meine Schwägerin, meinen Bruder und mich hieß es, weiter in der heißen Sonne warten. Die beengenden Schlafverhältnisse, die unzulänglichen Waschmöglichkeiten und unsere äußere Verwahrlosung machten, daß wir immer nervöser wurden. Wir fingen an, uns zu streiten und die Fähigkeit, unsere Gefühle zu beherrschen, wurde auf eine harte Probe gestellt. Der junge Mann am anderen Ende des Raumes hustete weiterhin, hatte noch immer Fieber und rannte alle paar Minuten zur Toilette. Unsere Abneigung, dieses Loch im Boden zu benutzen, wurde immer größer und schließlich suchten wir unseren regelmäßigen Stuhlgang ganz einzustellen.

Von ihrem ‚luxuriösen' Waschraum westlichen Stils einmal abgesehen hatten die Frauen ebenfalls ihre Probleme. Ihr Raum war genauso überfüllt wie der unsere, und sie hatten sogar mit dem Anziehen Schwierigkeiten. Sie versuchten sich indisch – nämlich in Saris – zu kleiden, es fiel ihnen aber schwer, ihn richtig anzuziehen. In dem verzweifelten Versuch, es richtig zu machen, waren sie ständig mit Ein- und Auswickeln beschäftigt.

Im Zimmer neben ihnen wohnte eine sehr schöne Inderin namens Umā, die Frau eines Arztes aus Delhi, die außerordentlich freundlich und hilfsbereit war. Sie hatte eine bezaubernde Stimme und so kamen die Frauen jeden Abend in den Genuß indischer Musik und ihrer meisterhaft gesungenen Bhajans. Außerdem erzählte sie ihnen Geschichten über Babas wunderbare Wesensart, die ihre Gefühle ihm gegenüber noch vertieften.

Ich war von der Sanftheit und der Freundlichkeit der Inder im allgemeinen beeindruckt. Sie waren uns im Āshram stets sehr hilfreich, zeigten großes Interesse an der amerikanischen Lebensweise und waren erfüllt von tiefer und demütiger Verehrung für Baba. Indien ist die Urahne der Spiritualität der ganzen Welt. Das ganze Land ist von Religiosität geprägt.

Eines Abends besuchten Donald und ich das kleine Krankenhaus im Āshram. Ich erzählte ihm, ich hätte gehört, daß kürzlich einer der Arbeiter beim Bau eines Schlafsaals im Āshram tödlich abgestürzt sei. Donald fragte sarkastisch: „Ich möchte nur wissen, wo Baba da war."

„Vielleicht gibt es keinen besseren Ort zu sterben als in Babas Gegenwart", überlegte ich laut. „Wahrscheinlich erhielt er seinen gerechten Lohn, indem er Baba auf der anderen Seite traf." Mein Bruder zuckte nur mit den Schultern und lachte.

Wir waren fast ständig zusammen, da sich ja die Männer in einer Ecke des Āshrams und die Frauen in der anderen aufhielten. Die heiße Sonne hatte ein Band zwischen uns geschweißt. Fast eine Woche lang liefen wir wie betäubt herum und fühlten uns unbehaglich.

Erzählt mir nicht, daß ihr die Glückseligkeit nicht dringend sucht; daß ihr euch mit der Illusion zufriedengebt und nicht bereit seid, die Mühen schlafloser Nächte auf euch zu nehmen. Glaubt mir, euer eigentliches Wesen verabscheut die langweilige traurige Routine des Essens, Trinkens und Schlafens. Es sucht nach etwas, von dem es weiß, daß es ihm abhanden gekommen ist: Nämlich Shānti, die innere Zufriedenheit. Es sucht Befreiung von der Abhängigkeit vom trivialen, Vergänglichen. Im innersten seines Herzens sehnt sich jeder danach. Shānti ist nur in einem „Laden" erhältlich, und der heißt Kontemplation – innere Schau über das höchste Selbst, den Grund für alle Erscheinungen.

Prashānti Nilayam

Nach einer Woche im Āshram sagte man uns, daß die, die bald abreisen würden, Baba sehen dürften. Da wir meinten, die körperlichen Entbehrungen nicht länger aushalten zu können, trafen acht von uns Vorkehrungen für das Interview. Zu der angesetzten Zeit wurden wir abends in den kleinen Raum geführt, wo wir uns im Halbkreis auf dem Boden niederließen. Baba trat ein, schloß den Kreis und wandte sich an jeden einzelnen von uns. Wieder einmal ließ uns seine Gegenwart alle Beschwerlichkeiten vergessen. Mit einemmal waren wir alle fröhlich.

Dann änderte sich sein Verhalten. Er wurde distanziert und abwesend, unpersönlich. Er materialisierte etwas Vibhūti. Nach langem Schweigen wandte er sich wieder an jeden von uns, sah aber eigenartigerweise über unsere Köpfe hinweg und lächelte von Zeit zu Zeit.

Ab und zu fragte er jemanden nach seinem Namen und schien dann in einen Traumzustand zu versinken, nickte, lächelte und lachte sogar, als ob er mit einem unsichtbaren Wesen spräche. Manchmal bewegte er die Hand, mit der Handfläche nach oben gerichtet, in langsamen Kreisen und dann wieder machte er eigenartige Bewegungen mit den Fingern, als wolle er etwas in die Luft schreiben. Als ihn schließlich jemand fragte, was er denn da täte, erwiderte er, daß wir es vielleicht am besten verstehen könnten, wenn er es so erklärte, daß er die Gedanken der Menschen lese und mit seinen Devotees spreche.

So verfuhr er mit fast jedem in der Gruppe. Und obwohl er mit keinem von uns persönlich sprach, genossen wir es einfach, in seiner Gegenwart zu sein. Er machte einige Voraussagen: z. B. daß die Frau meines Bruders bald schwanger werden und ein Mädchen bekommen würde und daß sie bereits einen Sohn habe. Zu den anderen machte er ähnliche Bemerkungen. Was er sagte, erwies sich als richtig. Mein Bruder und meine Schwägerin hatten einen hübschen Sohn, David, und bald nach der Reise wurde Nancy schwanger und hat nun eine reizende Tochter mit Namen Deborah.

Baba fragte dann Donald, ob er ihn allein sprechen möchte, und sie gingen in den angrenzenden Raum, der durch einen Vorhang abgetrennt war. Sie blieben da für einige Minuten, und als sie wieder erschienen, schaute mein Bruder irgendwie betreten und verlegen drein, Baba aber strahlte vor Freude. Er sagte, wir könnten jetzt gehen, er würde uns am Morgen – jeden zu einem persönlichen Interview – wiedersehen.

Draußen erzählte uns mein Bruder dann, daß ihn Baba in den anderen Raum geführt und ihn dort umarmt hätte. Er hätte dann zu ihm gesagt: „Hast du Angst?“ Donald antwortete, er käme sich ein wenig komisch vor und Baba sagte, das brauche er nicht und hätte ihn noch einmal umarmt. Donald war sehr verwirrt, denn er wußte nicht, wie er Babas Handlungsweise deuten oder auf sie reagieren sollte; in seinem Kopf ging alles drunter und drüber.

„Ich verstehe einfach nicht, warum nicht jeder schreit: ‚Ich schmeiß’ das Handtuch’ und dann abreist“ – Don staunte über das Durchhaltevermögen von uns Leuten aus dem Westen, die es tatsächlich in dieser primitiven Umgebung aushalten konnten. Von Zeit zu Zeit, wenn ich meinen Bruder ruhig und von der Sonne betäubt dasitzen sah, fragte ich ihn, wie er sich fühle. „Noch schmeiß’ ich das Handtuch nicht!“ war seine stereotype Antwort. Ich wußte jedoch nie, ob er dabei nun lächelte oder die Zähne zusammenbiß. Am Morgen nach dem Interview wachten wir nach einer unruhigen und unbequemen Nacht auf dem Betonfußboden – unsere billigen Luftmatratzen waren undicht geworden – sehr zeitig auf. Mein Bruder richtete sich halb auf den Ellenbogen gestützt auf, drehte sich um und tippte mir auf die Schulter. Ich öffnete ein Auge und sah, wie er sich schwerfällig zu mir heranzog. Ein paar Sekunden lang war es ganz ruhig, dann hörte ich ihn mit rauher noch belegter Stimme flüstern: „Ich schmeiß’ das Handtuch.“

„Was soll das, Donald“, fragte ich.“

„Du hast es eben gehört: Ich gebe auf.“ Er schwieg eine Weile und fuhr dann fort: „Weißt du, ich komme einfach nicht dahinter. Während der ganzen letzten Woche habe ich Paul beobachtet, wie er schwitzend und krank mit Durchfall dort drüben unter seinem Moskitonetz liegt und trotz allem nicht aufgibt – wie können die Menschen das nur so lange aushalten?“ Donald stützte sich wieder auf seinen Arm: „Paul!“ Am anderen Ende des Raums rührte sich etwas. „Ich kann nicht verstehen, warum du noch nicht aufgegeben hast.“

Paul bewegte sich wieder: „Wißt ihr, wo ich das nächste Taxi kriegen kann, um von hier wegzukommen?“

Wir bereiteten uns hastig auf das kommende Interview vor, stellten uns nach dem Frühstück am Tempel auf und warteten. Nach kurzer Zeit schon wurden wir in einen kleinen Raum geführt und setzten uns wieder in einem Halbkreis um Babas Stuhl herum. Ich kam gleich rechts vom Stuhl zu sitzen, und Sharon saß neben mir. Baba kam strahlend herein und verbreitete wie üblich eine Atmosphäre der Liebe und Offenheit.

Er begann das Interview, indem er ein wenig mit uns sprach und machte dann eine knappe, kreisförmige Bewegung mit der Hand, um einen Berg Kandiszucker zu materialisieren, der zehn oder zwölf Zentimeter hoch von seiner Handfläche aufragte. Jeder von uns bekam ein schönes Stück davon. Mir war, als hätte ich mich in ein Kind verwandelt, das in einem wunderbaren Märchen zu Füßen des Nikolaus sitzt. Und ich darf hier zufügen, daß ich schon gesehen habe, wie die ernstesten, härtesten und arrogantesten Menschen zu Babas Füßen wieder zu Kinder wurden.

Er rief meinen Bruder zu sich und wies ihn an, sich zu seiner Rechten direkt vor mich zu setzen. Seine Augen funkelten, als er Donald fragte, was er sich wünsche. Dann bewegte er seine Hand und materialisierte einen wunderschönen Ring aus schwerem Metall mit kleinen, goldenen Abbildungen seines Elefanten, Sai Gita, an den Seiten und einem goldgefaßten Bild auf der Oberseite. Er schob den Ring auf Donalds Finger, und er paßte ihm genau. Donald strahlte, ich fühlte ein Kloß in meinem Hals, und Sharon fing an zu weinen.

Ich war so glücklich darüber, daß Baba meinen Bruder ein so schönes Geschenk gemacht hatte, ihm seine Liebe zeigte und uns allen seine große Macht vor Augen führte, daß ich selbst kaum die Tränen zurückhalten konnte. Baba sagte ihm, daß er ein langes, gesundes und glückliches Leben vor sich habe und ein sehr guter Arzt sein würde. Dann begannen die Anwesenden Fragen zu stellen. Woraus sollten wir erkennnen, daß er bei uns ist, wenn wir doch so weit entfernt von ihm lebten? Er wandte sich einer Frau in der Gruppe zu, die er bisher noch nicht angesprochen hatte. „Sie weiß, wann Baba bei ihr ist", und plötzlich wurde sie rot vor Aufregung und begann zu weinen.

Später erzählte sie uns dann eine Geschichte, wie ihr zu Hause in den USA seine Gegenwart zum ersten Mal bewußt geworden wäre. Gegen den Rat ihrer Familie hatte sie ihre Mutter aus einem Pflegeheim zu sich nach Hause geholt. Sie hatte das aus reiner Liebe getan, obwohl es eine schwierige und mühevolle Aufgabe war. Ihre Mutter konnte nichts bei sich behalten und brauchte ständig jemanden um sich herum, aber die Tochter kümmerte sich voller Hingabe um sie.

Im Laufe der Zeit fühlte sie immer öfter, wie spontane und unerklärliche Wellen eines wunderbaren Gefühls sie durchströmten, wenn sie das Zimmer ihrer Mutter betrat. Sie konnte sich die Ursache nicht erklären, glaubte aber, eine unbekannte und doch vertraute Gegenwart zu spüren und identifizierte ihr Gefühl als Liebe. Dann hörte sie von den Sai-Baba-Zusammenkünften bei Elsie Cowan und beschloß einmal hinzugehen.

Gleich beim ersten Mal traf sie Elsie, die ihr ein Stück von Babas Gewand zum Anfassen gab. Als sie es berührte, war sie plötzlich wie elektrisiert und verspürte eine krampfartige Ekstase. Während des Interviews mit Baba wurde ihr klar, daß er ihr Erlebnis kannte und es sie auf diese Weise wissen lassen wollte.

Baba materialisierte weitere Gegenstände und sprach voll tiefer Kenntnis mit jedem über den Betreffenden selbst und gab Ratschläge. Eine Frau klagte über Beschwerden mit ihren Augen, und als Antwort materialisierte er ein Medaillon und wies sie an, dieses Medaillon ins Wasser zu legen und täglich ein paar Tropfen von dem Wasser in ihre Augen zu träufeln.

Dann sprach Baba mit jedem von uns privat. Lila bat um etwas, worum sie seit Monaten gebeten hatte. Er reagierte auf ihren Wunsch. Mit funkelnden Augen und einem liebevollen Lächeln trat er spielerisch einen Schritt zurück und antwortete ihr mit genau den Worten, die sie in ihren Gebeten an ihn benutzt hatte. Ausgeschlossen, daß er diese Worte von jemand anderem erfahren haben könnte. Sie war überwältigt.

Als Antwort auf die Sorgen und Wünsche meiner Frau in bezug auf unsere Kinder sprach er auf eine Art über sie, die in ihren Augen sein ganzes Wissen um die Persönlichkeit eines jeden einzelnen widerspiegelte – und er materialisierte ein Medaillon für eines der Kinder. Mir sagte er, ich solle mir keine Geldsorgen machen und unterhielt sich mit mir über meine spirituelle Entwicklung.

Zu wissen, daß er meine innersten Wünsche und Sehnsüchte kannte, erfüllte mich mit Glück. In Antwort auf meine Frage, ob ich mehr Zeit in seiner Gegenwart verbringen dürfte, sagte er: „Zuerst mußt du deinen Pflichten zu Hause nachkommen. Du wirst mehr Freiheit haben, wenn die Kinder erwachsen sind."

Als wir wieder alle zusammen auf dem Boden saßen, fuhr Baba mit seiner Hand durch die Luft und materialisierte acht Visitenkarten mit seinem Bild und seiner Adresse und reichte jedem eine. Er sei immer bei uns, sagte er dazu. Nach all dieser Ermutigung und Liebe verteilte er kleine Päckchen mit Vibhūti.

Die Materialisationen während des Interviews waren natürlich beeindrukkend. Aber auf mich machten seine unfehlbaren Kenntnisse eines jeden einzelnen von uns und seine Fähigkeit, mir zu beweisen, daß er tatsächlich und wortwörtlich immer bei uns ist – auch wenn wir ihn körperlich nicht wahrnehmen können – den größten Eindruck. Dieses konkrete Erleben der Allgegenwart eines liebenden Wesens – eines Erlebnisses, das für ein ganzes Leben anhält und es mit einem tiefen Gefühl der Zuversicht und Sicherheit erfüllt – ist ein wunderbares Geschenk.

Eine Reihe von Fragen wurden mir auf dieser Reise beantwortet. Warum zum Beispiel Baba, der doch so großartig und mächtig sein soll, es zuließ, daß in seinem Āshram so unangenehme Zustände herrschten. Anfänglich verwirrte mich das ganz schön, und schließlich beantwortete ich die Frage wie folgt: Vielleicht war es nicht fair, die Zustände im Āshram gerade zu dieser Zeit zu beurteilen, denn wir kamen gerade während einer Periode des Bauens an, und in solch einer Situation gibt es nun einmal Unannehmlichkeiten. Und schließlich wurde trotzdem niemand abgewiesen, und alle wohnten kostenlos.

Und dann: Das Leiden ist eine weithin verbreitete Tatsache in dieser Welt – was in meinen Augen allerdings kein Beweis gegen die Existenz Gottes ist. Es ist mir völlig klar, daß wir alle selbst verantwortlich sind für unsere Entscheidungen – ob richtig oder falsch, gut oder schlecht – und daß unsere jeweilige Situation immer eine Folge unserer eigenen Handlungen ist, die wir in diesem oder vielleicht sogar in früheren Leben ausgeführt haben. Wir selbst tragen die Verantwortung, uns gegenseitig zu dienen und zu heilen.

Ich fange an, die Idee des Karma zu akzeptieren: Wir ernten, was wir säen. Was wir tun, sei es gut oder schlecht, fällt auf uns zurück. Und wir selbst sind dafür verantwortlich, uns aus dem Morast herauszuziehen, in den wir uns selbst gebracht haben; es ist töricht und zwecklos, diese Verantwortung auf einen andern zu schieben. Es ist leicht, sich von der Begeisterung für Baba mitreißen zu lassen – trotz all den Änderungen, die man an den eigenen Vorstellungen vom Wesen der Wirklichkeit vornehmen muß und all den Schlägen, die die bisherigen Anschauungen erleiden – so daß wir uns leicht zu der Annahme verleiten lassen, er würde genau so lenken, wie wir es gerne hätten – nicht nur auf der spirituellen Ebene, sondern auch im physischen Bereich. Wenn die Grenzsteine unserer ‚Realität' wegfallen, stolpern viele von uns recht verloren durchs Leben und versuchen sich an Gott zu klammern, um eine Richtung zu finden. In diesem Stadium verliert man leicht den Sinn für die richtige Perspektive und die eigene Verantwortung. Dasselbe geschieht mit uns, wenn wir von Baba zum Beispiel erwarten, daß er die Verantwortung für die Zustände im Āshram übernimmt – einen Zauberstab schwingt und – Hokuspokus – alles rein und schön macht.

Es leuchtet mir immer mehr ein, daß Baba auf die Erde gekommen ist, um den Menschen zu helfen, an die Existenz einer höheren Wirklichkeit und die Wirksamkeit der spirituellen Gesetze zu glauben, damit wir die innere Stärke bekommen, uns für den rechten Weg zu entscheiden und beständig daran zu arbeiten, unsere Lebensbedingungen zu verbessern. Wenn irgendeine überirdische Macht all unsere Krankheiten heilen und die Armut beseitigen würde, uns jedoch auf unserem gegenwärtigen Bewußtseinsniveau allein ließe, so würden wir uns bald wieder gegenseitig an die Gurgel gehen, und sehr bald würde die Welt sich wieder im gleichen Chaos befinden.

Ich lerne ständig mehr über Yogakräfte oder Siddhis. Viele Yogīs – und auch Baba – haben gesagt, daß man durch diese Kräfte häufig vom spirituellen Weg abgelenkt wird. Ich habe inzwischen selbst Menschen gesehen, die von diesen Kräften so fasziniert sind, daß sie das eigentliche Ziel des Einswerdens mit Gott völlig aus den Augen verlieren. Baba macht uns darauf aufmerksam, daß der spirituelle Führer genauso ein Opfer dieser Versuchung werden kann, wie der Sucher.

Sai Baba will uns vor dem Irrtum bewahren, in ihm einen Anwärter auf spirituelle Vervollkommnung zu sehen, der so niederen Tendenzen nachgeben könnte. Die außergewöhnlichen Dinge, die er tut, seien einfach Teil seines ureigenen Wesens, sagt er, denn er sei ein Avatāra, jenseits von Karma und Übel, jenseits von Raum und Zeit, jenseits von einer Klassifizierung jeglicher Art... und jenseits der Dualität. Seine Kräfte sind lediglich ein Ausdruck der Tatsache, daß er überall und allzeit mit allem eins ist.

Als er einmal über die außergewöhnlichen Dinge sprach, die Millionen von Menschen ‚Wunder' nennen, sagte Baba: „Sie gehören in den Bereich der natürlichen, unbegrenzten Kräfte Gottes und sind auf keinen Fall ein Produkt von Siddhis wie bei Yogīs oder magischer Kräfte wie bei den Zauberern. Die schöpferische Kraft ist in keiner Weise angeeignet oder entwickelt worden, sie ist rein natürlich. Svāmī erschafft einige Gegenstände in genau der gleichen Weise, wie er das Universum erschuf. Bestimmte andere Gegenstände werden von Orten herbeigeschafft, an denen sie bereits existierten. Es gibt da keine unsichtbaren Wesen, die Svāmī helfen, Dinge herbeizuschaffen. Sein Sankalpa, sein göttlicher Wille, schafft den Gegenstand im Hand-Umdrehen herbei. Er ist überall."

Die meisten Menschen mit paranormalen Fähigkeiten kennen ihre Grenzen. Das Ausmaß ihrer Kräfte kann ziemlich genau definiert werden. Gewöhnlich haben diese Menschen das Gefühl, daß sie ‚Kanäle' oder Medien sind, die mit einer höheren Sphäre der Wirklichkeit in Verbindung stehen – vielleicht auch von ihr benutzt werden. Auf jeden Fall spielen sie mit ihren Fähigkeiten in dieser Sphäre eine untergeordnete, demütige Rolle. Im Gegensatz dazu zeigen sich Babas Kräfte als grenzenlos. Baba bestätigt nicht nur, daß es andere Dimensionen der Realität und tiefere Ebenen des Bewußtseins gibt – und einen Weg dahin –, sondern auch, daß er selbst diese anderen Dimensionen in sich einschließt – er ist die andere Wirklichkeit und gleichzeitig der Weg, der in sie führt. Es gibt keine Trennung zwischen ihm und irgendeiner anderen Dimension, ebensowenig wie zwischen Ihm, Ihnen und mir.

Trotz seiner unumschränkten Macht findet man bei Baba nicht das gerinste Anzeichen einer selbstherrlichen Attitüde oder so etwas wie Imagepflege. Was man findet ist Geben, Lehren, Liebe. Ich habe viele persönliche und berufliche Erfahrungen mit Menschen und ihren verschiedenen Handlungsmotiven gesammelt. Aber noch nie zuvor ist mir jemand begegnet, der auch nur andeutungsweise Babas Verhaltensweise gehabt hätte. Für mich ist es das bewegendste Wunder, das ich je erlebt habe.

Auch die Bedeutung des Sanskrit-Begriffs, Māyā wird mir allmählich klar – der Begriff von Māyā als der trügerischen Natur dessen, was wir gemeinhin als Wirklichkeit betrachten, und der Grund dafür, daß uns unsere Sinneswahrnehmungen, Gedanken und Gefühle eine Vorstellung von der Welt vermitteln, die reine Illusion ist.

Daß Sinne und Gefühle unseren Blick vernebeln, uns Scheuklappen aufsetzen und uns damit vom spirituellen Weg abbringen, wurde mir klar bei meinem Gefühl des körperlichen Unbehagens und bei meiner Reaktion auf all die Krankheiten, die Armut und Primitivität, die in Puttaparthi herrschen und die mich fast um den Genuß der Herrlichkeit Sai Babas betrogen hätten.

Viele Menschen, die zu Baba kommen, müssen durch schwere Prüfungen gehen, durch die sie lernen, in welche Ausweglosigkeit und Enttäuschung sie ihre Wünsche und Begierden führen. Einige werden so sehr verletzt, daß sie sich zornig von Baba abwenden. Für die meisten aber wird es doch in dem Augenblick, in dem sie vor die Wahl gestellt sind, entweder ihre Wünsche oder Sai Baba aufzugeben, doch klar, daß es nicht Baba sein kann, der weichen muß.

Ich sah ein, daß es mir nicht bestimmt war, in Prashānti Nilayam zu bleiben und daß ich einen Weg finden mußte, meine Beziehung zu Baba zu festigen, während ich weiter in Amerika lebte und meiner Arbeit nachging. Ich hatte Baba öfters sagen hören, daß man nicht einfach alles liegen und stehen lassen darf und sich in Höhlen verkriechen, oder in die Einsamkeit der Berge, sondern daß man seine Pflicht dort ausüben muß, wo man nun einmal hingestellt ist. Man soll der Gemeinschaft dienen, und die Beziehung zu Baba vertiefen, indem man ständig mehr von seinen Lehren im täglichen Leben in die Praxis umsetzt.

Ich erkannte, daß Baba wesentlich größer als seine körperliche Gestalt ist. Baba ist weit mehr, nämlich die Verkörperung seiner Lehren , seiner Liebe, seiner Wahrheit, seiner Fürsorge. Nach und nach begriff ich, wie vergeblich unsere Versuche doch sind, ihm auf der physischen Ebene nahe zu kommen. Ich begriff, daß ich wirklichen Kontakt mit ihm nur herstellen kann, wenn ich auf spiritueller Ebene eins mit ihm werde. Ich muß seine Lehren und seinen Geist immer fester in das Gefüge meines Lebens einbringen, bis ich Er werde.

Verbrennen zu Asche

Nach meiner Rückkehr von der zweiten Reise entschied ich, daß es nicht wichtig ist, in Babas Nähe zu leben, sondern vielmehr geistig und spirituell mit ihm verbunden zu sein und ihn ständig im Herzen und in den Gedanken zu haben. Ich fing an, seine Lehren eingehender zu studieren und machte den ernstlichen Versuch, sie in meinem täglichen Leben in die Tat umzusetzen.

Ich begann mich selbst durch Yoga und Meditation zu disziplinieren; anfangs nur kurze Zeit und unregelmäßig, dann regelmäßig zweimal morgens und abends. Je intensiver ich mich in dieser Praxis übte, desto größer wurde meine Freude daran, und ohne daß es mich besondere Mühe gekostet hätte, dehnte ich die Zeit, die ich ihnen widmete, immer mehr aus. Ich ging zu Bhajantreffen und gründete selbst eine Studiengruppe, so daß ich auf diese Weise einige Male in der Woche mit anderen Baba-Anhängern zusammentreffen konnte, um mit ihnen zusammen Texte zu besprechen und Andachten abzuhalten.

Es faszinierte mich zu beobachten, wie sich die Dinge entwickelten. Meine gefühlsmäßigen und geistigen Reaktionen änderten sich in einem Maße, wie es in all den Jahren der Psychotherapie nicht der Fall gewesen war. So wie ein starker und beständiger Wind die Wolken vertreibt, die unsere Sicht behindern, so begannen meine spirituellen Übungen eine innere Dimension freizulegen, die ich zuvor nicht einmal erahnen konnte. Sicher hatte ich schon von anderen Menschen gehört, daß sie solche Dinge wie Licht, Ausdehnung, Zeitlosigkeit und grenzenlose Liebe erfahren hatten; ich hatte das aber immer für Einbildung und Illusion gehalten. Jetzt war meine Neugier auf diesen weiten, noch unentdeckten Teil meines Ichs erwacht. Ebenso wie der Orgasmus eine physische und emotionale Befreiung auslöst, wenn man eine gewisse sexuelle Reife erlangt hat, konnte es ja auch sein, daß in dieser inneren Dimension Mechanismen verborgen sind, die uns, wenn wir sie erst einmal erschlossen haben, zu einem Freiwerden für höhere Bewußtseinsebenen verhelfen... ?

Ich habe es mir zur Gewohnheit gemacht, die Studenten, die ich in Psychiatrie unterrichte, zu fragen, ob sie meditieren. Praktisch keiner der Psychiater, die ich gefragt habe, meditiert regelmäßig, und nur ein oder zwei haben es überhaupt jemals versucht. Vielen ist der ganze Vorgang völlig unbekannt – und das bei Menschen, deren Aufgabe es eigentlich ist, geistige und emotionelle Probleme zu beheben und sich angeblich mit der inneren Welt befassen. Was ist aber nun Meditation, wenn nicht genau das – Beschäftigung mit dem Innen.

Es gibt viele Meditationstechniken, aber allen ist gemeinsam, daß sie uns in einen Zustand versetzen, in dem man nicht mehr von Hintergrundgeräuschen, Gedankenfetzen, Phantasien und Gefühlen gestört wird. In dieser Stille können wir das Ewige erleben. „Stellt euch die Leinwand in einem Kino vor", sagt Baba. „Wenn der Film läuft, seht ihr nicht die Leinwand, sondern nur das Stück, das vorgeführt wird; ist die Vorführung dann vorüber, seht ihr nur eine Leinwand, eine Leinwand ohne Aussage über Stimme, Namen, Form, Farbe oder Glauben. Das ist Brahman. Ein Seil sieht im Dunklen wie eine Schlange aus und im Kino ist die gesamte Leinwand durch den Film unsichtbar geworden.

Was können wir daraus lernen? „Zuerst bist du im Licht – dann ist das Licht in dir – und schließlich bist du eins mit dem Licht", sagt Baba. Er lehrt, daß ich das Licht der göttlichen Energie zunächst als etwas erlebe, was abgetrennt und außerhalb meiner selbst ist, danach als etwas, was mich durchdringt und erfüllt und schließlich als etwas, was zwar immer noch eigenständig ist, seinen Ursprung aber nun in meinem Innern hat. Das letzte Stadium ‚du und das Licht sind eins', in dem man sich selbst als Licht erlebt, spiegelt den Zustand wider, in dem man die Dualität hinter sich gelassen hat und in dem man mit dem Ātman oder universellen Selbst, dem Gott in uns, eins wird.

Als ich die Erregung und die unbändige Freude des Entdeckens während der Meditation kennenlernte und in Baba einen großen Wissenschaftler und Meister des Bewußtseins zu sehen begann, stellte sich auch wieder die Sehnsucht nach seiner Nähe ein. Ich wollte ihn insbesondere über die verschiedenen Stufen der Meditation befragen und seine Anweisungen dann genau befolgen, damit ich mein Bewußtsein zu den neuen Dimensionen erweitern könnte, die sich vor mir auftaten. Außerdem hatte ich Baba bereits sechs Monate lang nicht mehr gesehen, und so war der Gedanke, wieder mit ihm zusammenzusein und die Seligkeit, die von ihm ausgeht, aus nächster Nähe zu spüren, sehr verlockend. Nun, Indra Devi hatte vor, bald zu reisen und nach einer minimalen Bedenkzeit beschloß ich, sie zu begleiten. Und so machte ich mich ein drittes Mal auf nach Indien.

Diesmal war ich schon ein alter Hase, was die Reise anbelangte – sie war angenehm und ich freute mich über die Gelegenheit allein zu sein, lange meditieren zu können, einfach dort zu sitzen und völlig in das Erleben Babas einzutauchen. Nach dem langen Flug landeten wir in Bombay, dessen Anblick mir schon vertraut und nun auch äußerst erfreulich war – ein wirklich psychedelisches Erlebnis. Diese Gerüche, Eindrücke, die Bewegung – sich in all dieser herrlichen Betriebsamkeit verlieren – ja, ich begann das Indien, das ich kannte, immer mehr zu lieben.

Spät am Abend kamen wir in Bangalore an und erfuhren, daß sich Baba in Brindavan, seiner Sommerresidenz aufhielt. Zeitig am nächsten Morgen saß ich in einer Reihe mit dreißig anderen Amerikanern und hunderten von Indern, am Rand eines Fußwegs und wartete darauf, daß er aus dem Haus käme. Neben mir saß ein Reisegefährte, ein junger Maler aus Santa Barbara. Als ich das organgefarbene Gewand auftauchen sah, beschleunigte sich mein Herzschlag, und das wohlbekannte, lang ersehnte Gefühl von Liebe und Erregung war wieder da. Baba kam in seinem fließenden Gang glückstrahlend den Weg entlang. Er war ein himmlischer, schöner Anblick. Schon zu spüren, wie alles in mir zu schwingen begann, war ein Wunder für sich.

Wir saßen rechts von Baba. Etwa drei Meter von uns entfernt wandte er sich einer Gruppe von Menschen zu, die auf der anderen Seite des Weges saßen und ließ seine rechte Hand in der gelassenen, majestätischen Art, die mir so vertraut war, kreisen. Plötzlich – den Ärmel hatte er aufgerollt – war Vibhūti, die heilige Asche, in seiner Hand. Steve, der Maler, rückte näher zu mir heran und sagte mit fast unhörbarer Stimme: „Allein dafür hat sich die Reise gelohnt." Er schwieg einen Moment und fuhr dann flüsternd fort: „Ich kann fühlen, wie das Karma vieler Jahre von meinen Schultern genommen wird. Ich bin frei! Ich hebe ab!"

Fünfzehn oder zwanzig Minuten lang ging Baba durch unsere Reihen und begrüßte uns mit einem liebevollen Lächeln, dann ging er wieder auf das Haus zu. Plötzlich schaute er in meine Richtung und kam auf mich zu. „Wie geht es deinem Bruder?" fragte er. In dem Moment erinnerte ich mich sehr lebhaft daran, wie Donald mich kurz vor meiner Abreise gefragt hatte, ob ich glaubte, daß Baba sich noch an ihn erinnern würde. „Natürlich, er erinnert sich an jeden", hatte ich geantwortet. Babas Frage würde ich Don als ein großes Geschenk mitbringen können. Mein Lächeln wurde breiter, und mein Herz strömte ihm zu: „Es geht ihm sehr gut, Baba", sagte ich mit einer Stimme, der man das Grinsen, das ich auf meinem Gesicht fühlte, anmerkte. „Gut, gut!" sagte er auf Englisch und lächelte zurück. Dann wandte er sich um und schritt auf das Haus zu. Indra Devi kam zu unserer Gruppe und sagte, wir sollten warten, denn Baba würde uns hereinrufen. Später am Vormittag wurden wir dann in einen großen Raum geführt. An die dreißig von uns saßen schweigend im Kreis auf dem Boden, die Männer auf der einen und die Frauen auf der anderen Seite. Baba erschien in seiner buchstäblich elektrisierenden Aura und ging langsam um die Gruppe herum, lächelte und sah jeden von uns schalkhaft an. Dann bat er Dr. Gokak, für ihn zu übersetzen und nahm Platz, um mit uns zu sprechen und Fragen zu beantworten. Etwa eine halbe Stunde lang sprach er darüber, wie sinnvoll und wertvoll es sei, sein Leben Gott zuzuwenden, der die Wirklichkeit des höheren Selbst ist. „Der Zweck eures Lebens“ sagte er, „ist es, geläutert zu werden.“

Er schien alle Fragen, die uns bewegten, zu beantworten, ohne daß irgendjemand ein Wort gesagt hätte. Seine Schönheit war jenseits aller Beschreibung. Er ließ Erfrischungen reichen, und nachdem wir etwas gegessen hatten, erklärte er, daß er uns zwar heute nicht mehr sehen könne, dafür aber demnächst. Alles ging fort, nur ich war so voller Erregung, daß ich sitzenblieb, entschlossen, solange zu bleiben, bis ich hinausgeworfen würde. Leider ist die Zahl der Menschen, die sich nach Babas Nähe sehnen, so groß, daß immer einige versuchen, aus seiner Gastfreundschaft einen Vorteil für sich zu ziehen, gerade so, wie ich es tat. Heute würde ich natürlich nicht im Traum daran denken, mich ihm so aufzudrängen, aber damals hatte ich in meiner Beziehung zu ihm einfach innerlich noch zu viele Stadien zu durchlaufen, um über die Grenzen zwischen Höflichkeit und Verehrung klar unterscheiden zu können. Da mich niemand hinauskomplimentierte, beschloß ich, bis in alle Ewigkeit zu warten, falls keiner etwas dagegen hatte. Von meinem günstigen Standort aus konnte ich in das Innere des Hauses schauen und sah Baba hin- und hergehen, mit Leuten sprechen, Briefe lesen und andere Dinge erledigen. Ich malte mir aus, daß diese Reise wirklich einmalig verlaufen würde; ich war entschlossen, mich einfach in diesem Vorzimmer niederzulassen und es nie wieder zu verlassen. Dann ging Baba nach oben, um sich auszuruhen, und ich legte mich auf den harten Boden, um auf sein neuerliches Auftauchen zu warten. Ich döste noch vor mich hin, als plötzlich große Geschäftigkeit aufkam. Ein Wagen fuhr vor, Baba erschien mit ein paar Leuten und sprang hinein, Körbe voller Essen wurden eingeladen, und weg war er. Genauso schnell wie dieser Start vor sich gegangen war, verflog auch mein Traum der Nähe zu ihm. Ich stand wieder draußen in der heißen Sonne und war mutterseelenallein. „Wie konnte er mir nur so etwas antun?“ Nur ein paar enge Vertraute hatten gewußt, daß er nach Puttaparthi fahren würde.

Später erfuhr ich, daß er Indra Devi nach Bombay geschickt hatte, um an seiner Stelle vor 200.000 enttäuschten Menschen, die dort sein alljährliches Erscheinen erwarteten, eine kurze Rede zu halten. Was für eine Last sie da aufgebürdet bekommen hatte! Sie rechnete fest damit, daß Baba aus der Ferne helfen würde, die Menschen für ihre Enttäuschung zu entschädigen.

Was mich betraf, so beschloß ich, Baba zu folgen. Zeitig am nächsten Morgen saßen ein Freund von mir und ich im Taxi. Der Tag hatte kühl angefangen. Kurz hinter der Stadt wich die hektische Betriebsamkeit Bangalores dem gemächlichen Erwachen auf dem Lande. Die Straße war in beiden Richtungen einspurig asphaltiert, und oft war für eine lange Strecke niemand in Sichtweite. In meinem Kopf kehrte Ruhe ein, und meine

Aufmerksamkeit wanderte hin zu den Gebirgsausläufern in der Ferne und zu den großen freien Ebenen.

Hin und wieder begegnete uns ein Ochsenkarren. Die großen, schweren Zugtiere wurden von verschlafenen Treibern angetrieben, die – wie ihre Tiere offenbar – in einen traumähnlichen Zustand versunken waren. Die Nähe eines Dorfes wurde uns durch Ziegenhüter mit ihren Herden und durch Frauen in verschlissenen, erdfarbenen Saris angekündigt, die irgendwelche Gegenstände auf ihrem Kopf trugen. Wenn wir durch eine Stadt kamen, mußte ich jedesmal über den Erfindungsgeist der indischen Jungen lachen, die auf Fahrrädern, die ihnen drei Nummern zu groß waren, die tollsten Kunststücke vollbrachten. Der Sattel saß viel zu hoch, und die obere Rahmenstange – wir sahen ausschließlich Herrenfahrräder – hinderte sie daran, das Gleichgewicht richtig zu halten. Und so hingen sie wie Spinnen nach einer Seite hin an den Rädern festgeklammert. Offensichtlich war das Ganze nicht so schwierig, wie es aussah, denn es radelte eine ganze Menge dieser kleinen Burschen so auf der Straße herum.

Die meisten Dörfer waren sichtlich auf Landwirtschaft angewiesen, und das Leben unter der erbarmunglosen indischen Sonne spielte sich in einem fast zeitlupenhaften Tempo ab. Auch nur einen Schritt zu tun, war schon eine Anstrengung. Nach etwas mehr als der Hälfte des Weges kamen wir an einem Dorf vorbei, das abseits von der Straße hinter einer hohen Steinmauer lag. Es wurde erzählt, daß dies vor über 800 Jahren königlicher Besitz gewesen war und daß das Städtchen immer noch floriere.

In Puttaparthi war es drückend heiß. Fast niemand ließ sich draußen blicken. Nachdem wir in einem der Schlafsäle von Prashānti Nilayam einen Platz gefunden und ein paar Mangos gegessen hatten, ließen wir uns in der Nähe des Tempels nieder und warteten auf Babas Erscheinen, auf seinen täglichen Darstan. Der Āshram war seit meinem letzten Hiersein erheblich gewachsen. Da diesmal nur wenige Menschen hier waren, sah das Gelände wesentlich sauberer aus und machte einen ruhigen Eindruck. Es herrschte die gleiche Atmosphäre der Heiligkeit – die gleiche erhabene Stille, und die Sonne schien alles weiß und rein zu backen.

Auch die gleiche Erregung lag wieder in der Luft, als sich die Devotees zum Darshan versammelten, und auch die Bhajans waren erfüllt vom Klang der Hingabe wie damals. Wir freuten uns zu hören, daß Baba am nächsten Morgen zur Grundsteinlegung einer nahen Schule kommen würde, die nach seiner Mutter benannt werden sollte. Wir würden dann mehr von ihm zu sehen bekommen.

Wie unberechenbar Baba doch ist! Am nächsten Tag gingen einige von uns und ich zu dem Gelände, wo der Grundstein gelegt werden sollte und fanden dort kaum eine Menschenseele vor. Als Baba schießlich eintraf, hatten sich nicht mehr als zwanzig oder dreißig Menschen und ein paar räudige Hunde versammelt, um ihn zu begrüßen. Ich konnte nicht verstehen, warum er es vorgezogen hatte, hier zu erscheinen, wo doch in Bombay 200.000 Menschen seine Anwesenheit erwarteten. Ich nahm es einfach so hin, wie es war und genoß die Situation.

Baba kam langsam, fast schlendernd daher, anmutig und doch kraftvoll. Er trug ein flammend orangefarbenes Gewand, das einen Ton dunkler war, als ich es bisher an ihm kannte. In seinen Händen hielt er zwei Kokosnüsse, die er geschickt zerbrach, indem er sie aneinander schlug. Dann versprengte er die Milch auf der Erde, materialisierte etwas Vibhūti und streute es über die Milch. Er war so voller Wohlwollen... Nach der Zeremonie nahm er einen Korb voller Plätzchen und verteilte sie eigenhändig. Es überrascht einen zu sehen, wie sorgfältig Baba vorgeht, wenn er in so einer liebevollen Geste Süßigkeiten austeilt. Er läßt niemanden aus. Bei dieser kleinen Versammlung dabeizusein, war ein besonders fröhliches Erlebnis. Die kleinen Kinder, die fröhlich herumsprangen, ihre lachenden Gesichter und ihre begierig ausgestreckten Finger ... Und dann sich vorzustellen, wie währenddessen 200.000 Menschen in einem Stadion in Bombay sitzen und warten.

Das Gerangel, das Lachen und die Erregung dieser kleinen Bande versetzte mich für einen Augenblick in meine eigene Kindheit. Der Höhepunkt des ganzen Ereignisses trat für mich ein, als Baba ganz nahe zu mir kam, auch mir einige Plätzchen gab und mir in dem Durcheinander auf die große Zehe trat. Von der Spitze jener Zehe bis hinauf zum Scheitel füllte es mich mit Freude.

Am nächsten Tag war Baba wieder in Brindavan und lud uns zu einem großen Bhajansingen ein. Es hieß, er würde bei den religiösen Liedern unser Vorsänger sein, und danach sollten wir ihm vorsingen. Indra Devi meldete sich zu Wort und sagte, viele Amerikaner könnten Bhajans singen. Ich selbst kannte nur ein einziges Lied und hoffte inständig, daß Baba mich zum Singen auffordern würde, ehe jemand anderes mir zuvorkäme. Baba schien Gefallen an diesem Vorschlag zu finden. Er zeigte auf eine junge Frau, die mir gegenüber saß und bat sie zu singen. Mein Herz setzte aus: Sie sang eben jenes einzige Lied, das ich kannte. Wir fielen ein, klatschten dazu den Rhythmus mit den Händen und waren voll von jener inneren Erregung, die aus tiefer Hingabe kommt. Ich beschloß mich ganz still zu verhalten, mehr oder weniger mich in die Wand zu verkriechen und ja nicht aufzufallen. Dann aber sagte Indra Devi mit strahlendem Gesicht und zu meinem größten Unbehagen: „Oh, Dr. Sandweiss hält wöchentlich einen Bhajanabend in seinem Haus ab, er kann auch singen." Da hatten wir den Salat.

Baba wandte sich zu mir: „Fang an!" sagte er. Ich druckste herum, hüstelte, räusperte mich und sagte schließlich: „Baba, der einzige Bhajan, den ich kenne ist ‚Ganesha Sharanam', und der ist bereits gesungen worden." Da keine Antwort kam, beschloß ich, meinen einzigen Bhajan zu singen.

Vielleicht würde er die Wiederholung hinnehmen, wenn ich mit besonders großem Enthusiasmus sänge. Aber nach den ersten beiden Worten winkte Baba ab und sagte: „Nein, nein – das ist schon gesungen worden." Ich fiel geschlagen und vernichtet auf meinen Platz zurück. Es dauerte zwei oder drei Tage, bis ich die Verletzung überwunden hatte. Ich beschloß, mehr Bhajans zu lernen.

Baba legt großen Wert auf das Singen dieser religiösen Lieder; sie sollen eine starke Wirkung auf unsere Meditation und unsere spirituelle Verfassung haben. Das Singen geht folgendermaßen vor sich: Jemand singt eine Strophe, und die Gruppe wiederholt sie dann. Alle Worte eines Bhajans sind Sanskritnamen für Gott, wie er in den verschiedenen Formen und Aspekten erschienen ist. Angeblich erzeugen sie durch ihren Klang Schwingungen, die spirituelle Zentren in den Menschen aufschließen, die ihnen zuhören. Viele der Worte werden als Mantras benutzt.

Nach dem Singen, als alle schon gehen wollten, nahm Baba einen der freiwilligen Helfer, der schon seit Jahren für ihn arbeitete, beiseite. Sofort waren beide umringt von einem Haufen indischer Jungen. Wir schoben uns alle näher heran, und dann wurden unsere Blicke von der typischen kreisenden Handbewegung wie in einen Strudel, den er in der Luft zu erzeugen schien, hineingezogen. Plötzlich glänzte etwas silbern in seiner Hand auf – eine wunderschöne Uhr. Der Mann, der sie bekam, war ganz überwältigt und ergriffen.

An diesem Abend wurden wir wieder zum Bhajansingen eingeladen. Eine amerikanische Gesangsgruppe war eingetroffen, die sich ‚Lite Storm' nannte und die eine Platte mit amerikanischen Bhajans besungen hat. Sie spielten ihre Gitarren, Trommeln und andere Instrumente und wechselten sich im Singen mit den Indern ab. Baba eröffnete den Abend mit der schönsten, klarsten, erregendsten Stimme, die man sich nur vorstellen kann, und gab damit den Ton an. Es wurde ein hoch spiritueller Abend. Wir erlebten einen greifbaren Beweis dafür, wie die Liebe und das frohe Singen des Namens Gottes Menschen verschiedenster Herkunft vereinen können. Im gemeinsamen Erleben der Sehnsucht nach Gott, der Liebe und dem Einswerden mit Gottes Größe fühlten wir uns alle aufs engste miteinander verwandt.

Baba widmet den Schülern seiner Schulen besondere Aufmerksamkeit. Sie dürfen immer um ihn sein, und die Freude und die Bewunderung auf ihren jugendlichen Gesichtern legt beredtes Zeugnis davon ab, wie nahe sie ihm so im ständigen Kontakt stehen. An diesem Abend saßen zwanzig oder dreißig dieser jungen Leute zu seinen Füßen. Ihre Sicherheit und die Leichtigkeit, mit der sie die schwierigsten Bhajans sangen, ihre musikalischen, ausdrucksvollen Stimmen, die sorgfältige Aussprache der Worte und ihr inniges, hingebungsvolles Betragen zeigten deutlich, wie sehr das Erbe dieses wunderbaren Landes der Spiritualität in ihnen lebendig war.

Die Gitarren, Bongotrommeln und die Rockmusik-Anklänge im Gesang der westlichen Gruppe, die nur die einfachsten Bhajans sang, bildete dazu einen krassen Gegensatz. Dennoch fühlten wir alle, daß die Inder unsere Sehnsucht verstanden und wir die ihre. Im Herzen waren wir alle eins.

Liebe, Respekt und ein tiefes Gefühl des Verwandtseins – ungeachtet der Herkunft, der Nationalität oder der Religion – erwachen unter solchen Bedingungen. Wärme erfüllte mich, und ich dankte Baba dafür, daß er mich erkennen ließ, wie wir alle zu Brüdern werden, wenn wir mit dem Vater in Berührung sind. Kein Zweifel, daß alle Menschen auf der Welt dasselbe empfinden würden, wenn sie nur irgendwie begreifen könnten, daß Gott tasächlich unser aller Vater ist.

Einer der wichtigsten Aspekte Babas, finde ich, ist sein Shiva-Aspekt – der des Zerstörers. In der Hindu-Religion werden die drei Haupt-Wesenheiten Gottes – Schöpfer, Erhalter und Zerstörer – mit den Namen Brahmā, Vishnu und Shiva bezeichnet. Als ich anfing, den Hinduismus kennenzulernen, fragte ich mich, warum man wohl den Zerstörer-Aspekt der Gottheit anbeten sollte, aber als sich dann meine Beziehung zu Baba vertiefte, erkannte ich bald dessen Bedeutung.

Ich habe schon erwähnt, daß ich immer, wenn ich Baba ein Stückchen näher komme, ein Gefühl des Zerstörtwerdens durchmache, auch wenn ich mich innerlich noch so gut vorbereitet habe. Dieses Gefühl entsteht immer dann, wenn ich mich zu sehr an meinen Verstand klammere – mit seiner nahezu unbegrenzten Fähigkeit zu zweifeln – und an die Emotionen , die mich immer schnell aus dem Konzept bringen. Wenn Baba mich ignoriert, bin ich verletzt und schmolle. Wenn er mich ermahnt, kurzlebigen Freuden nicht nachzugehen, ärgere ich mich über einen so banalen Rat. Wenn es so aussieht, als mache er einen Fehler, denke ich, daß das doch wohl nicht die Art Gottes sein kann. Wenn er Leiden gestattet, zweifle ich schon wieder. Wenn meine Gefühle und Gedanken nicht mit seinen Worten übereinstimmen, fühle ich mich sterbenselend bei dem Gedanken, daß ich meine Sinneseindrücke und meine verstandesgeprägten Begriffe aufgeben, und mich stattdessen ganz seinem Willen überantworten soll. Und obwohl ich mir jedesmal schwöre, nichts von Baba zu erwarten oder zu wollen, wird dieses Wollen durch die Begegnung mit ihm ständig neu entfacht und bringt nichts als Enttäuschung, und letztendlich fühle ich mich dann verletzt und geschlagen.

Ich glaube, diese Reaktion ist der Kampf meines Egos, das sich dagegen wehrt, aufgelöst zu werden: Der Kampf des kleinen Selbst – das der Gefühle und des Verstandes – dessen Herrschaft abzubröckeln beginnt. Aber das zu verstehen und es auch zu verarbeiten sind zwei verschiedene Dinge. Auf dieser Reise, wie auch schon vorher, wollte ich geradezu, daß dieses einengende kleine Selbst zerstört würde, so daß ich mit dem großen, dem allumfassenden Selbst verschmelzen könnte. Aber es ist sehr schwer, die Identifizierung mit dem Gefühl und dem Verstand aufzugeben – mit diesem so lange für das eigentliche, echte Ich gehaltenen Selbst – und sich dem Avatāra vollständig zu überantworten....und zu begreifen, daß er die wahre Wirklichkeit darstellt, und daß meine Sinne, meine Gefühle und mein Verstand mir nur eine Illusion, eine Täuschung vorgaukeln.

Es ist unmöglich, einen so entscheidenden und grundsätzlichen Kampf ohne inneren Zwiespalt mitzumachen. Mit meinem Ego schien es kein Ende nehmen zu wollen. Aber in seiner unendlichen Liebe fuhr Baba fort, mehr und mehr davon wegzumeißeln. „Ihr seid zu einem einzigen Zweck geboren", sagt Baba, „um zu sterben. Das heißt, um das Ich zu töten. Wenn Brahmā stirbt, werdet ihr Brahman, oder besser, ihr wißt, daß ihr Brahman seid. All diese Bücher, all diese Mühen, all die Lehren sind nur dazu da, euch einen Spiegel vor eure Augen zu halten, damit ihr euch selbst erkennen könnt."

Nachdem ich eine Woche bei Baba gewesen war, ließ er denen, die bald abreisen würden, sagen, daß sie sich auf ein persönliches Interview vorbereiten sollten. Drei andere Männer und ich wurden in einen kleinen Raum geführt, wo wir uns auf dem Teppich mit Baba und Dr. Gokak – der übersetzte – niederließen. Baba lächelte und schaukelte leicht vor und zurück, voller Glückseligkeit. Er wandte sich an den jungen Mann neben mir und sagte wie beiläufig: „Ich bin dir zweimal im Traum erschienen."

Als Psychiater habe ich nun wirklich noch nie von einem Kollegen gehört, der auf ähnliche Weise mit einem Patienten gesprochen hätte. Psychiater beschäftigen sich zwar ständig mit Träumen, aber die Behauptung ‚ich bin dir zweimal im Traum erschienen' – würde den Durchschnittspatienten doch etwas aus der Fassung bringen. Für mich aber bedeuten solche Aussprüche, daß sich mein Begriffsvermögen für Babas übernatürliche Kräfte erweitert. In diesem Fall war ich Zeuge eines Vorfalls, der, obwohl er in Beziehung zu meiner beruflichen Arbeit stand, auch wieder so weit jenseits davon war, daß es meinen Glauben um ein Vielfaches stärken half.

Baba begann einen von Jeffs Träumen zu beschreiben und auszulegen, und dabei wurde mir ganz deutlich, daß er auf irgendeine Art und Weise das psychische Erleben dieses Menschen gestaltet, ja daß er tatsächlich seine Träume erzeugt und ihn in einer anderen Wirklichkeitsebene besucht hatte. Alles, was Baba sagte, wurde von Jeff bestätigt. Wir hatten es mit dem größten Psychiater zu tun, der mir je begegnet ist.

Ein Traumerlebnis, das Jeff nicht verstehen konnte, handelte davon, wie Baba einen Fisch zerlegte, ihn unter die Anwesenden verteilte und auch Jeff etwas davon gab, obwohl dieser Vegetarier ist. „ Selfish, selfish, – destroying selfishness" (Selbstsucht, Selbstsucht – zerstörerische Selbstsucht. Der englische Originaltext wird hier wegen des Wortspiels wiedergegeben. Anm.

d. Übers.) Er benutzte also den Fisch als Symbol für das kleine Selbst, das unter anderem die Eigenschaft der Selbstsucht besitzt. Baba macht häufig solche Wortspiele – auch im Englischen.

Baba fuhr dann fort, über die Botschaften zu sprechen, die im Kreuz verborgen sind: Der senkrechte Teil steht für das kleine Selbst, das kleine Ich (I im Englischen, Anm,. d. Übers.), das durch den waagrechten Teil, den Shiva-Aspekt Gottes, ‚durchgestrichen' also negiert wird. Dann kam meine Zerreißprobe. Baba lehrt mit Worten, aber er härtet sie unweigerlich im Feuer der Erfahrung.

Jeff sagte, er habe von Indra Devi ein Mantra erhalten und wollte nun gerne wissen, wie man es richtig ausspricht. Baba wollte gerne helfen. Ich wußte, daß Baba den Menschen zur Rezitation des Namens Gottes meistens rät, ein Japamālā, eine Gebetskette, zu benutzen, die aus 108 Perlen besteht und dem Rosenkranz ähnlich ist. Mit jeder Perle, die durch die Finger gleitet, wiederholt man den Namen Gottes. Ich sagte zu mir selbst: „ Aha, ich wette, daß Baba für Jeff eine Japamālā materialisiert!" Während ich ihn scharf beobachtete, brachte er hinter seinem Rücken in seiner linken Hand etwas zum Vorschein, das tatsächlich eine Japamala zu sein schien. Er fuhr fort, mit Jeff zu sprechen, und es schien mir, als beobachte niemand außer mir die linke Hand – als ob ich der einzige gewesen wäre, der den Vorgang überhaupt bemerkt hatte. Mein Verstand begann zu arbeiten.

„Könnte es sein, daß Baba tatsächlich nur ein billiger Zauberkünstler ist, der die Gegenstände die ganze Zeit hinter seinem Rücken versteckt hält; und jetzt ist er so unvorsichtig, mit der Kette hinterm Rücken vor meiner Nase herumzuspielen?... Was für ein blödsinniger Gedanke!" Aber noch während mein Verstand versuchte, seinen eigenen Zweifel wegzuargumentieren, merkte ich, wie es mir mein Herz zusammenschnürte. Nein, das sollte ihm nicht gelingen: Mich glauben zu machen, er sei nur ein schlechter Zauberer! Unbekümmert, mit seligem Lächeln sprach er unterdessen weiter mit uns, und ich ließ seine linke Hand nicht aus dem Auge.

Wieder verschwand sie hinter seinem Rücken, dann war sie wieder vorn, und ich wußte ganz einfach, daß er Jeff die Japamala geben und so tun würde, als hätte er sie gerade erst materialisiert. Da machte er plötzlich die vertraute kreisförmige Bewegung mit seiner rechten Hand, und aus ihr fiel eine wunderschöne Japamālā – eine ganz andere als die in seiner linken Hand! Die übrigens von dort verschwunden war...

Dieser völlig unerwartete Ausgang der Geschichte war für mich wie ein Schlag vor den Kopf. Meine Zweifel waren nun gewiß nichts Neues. Sie erheben ihr häßliches Medusenhaupt immer dann, wenn ich beginne, stolz auf meinen Glauben zu werden – immer dann, wenn ich denke, mein Glaube sei fest und unerschütterlich geworden. Ein Schleier der Verwirrung senkt sich über mich: Ich weiß, daß Baba dabei ist, mein kleines Ich zu zerstören, und ich fühle mich meiner Reaktion fast hilflos ausgeliefert.

Baba fuhr fort, mit den anderen dreien zu sprechen und überging mich völlig. Mir war es gleich. Ich war noch immer damit beschäftigt, mich von dem Japamala-Zwischenfall zu erholen. Baba sagte, er stehe dauernd mit uns in Kontakt, aber falls wir ihm schreiben wollten, gäbe er uns seine Visitenkarte – dann hätten wir wenigstens seine Adresse. Er bewegte seine Hand durch die Luft und brachte ganz selbstverständlich drei Visitenkarten hervor, die er den dreien gab, ohne mich auch nur eines Blickes zu würdigen.

Das besondere daran war für mich, daß er mir während eines kurzen Interviews vor etwa sechs Monaten auch eine solche Karte gegeben hatte – eine, die haargenau diesen hier glich. Wollte er mir vielleicht zeigen, daß er sich noch daran erinnerte, daß er mich besser kannte, als ich – so voller Zweifel wie ich war – glaubte? Er trifft täglich mit hunderten von Menschen zusammen – er wird förmlich mit Menschen bombardiert. Die bloße Tatsache, daß er sich an einen so unbedeutenden Vorgang wie den vor sechs Monaten erinnerte, schien mir schon eine bemerkenswerte Leistung zu sein, ganz zu schweigen von der Materialisation der Karten und der lockeren, beiläufigen Art, mit der er das alles tat. Jedenfalls war ich dadurch von dem seltsamen Japamālā-Vorfall erst einmal abgelenkt.

Nach all dem, was ich gesehen hatte, beschloß ich: „Sam, fall bloß nicht mehr auf solche Tricks herein und laß dich nicht so demolieren. Erwarte nichts, fordere nichts und wünsche nichts.“ Und so kam ich innerlich lächelnd, ohne Mißtrauen und ohne ‚Verletzungen' meiner Gefühlswelt heil aus dem Interview heraus. Baba sagte, daß er uns in ein, zwei Tagen zu einem weiteren privaten Interview holen würde.

Nach ein paar Tagen fanden wir uns wieder bei ihm ein. Ich kam mir sehr gut vorbereitet vor und fühlte mich jedem Trick gewachsen. „ So etwas passiert mir heute nicht mehr,“ murmelte ich fest entschlossen vor mich hin. „ Ich werde mich nicht unterkriegen lassen!“ Als wir uns niedersetzten, sah er mich an und sagte: ,,Du bist verwirrt.“

Ich hatte das Gefühl, daß ich schon wieder wankte, fing mich aber schnell wieder: ,,Er wird mich nicht kleinkriegen. Seine Tricks, seine Kritik – nichts wird mir heute etwas anhaben können.“ Baba sah mich weiter lächelnd an.

„ Monkey mind“, sagte er weich, ein bißchen neckend.

Er sprach dann mit den anderen, wandte sich aber nach einer Weile wieder an mich. „Was möchten Sie, Sir? Sie waren vorher schon einmal hiergewesen.“

„ Baba“, sagte ich kleinlaut, „ich möchte einswerden mit dir..“

„ Nun zuerst ist da das Licht, in dem du bist, dann ist das Licht in dir, und dann bist du eins mit dem Licht."Ich war wieder am Wanken. Es war zu spät, die Reaktion noch aufzuhalten. Ich fühlte einen furchtbaren Schmerz in mir aufsteigen, und fühlte eine schreckliche Enttäuschung. Der Schleier der Verwirrung war nun auch noch vom scharfen Messer des Zweifels zerschnitten.

„Meine dritte Reise.", dachte ich, „ Jedesmal über vierzigtausend Kilometer. Jedesmal habe ich es geschafft, mich bis an die Seite des Avatāras vorzukämpfen und zu hören, was er mir zu sagen hat – Klischees. Ich habe ihn diesen Satz schon hundertmal sagen hören. Ich hatte diese große Chance... und jetzt ist es gelaufen."

Babas Worte verhallten langsam im Raum. Er wandte sich einem jungen Mann namens Steve zu, legte den Arm um ihn, lachte und sprach liebevoll mit ihm. Das, was er sagte, zeigte Steve, daß er Dinge über ihn wußte, die kein anderer Mensch wissen konnte – und ich fühlte, daß ich eifersüchtig wurde. Baba bemerkte eine eher billige Kette mit einem Medaillon um seinen Hals. „ Ich gebe dir eine gute", sagte er.

„Oh Gott, jetzt geht es wieder los." Ich betete, er möge bloß nichts für mich materialisieren. Bisher hatte er mir noch nichts Besonderes gemacht, und ich beschloß, daß es mir lieber sei, wenn es auch dabei bliebe.

Ich wollte aus meiner jämmerlichen Erfahrung des Links-liegengelassenwerdens etwas Positives machen. „Wenn du mich also so vernachlässigen willst – ausgezeichnet, großartig!", schmollte ich in mich hinein. „ Aber dann tu's auch konsequent, damit ich den anderen wenigstens darin etwas voraus habe." Ich begann, den Gedanken zu nähren, daß es eigentlich eine Auszeichnung war, wenn Baba bisher noch keine Medaille für mich materialisiert hatte. Dann bewegte er sanft seine Hand durch die Luft, ließ vier wunderschöne Medaillons entstehen und warf jedem von uns lässig eine zu. Nun hatte ich niemandem mehr etwas voraus. Baba hatte mir selbst seine Mißachtung verweigert.

Babas Shiva-Aspekt wird mir immer deutlicher bewußt, je näher ich ihm auf physischer Ebene komme. Baba ist wunderbar. Er steckt voller Schalk. Wenn es auch manchmal aussieht, als wiese er einen barsch zurecht, so ist er doch in Wirklichkeit der freundlichste, liebevollste ‚Zerstörer', den ich je erlebt habe.

Er ging mit jedem der anderen Männer zu einem kurzen privaten Gespräch in den Nebenraum. Sie kamen strahlend, tiefbewegt und in einer heiligen Ehrfurcht wieder – völlig verwandelt. Dann kam Baba zu mir und fragte, wann ich abreisen würde. „Ich sehe dich später", sagte er. Da stand ich nun. Der einzige ohne ein privates Interview, dafür mit einem Medaillon, das ich nicht gewollt hatte und mit dem Gefühl, daß ich Baba auf physischer Ebene niemals näherkommen würde. Aber mit der Hoffnung, daß ich ihn vielleicht später sehen würde.

In wenigen Tagen sollten die Sommerkurse beginnen, eine Einrichtung, die Baba geschaffen hat, um Studenten in Spiritualität zu unterrichten. Der Āshram summte vor Betriebsamkeit. Ich wußte, wie schwer es sein würde, Baba unter diesen Umständen zu sehen, aber es war immerhin eine kleine Hoffnung. Ich beobachtete mich selbst dabei, wie ich diese Hoffnung zuließ, und es überlief mich kalt. Ich wußte nur zu genau, daß das zu einer großen Enttäuschung führen könnte. Schließlich kam der letzte Tag heran. Studenten und Redner trafen aus allen Teilen Indiens ein. Ich hatte nichts unversucht gelassen, um an ein neues Interview heranzukommen.

Ich wartete und wartete in der heißen Sonne, versuchte Baba eine Nachricht zu schicken und wartete weiter. Der Tag wurde kühler, Wolken türmten sich auf... und ich wartete. Ich fragte nach Baba. Es hieß, er überprüfe gerade letzte organisatorische Einzelheiten für die Eröffnungsfeier. Ich wartete. Die Wolken wurden dicker und bedrohlicher. Dann begann es zu regnen. Ich wurde klitschnaß.

Ich wartete im strömenden Regnen, bis es kühl wurde. Es wurde Nacht. Es war ziemlich klar, daß ich keinerlei Chance hatte, ein persönliches Interview zu bekommen.

Völlig durchnäßt fuhr ich in einem klapprigen, zum Personentransport umgebauten dreirädrigen Motorrad nach Bangalore zurück. Der kühle Nachtwind drang mir auf dieser Fahrt bis in die Knochen. Es hatte mich drei Reisen gekostet, herauszufinden, wie vergeblich und enttäuschend der Versuch doch war, eine enge zwischenmenschliche Beziehung zu Baba zu knüpfen. Ich würde so lange nicht wiederkommen und ihn belästigen und mich selbst demütigen, bis ich nicht durch ein klares und unmißverständliches Zeichen dazu aufgefordert werden würde. Das war der stille Schwur, den ich auf dieser kalten, holprigen Nachtfahrt nach Bangalore leistete.

Bhajans

„Es mag sein, daß manche Menschen über all dieses Singen lächeln, daß sie darin nichts als eine Show sehen und euch raten, stattdessen lieber still und zurückgezogen im Andachtsraum zu meditieren. Aber in der Gemeinschaft zu sein und zusammen Bhajans zu singen hilft euch dabei, euren Eigen-Sinn (Egoismus) abzulegen.

Innerhalb der Gemeinschaft braucht man keine Angst zu haben, ausgelacht zu werden und schämt sich auch nicht, den Namen des Herrn laut auszurufen. Dazu kommt auch, daß der eine von der Hingabe des anderen angesteckt wird. Die Gemeinschaft mit gleichgesinnten Menschen unterstützt den winzigen Keimling der Hingabe zu Gott in seinem Wachstum und bewahrt ihn davor, von der Gluthitze des Spotts versengt zu werden.

Ein Beispiel: Man fegt sein Zimmer dann, wenn niemand zusieht. So etwas zu tun, wenn andere zusehen, erfordert eine gewisse Meisterschaft über das Ego. Nāmā-Sankīrtana (Bhajan-Singen in der Gruppe) hat die Eigenschaft, euch von ablenkenden Gedanken zu befreien, die euch überfallen, wenn ihr für euch alleine singt. So singt also laut zur Ehre Gottes und ladet die Atmosphäre mit heiliger Anbetung auf.

Der Name Gottes ist das wirksamste Mittel, alle Krankheiten fernzuhalten. Versteckt euch also nicht hinter Ausreden, sondern geht zu allen Bhajan-Treffen. Wenn ihr krank seid, werden die Bhajans eure Heilung beschleunigen. Und laßt euch eins sagen: Es ist viel besser, mit dem Namen Gottes auf den Lippen während der Bhajans zu sterben als zu irgendeiner anderen Zeit!

Ihr sollt das Bhajan-Singen in der Gruppe nicht als eine Art Zeitvertreib betrachten oder gar als Mode. Auch nicht als Phase, die vorübergeht. Es soll nicht der unangenehme Teil eines aufgezwungenen Stundenplans sein, der täglich erfüllt werden muß. Seht es vielmehr als festen Bestandteil eures spirituellen Trainings an, das ihr ernst nehmen müßt, damit ihr eure Bindung an die vergänglichen Dingen lösen könnt – damit ihr gereinigt und gestärkt werdet, und als Training, das euch vom Kreislauf von Geburt und Tod und dem daraus folgenden Elend erlöst. Ihr mögt es als ein schwaches Heilmittel für eine so furchtbare Krankheit ansehen – und doch: Es ist ein Allheilmittel!

Die gebräuchlichste Ausrede, die man benutzt, um dieser dringenden Pflicht aus dem Wege zu gehen, ist, daß man ‚keine Zeit' hat für Bhajans im hektischen Arbeitsrhythmus, der das Los des Menschen unserer Tage geworden ist. Wenn man die Last von hundert verschiedenen Aufgaben tragen kann, weil sie unumgänglich sind – kann ihm dann die zusätzliche Aufgabe des Nāma-Sankirtana wirklich eine so große Bürde bedeuten? Wer hundert Aufgaben bewältigt, kann gewiß auch noch eine mehr auf sich nehmen.

Singt Bhajans so oft wie möglich, mindestens aber einmal in der Woche. Am besten haltet ihr die Bhajans an einem Donnerstag oder Sonntag ab. Aber daran muß man sich nicht so strikt halten. Es kommt nicht so sehr auf den Wochentag an, sondern auf das Herz.

Haltet die Bhajans an einem zentral gelegenen Ort ab, damit alle kommen können, und nicht im Hause von Menschen, denen vielleicht nicht alle willkommen sind. Haltet den Rahmen so einfach wie möglich. Verzichtet auf jeden Aufwand, jeden Pomp und jede Show. Reduziert die Ausgaben auf ein Minimum, denn Gott ist an eurem inneren Sehnen gelegen, nicht an Äußerlichkeiten. Ihr dürft auch kein Geld einsammeln, etwa indem ihr einen Teller oder eine Subskriptions- bzw. Spendenliste herumgehen laßt.

Gott ist allgegenwärtig. Er wohnt in jedem Herzen, und alle Namen sind sein. Deshalb könnt ihr ihn bei jedem Namen anrufen, der euch Freude macht. Ihr dürft andere Namen und Formen nicht geringschätzen. Ihr sollt auch keine Fanatiker werden, die für die Herrlichkeit anderer Namen und Formen blind sind. Wenn ihr Bhajans singt, denkt über die Bedeutung der Lieder und über die Botschaft nach, die in jedem Namen Gottes und in jeder Form enthalten ist, und kostet ihre Süße auf der Zunge.

Rāma: Dieser Name soll in euch das Gefühl für das Dharma der Rechtschaffenheit hervorrufen, das er verkörperte und vorlebte. Rādhā Dieser Name soll in euch die vergeistigte, überirdische Liebe wachrufen, die sie, die höchste der Gopīs – der Kuhhirtinnen und tiefen Verehrerinnen Lord Krishnas – besaß. Krishna: Dieser Name soll in euch die süße und lebenserhaltende Liebe wecken, mit der Er alle zu sich hinzog. Shiva: Sein Name muß in euch das Gefühl für das höchste Opfer wecken, das darin besteht, zum Wohl der ganzen Menschheit das tödliche Gift zu trinken. Und er soll euch auch an die wohltuende Gnade erinnern, die in den Wasserfällen der Gangā – des heiligen Flusses – und im Schein der Mondsichel ihren Ausdruck findet.

Denkt daran: Jedes Lied, das zum Lobe des Herrn gesungen wird, ist wie ein Schwert, das die Knoten der Trägheit zerschneidet. Es ist ein schöner Dienst an der Gemeinschaft, alle an ihre Pflicht gegenüber dem Allmächtigen, der über sie wacht, zu erinnern. Habt den Namen des Herrn ständig auf euren Lippen, und ihr werdet feststellen, daß alle haß- und neiderfüllten

Gedanken aus eurem Herzen verschwinden. Wenn ihr auch nur etwas echtes Interesse daran habt, euch wahrhaftig weiterzuentwickeln, bin ich bereit, euch zur Seite zu stehen und euer Bemühen mit Erfolg zu krönen. Verschwendet deshalb nicht planlos eure Zeit. Laßt jeden Augenblick eures Lebens ein Bhajan sein! Vermeidet alle unwesentlichen Reden. Seid euch des Sinns des Bhajan-Singens bewußt, und seid mit ganzem Herzen dabei. Zieht den größtmöglichen Nutzen aus den Jahren, die euch bestimmt sind!“

Seid einfach und aufrichtig. Es ist reine Geldverschwendung, die Bilder und Figuren in euren Schreinen mit Girlanden zu behängen und teure Untensilien, Gefäße und Opfergaben aufzustellen, um eure Frömmigkeit zu demonstrieren. Das ist Betrug; es würdigt die Göttlichkeit herab, denn es unterstellt ihr eine Sucht nach Pomp und Publizität. Ich frage nur nach einem reinen Herzen, um meine Gnade zu schenken. Setzt nicht selbst eine Distanz zwischen mich und euch. Stellt nicht die Förmlichkeit einer Guru-Freund-Beziehung zwischen mich und euch. Ich bin weder Guru noch Gott: ich bin du, du bist ich – das ist es in Wahrheit. Es gibt keine Trennung. Was als solche erscheint, ist Täuschung. Ihr seid die Wellen, ich bin der Ozean. Erkennt das, und seid frei, seid göttlich.

Eine Reise der Liebe

Nach meiner dritten Reise nach Indien war ich mir ganz sicher, daß es schon eines gewaltigen Zeichens wie etwa eines Blitzes aus heiterem Himmel bedurft hätte, um mich in absehbarer Zeit wieder nach Indien zurückzubringen. Vier Monate nach meiner Heimkehr bekam ich die Nachricht, daß Walter Cowan in eine andere Welt gegangen war, eineinhalb Jahre nach seiner offenkundigen Wiedererweckung von den Toten durch Baba. Elsie, Walters Frau, teilte mir mit, daß Baba ihr geschrieben und sein Interesse bekundet hatte, nach Amerika zu kommen, und so plante sie nun, nach Puttaparthi zu gehen, um die Vorbereitungen für solch eine Reise zu treffen. Ich hatte das Gefühl, daß Elsie hier etwas über das Ziel hinausschoß, denn ähnliche Spekulationen gab es bereits seit Jahren. Nachdem ich aber Babas Brief an Elsie gelesen hatte, fand ich, daß er das bisher eindeutigste Zeichen dafür war, daß Baba einen Besuch in Amerika ernsthaft in Erwägung zog.

Dann bat mich Elsie, sie zu begleiten. Ich befand mich in einem scheußlichen Dilemma. Ich schwankte hin und her – ja, nein – nein, ja – und begann um ein Zeichen zu bitten. Ich beobachtete die Eichhörnchen im Garten und sagte mir: „Okay, wenn es in dieses Loch springt, heißt das, daß ich gehen soll, wenn nicht, bleibe ich hier."

Sharon, die mit meinen Marotten nun schon seit eineinhalb Jahren lebte, meinte, daß sie meine Abwesenheit wohl auch ein viertes Mal verkraften könnte, wenn es auch nur ein Zeichen gäbe, das uns beiden sagte, daß ich gehen sollte. Das erwähnte sie auch Elsie gegenüber, als sie an einem Sonntagmorgen mit ihr telefonierte.

Später im Lauf des Tages war ich damit beschäftigt, unter unserem Haus herumzukriechen, um an der Wasserleitung etwas zu reparieren. (Viele Häuser stehen in Amerika auf Sockeln, Anm. d. Übers.)Als ich danach zum Duschen ging, bemerkte ich, daß das Medaillon, das Baba während meines letzten Aufenthalts in Indien für mich materialisiert hatte, von der Kette an meinem Hals verschwunden war. Mir rutschte das Herz in die Hose, und ich überlegte fieberhaft, wo ich es verloren haben könnte. Ich fand es eigenartig, daß das gerade jetzt passierte, obwohl ich in den letzten sechs Monaten so viel im Haus repariert hatte. Aber es war doch wohl zu weit hergeholt, dies nun als ein Zeichen zu betrachten. Sicher war das Medaillon von der Kette abgerissen, als ich unter dem Haus herumgekrochen war, und lag nun dort irgendwo im Dreck.

Als ich dann aber meine Bermudas anzog, fand ich das kleine Medaillon an einem Faden vom Hosenaufschlag hängen. Der kleine Ring, der das Medaillon und die Kette zusammenhält, war gerade so weit aufgebogen, daß es sich losmachen und im Aufschlag verfangen hatte können. Es baumelte lustig an der Hose und erinnerte mich irgendwie an einen Trick, den der Zauberer anwendet, wenn er jemandem eine Münze hinter dem Ohr hervorholt.

Das Ganze ließ mich laut lachen. Ich hatte das unheimliche Gefühl, daß das nicht einfach ein Zufall war, und hatte ich nicht auch schon viele ähnliche Geschichten über die seltsamen Begleiterscheinungen von Baba? Geschenken? gehört? Trotzdem konnte ich es schwerlich ein echtes Zeichen nennen. Aber Sharons Widerstand ließ nach, als ich ihr von dem Vorfall erzählte. Schließlich wurde die Verlockung, an den Plänen für eine Reise Babas nach Amerika beteiligt zu sein, einfach zu groß – egal wie unwahrscheinlich ein solches Ereignis auch war – und ich konnte ihr nicht widerstehen. Ich wußte, daß ich wieder enttäuscht sein würde. Ich wußte, daß die Zerstörung des Samuel Sandweiss sich wiederholen würde. Aber ich beschloß trotzdem zu gehen.

Meine liebe und verständnisvolle Familie, die sich inzwischen an meine häufigen Reisen nach Indien gewöhnt hatte, verabschiedete mich mit all der Wärme, die man sich nur wünschen konnte. Hinauf in den Himmel flog ich, hin zu Babas Füßen. Ganz durch Zufall – oder vielleicht auch nicht – wurde während des Fluges der Film ‚Der Mann von La Mancha' gezeigt. Ich mußte grinsen, als ich sah, wie Don Quichote gegen die Windmühlen kämpfte, auf der Jagd nach einem Traum. Wie würde es weitergehen? Würde ich auch diesmal wieder diese quälende Entfernung und den Mangel eines persönlichen Kontakts zu Baba empfinden, oder würde der Umstand, daß ich mit Elsie reiste, mir jene Nähe zu ihm verschaffen, die ich mir so inständig wünschte?

Gleich als wir in Prashânti Nilayam eintrafen, wurde mir klar, daß ich Baba in einem neuen Licht sehen würde. Von Anfang an war er um Elsie bedacht. Ich weiß, daß Baba alle seine Anhänger gleichermaßen liebt, selbst wenn es manchmal den Anschein hat, als wiche er ihnen aus oder ignoriere sie. In seiner Beziehung zu Elsie aber kam seine Liebe unmißverständlich zum Ausdruck.

Als wir an den Tempel kamen, sandte ihr Baba eine kleine Pflanze als Willkommensgeschenk. Sie war recht eigenartig, hatte etwa die Größe eines Golfballs, mit kurzem Stiel und runden grünen Blättern, und erinnerte an eine Lotosblume. Sie verströmte einen wunderbaren Duft – wie von allen möglichen Früchten, Blüten und Parfums zusammen – wie ich ihn zuvor noch nie gerochen hatte. Der Duft dieser Pflanze bestimmte irgendwie die Atmosphäre für meinen ganzen Aufenthalt.

Obwohl es uns nicht möglich war, Baba noch an diesem Abend allein zu sehen, hatten wir doch unser erstes Interview bereits am nächsten Tag. Etwa gegen fünf Uhr nachmittags wurden wir zusammen mit drei oder vier Indern in einen kleinen Raum geführt. Hier nun konnte ich Babas Liebe sich zärtlich entfalten sehen, und hier auch begann ich zu fühlen, wie sich meine Beziehung zu ihm vertiefte.

Spielerisch hielt er Elsies Hand und tätschelte sie liebevoll. Indem er sich mir zuwandte, sagte er mit gespieltem Ernst: „Elsie hat das Alter körperlich geschwächt." Dann fügte er mit strahlendem Lächeln hinzu: „Geistig ist sie aber brillant und hart wie ein Diamant." Elsie strahlte von einem Ohr zum andern.

Walter sei nun bei ihm, sagte Baba. Er sei im Augenblick von Walters Tod (in den Vereinigten Staaten) tatsächlich bei ihm gewesen und hatte ihm Darshan gegeben. Er sagte, daß Walter und Elsie ständig seinen Namen rezitiert hatten und daß Walter im Augenblick des Todes Glückseligkeit erlangt hatte. Alles was Baba sagte, hatte mir Elsie schon vor unserer Reise erzählt.

Baba wandte sich plötzlich und unerwartet mir zu und zog mich näher an sich heran. Ich war von seiner Aufmerksamkeit überwältigt. „Was möchtest du haben?", fragte er in der sanftesten Art und Weise, die man sich vorstellen kann. In diesem Moment brachte ich nichts anderes hervor als das Wort ‚Gott'. Er lächelte wissend und klopfte mir zärtlich auf den Rücken. Dann bewegte er seine Hand leicht durch die Luft und materialisierte einen wunderschönen Ring. Die Frage, ob ich hatte kommen sollen, war beantwortet: Ich merkte, wie mein Ego kapitulierte und vor ihm dahinschmolz.

Baba materialisierte eine Japamālā für eine Inderin und etwas Vibhūti und erklärte dann, daß er uns bald in unseren Räumen besuchen würde. Zu mir gewandt, sagte er: „Ich werde später mit dir über die Reise sprechen." Ich war baff, völlig aus dem Gleichgewicht gebracht. Konnte es wirklich sein, daß er bereit war, mit mir über die Einzelheiten seiner Reise in die Vereinigten Staaten zu sprechen? Elsie und ihre Schwester Floy waren außer sich vor Freude, als sie das hörten.

Am nächsten Tag stellten wir uns gegen acht Uhr morgens beim Tempel auf und warteten. Baba war mit Interviews beschäftigt und mußte wohl an die zwanzig Leute gesprochen haben, während wir warteten. Schließlich rief er etwa zehn Inder in den Raum und bedeutete Elsie, Floy und Helene Vreeland, einer Anhängerin aus Santa Barbara und mir, ihm zu folgen. Fast eine Stunde lang sprach er zu den Indern in Telugu – es war kein Übersetzer anwesend – über Gott, die höheren menschlichen Werte und die Wege zum Frieden.

Ihn in dieser fremden Sprache sprechen zu hören, war beinahe noch schöner und faszinierender als ihn in Englisch zu hören. Ich war von der intensiven Energie, die von seinem Körper und seinen Gesten ausging, ganz gefangengenommen. Er floß über vor heiterer, glückbringender Liebe – seine Gestik, sein Lachen und seine Seligkeit füllten fühlbar den Raum und prägten ein breites Lächeln auf alle Gesichter. Er gab den meisten Indern ein privates Interview und materialisierte für eine der indischen Frauen einen Behälter mit Vibhūti und für eine andere einen großen goldenen Bilderrahmen, etwa acht Zentimeter hoch und fünf Zentimeter breit, der zwei Fotos enthielt – eines von Shirdi Baba und eins von ihm selbst.

Dann forderte er mich ziemlich unerwartet auf, ihm in einen schmalen Gang zu folgen. Auf Englisch sagte er:“Ich weiß, daß sie (Elsie) sehr besorgt ist, und ich bin bereit.“

„Wie meinst du das, Baba? Soll das heißen, daß du nach Amerika kommen wirst?“

„Ja,ja“, sagte er, „ich werde bald kommen. Ich bin bereit.“

„Wann, Baba?“

„Ich habe einen Brief mit Anweisungen für dich vorbereitet, den du für Bhagavantam nach Bangalore mitnehmen sollst. Hilf ihm mit den Vorbereitungen. Es könnte kleinere Schwierigkeiten mit den Visas geben, aber ich bin bereit, sofort, noch vor meinem Geburtstag (23. November) zu kommen. Bleib vorläufig noch in Puttaparthi, und ich werde noch einmal mit dir sprechen. Fahr dann gegen fünf Uhr morgen früh ab und geh direkt zu Dr. Bhagavantam. Es werden vier von uns gehen: Ich selbst, Gokak, Bhagavantam und noch jemand.“

Baba winkte Elsie ebenfalls in den Gang und wiederholte, was er zu mir gesagt hatte. Bei dem Gedanken, daß Baba schon bald persönlich in das Leben von Millionen Amerikanern treten würde, die sich nach ihm sehnten, wurde uns warm ums Herz.

Aber dann gab es eine Reihe von Ereignissen, die mir zu verdeutlichen schienen, was Baba ständig lehrt: Das Leben ist ein großes Spiel – spiel mit! Bei dem Versuch, eine – wie sich bald herausstellte – äußerst vage geplante Reise zu arrangieren, verfingen wir uns immer wieder in den komischsten Zwischenfällen. Auf der einen Seite versuchten wir die ganze Angelegenheit möglichst geheim zu halten, andererseits rasten wir hin und her zwischen Reisebüros und Notaren, um Papiere beglaubigen zu lassen, patschten durch den strömenden Regen und Pfützen, daß das Wasser nur so spritzte und müssen ausgesehen haben wie die Figuren aus Don Quichote. Wir lachten uns gegenseitig an – und aus – die perfekte Komödie. Diese Lektion war schwer für mich zu lernen, denn ich war immer schon ein ziemlich ernster Mensch gewesen. Aber unter derart komischen Bedingungen lernte ich meine Lektion gründlich.

Wir nahmen Abschied von Baba und fuhren nach Bangalore, um den Brief bei Dr. Bhagavantam abzugeben. Bhagavantam sollte am nächsten Tag mit Baba sprechen, und es wurde beschlossen, daß ich ihn begleiten sollte. Nachdem ich eine ganze Menge Energien mit dem Reiseagenten im Hotel, der Beschaffung von Reisepässen, Visas, Flugtickets und anderem mehr verpulvert hatten, rief ich Sharon an und gab ihr die gute Nachricht. Daß es in San Diego zwei Uhr Nacht war, kümmerte mich nicht in meiner Euphorie.

Die Verbindung war natürlich schlecht, und so stand ich denn da im Hotel und brüllte ins Telefon, daß jeder mich hören konnte und erzählte Sharon, daß sie die Neuigkeit für sich behalten sollte... Und sie versuchte, zwischen all den Störgeräuschen bei diesem Telefonat rund um den Globus und ihrer Schlaftrunkenheit herauszubekommen, was ich ihr eigentlich sagen wollte und was sie nicht verraten sollte. Als sie dann alles richtig begriffen hatte, war sie genauso Feuer und Flamme wie ich und versicherte, daß keine Menschenseele etwas davon erfahren würde, bevor die Reisepläne nicht konkrete Formen annähmen.

Am nächsten Morgen gegen zehn Uhr rief ich Bhagavantam an. Zu meiner Überraschung erklärte er mir, daß er Babas Brief noch einmal gelesen hätte, und da dieser keine Silbe darüber enthielt, daß ich ihn nach Puttaparthi begleiten sollte, hielt er es für richtig, allein zu fahren. Gut, dann fahre ich eben einfach selbständig nach Puttaparthi, erwiderte ich, für den Fall, daß ich gebraucht würde, und würde ihn dort dann treffen.

„Schön", sagte er, „aber Sie werden das allein bewerkstelligen müssen, denn Baba hat mir keinerlei Anweisung gegeben, Sie mitzubringen." Obwohl ich enttäuscht war, sah ich doch ein, daß Bhagavantam genau das tat, was er tun sollte, nämlich den Brief mit Babas Anweisung zu befolgen und darauf zu achten, daß ein überenthusiastischer Devotee (Anhänger) nicht zur Plage würde.

Ich zog los, um ein Taxi zu mieten. Wir kamen überein, daß Elsie auch mitkommen sollte. Trotz aller Aufbruchshektik mußten wir über die Komik der ganzen Situation herzlich lachen. Wir waren die Kavallerie, die versuchen wollte, Bhagavantam am Paß abzufangen, um ihre eigene Stellung zu retten. Elsie war nicht zu bremsen. Sie fungierte als Feldmarschall und gab Marschbefehl auf allen Fronten! Man konnte förmlich das Signalhorn über die Ausläufer der Berge schallen hören, als wir nach Puttaparthi losbrausten.

Die Fahrt war sehr angenehm, und Elsie konnte auf dem Rücksitz ein paar Stunden Schlaf bekommen. Als wir uns der kleinen Stadt näherten, fing es leicht zu regnen an, und ein Regenbogen erschien am Himmel. Die Luft roch bald frisch und sauber, so wie das bei leichtem Nieseln immer der Fall ist. Unser ramponiertes Taxi fuhr uns auf das Āshramgelände, in das viele Menschen vor dem Regen geflüchtet waren. Wie immer postierten wir uns in der Nähe des Tempels. Elsie sandte eine kurze Notiz hinein: „Baba, ich muß dich sofort sehen – dringend. In Liebe, Rani."

Als ich mich der Stelle am Tempeleingang näherte, wo die Männer saßen, kam gerade Bhagavantam heraus. Er hatte Baba noch nicht gesehen und mußte ebenfalls warten. Ich saß etwa eine halbe Stunde mit geschlossenen Augen da und fühlte mich durch das ganze Schauspiel in einer absoluten Hochstimmung. Ganz plötzlich erregte ein sehr süßer Duft, ähnlich dem der Pflanze, die Baba vor ein paar Tagen Elsie geschenkt hatte, meine Aufmerksamkeit. Ich öffnete schnell die Augen und sah Baba gerade den Tempel verlassen, um sich der versammelten Menge zu nähern. Daß Baba gleichzeitig mit dem Duft auftauchte, machte mich noch extatischer. Meine Schädeldecke schien sich zu heben!

Baba schritt majestätisch und göttlich durch die Menge. Er sprach mit einigen, verteilte Vibhūti an andere und rief einige zum Interview. Mit ihnen verschwand er wieder im Tempel.

Nach einer halben Stunde und noch einer Gruppe ließ er Bhagavantam, Elsie und mich holen und kam dann auch bald zu uns. Zuerst sprach er nur in Telugu zu Bhagavantam, der für uns übersetzte. Es stellte sich heraus, daß Baba zwar bereit war, nach Amerika zu kommen, daß aber Bhagavantam am ersten November einen Vortrag in Ghana zu halten hatte. Da er als Übersetzer gebraucht wurde, mußte Babas Reise verschoben werden.

In heiterer, fast launiger Art, so als ob er eine Rolle spielte, sagte Baba: „Es liegt nicht an mir. Ich möchte ja kommen – es liegt an Bhagavantam." Alles schien in mir einzustürzen. Die phantastische Vorstellung einer Weltreise mit Baba, all der Glanz, das Vergnügen und die Wichtigkeit, die mein ‚monkey mind' (Affenverstand) heraufbeschworen hatte – all das war im Handumdrehen zunichte gemacht.

„Ihr werdet jetzt nach Hause fliegen und zwischen dem ersten und sechsten November von Dr. Bhagavantam Nachricht wegen der Reise erhalten, wenn er aus Ghana zurückkehrt. Haltet alles geheim", wies uns Baba an. Er sagte auch, er würde sieben oder acht Tage bleiben; daß er kommen würde, um eine Verpflichtung den Cowans gegenüber einzulösen und daß er bei Elsie wohnen würde, um ihr eine Freude zu machen. Zu seinem Geburtstag, einer Zeit großer öffentlicher Feierlichkeiten im Āshram, würde er wieder zurück in Indien sein.

Elsie kam dann auf einige geschäftliche Dinge zu sprechen, die ihre Verlagsrechte von Babas Büchern in den Vereinigten Staaten betrafen. Sie hatte Schwierigkeiten, Bücher aus Indien zu bekommen und wies darauf hin,

daß die Amerikaner besseren Zugang zu dem Material hätten, wenn es im Lande gedruckt würde. Baba gab seine Erlaubnis und wies sie an, Einzelheiten mit dem Leiter seines Ausschusses für Erziehung (Education Committee) zu besprechen, weil er tatsächlich an der Verbreitung seiner Bücher in Amerika interessiert sei. Er fragte nach Briefen von amerikanischen Devotees, und Elsie versprach, das nächste Mal welche mitzubringen. Damit endete das Interview, und wir beschlossen, noch an diesem Abend nach Bangalore zurückzufahren.

Ich war völlig am Boden zerstört. Wieder einmal hatte ich mir erlaubt, mich in Erwartungen und Phantastereien zu verlieren, indem ich meine Gedanken zügellos hatte laufen lassen. Obwohl ich gefühlsmäßig enttäuscht war, wußte ich doch kraft einer höheren Einsicht, daß es genauso gelaufen war, wie es sein mußte und – aus einer erweiterten Sicht der Dinge – absolut richtig war. Aber die negativen Gefühle waren so stark, daß sie mich schlichtweg erdrückten, egal wie sehr ich versuchte, alles zu verstehen und zu akzeptieren.

Wir waren müde, als wir nach Bangalore zurückfuhren. Die Fahrt war für mich lang und qualvoll, und meine Enttäuschung ließ mich nur unruhig schlafen. Und auch das Wissen, daß in wenigen Tagen der Schmerz nachlassen und ich mein Gleichgewicht wiederfinden würde, war nur ein schwacher Trost. Einmal fiel ich in einen leichten Schlummer, und Babas Bild erschien mit erstaunlicher Klarheit vor meinen Augen. Es nahm zu an Intensität, bis ich nicht mehr zwischen Traum und Wirklichkeit unterscheiden konnte. In diesem seltsamen Bewußtseinszustand starrte ich unverwandt auf seine strahlende Erscheinung und fand Trost darin...

Nach einem ruhigen Samstag in Bangalore kam am darauffolgenden Tage Dr. M.B. Sunder Rao, ein Augenspezialist, um nach Elsies Augen zu sehen. Wir waren angenehm überrascht, in ihm einen festen Anhänger von Baba zu finden, ja er war sogar Präsident des ‚Central Committee' von Bangalore, das mit administrativen Aufgaben befaßt ist. Nachdem er Elsies Augen untersucht hatte, erklärte er uns, wie Babas Devotees in Indien organisiert sind. In vielen Städten existiert ein Central Committee, das aus etwa fünfundzwanzig Mitgliedern besteht. Dieses Kommitee trifft sich einmal im Monat in den verschiedenen Bezirken der Stadt oder auch in den Außenbezirken. In Bangalore gibt es an die zwanzig Ortsgruppen als Ableger des Central Committee, die wöchentlich stattfindende Bhajan-Abende abhalten.

Es gehört auch zu ihren Aufgaben, Erziehungsprogramme für sechs- bis zehnjährige und zehn- bis vierzehnjährige Kinder auszuarbeiten und Gruppen von größeren Teenagern und jungen Erwachsenen zu bilden, die sich um die Bedürftigen in der Gemeinde kümmern. Sie helfen zum Beispiel den schwachen Schülern beim Lernen oder arbeiten mit an der Lösung örtlicher

Gesundheitsprobleme. Einmal in der Woche findet ein ‚offizieller' Bhajan-Abend statt. Eineinhalb Stunden lang werden Bhajans gesungen, danach wird meditiert. An einem anderen Abend trifft sich eine Studiengruppe für eine Stunde. Es können Schriften aus allen Religionen gelesen werden, und ein Teil der Zeit ist Babas Schriften vorbehalten.

Außerdem finden einmal wöchentlich um halb fünf Uhr morgens Nāma Sankirtana Bhajans statt, wobei die Devotees singend durch die Straßen der Nachbarschaft ziehen. An einem anderen Tag sammeln die Mütter zehn oder fünfzehn Kinder um sich, um ihnen religiöse Geschichten zu erzählen und sie in Babas Lehren einzuführen. Es werden Texte aus allen Religionen verwendet, sofern sie eine moralisch oder spirituell wertvolle Botschaft enthalten. Alle drei oder vier Monate kommen Vertreter des Central Comittee aus dem ganzen Land zusammen, um Informationen auszutauschen und sich abzustimmen. Ein ähnliches System besteht auch in den anderen Ländern Indiens, und etwa einmal im Jahr treffen sich die Vertreter aller Länder-Kommitees zu einer All-India-Konferenz.

Nach Dr. Sunder Raos Besuch erhielt Elsie einen Anruf von Herrn Ratan Lal aus Bombay, dem Leiter von Babas Education Comittee, um einige Dinge bezüglich des Druckens von Babas Büchern in den Vereinigten Staaten zu besprechen. Es gibt inzwischen eine Reihe von Veröffentlichungen – bibliographisches Material wie auch Reden und Lehren.

Tags darauf rief mich Elsie ganz aufgeregt an. „Ich fühle mich heute Walter sehr nahe", sagte sie. „Ich habe das Gefühl, als hätten mir Baba und Walter einen besonderen Besuch gemacht. Ich bin seit sechs Uhr hellwach und voller Energie."

Mit Elsie, die uns dirigierte, frühstückten wir ziemlich früh und befanden uns gegen halb neun Uhr bereits auf der Fahrt, unserer dritten Fahrt nach Puttaparthi innerhalb der letzten acht Tage. Der Fahrer, ein sehr aufgeweckter junger Mann mit Namen Lingapow, erzählte uns, daß er noch nie so oft nach Puttaparthi gefahren sei. „Einmal im Monat, oder einmal im halben Jahr, aber so oft..." und lachte vor sich hin.

Die Reisebüroleiterin, die uns bei den Vorbereitungen für Babas Reise geholfen hatte, begleitete Elsie, Floy und mich, denn sie wollte gerne Darshan von Baba haben. Wir hielten einmal kurz an, um ein paar lieblich duftende Blumen für Baba zu besorgen. Es hatte am Tag zuvor geregnet, und wir mußten wegen ausgewaschener Streckenteile einen Umweg nach Puttaparthi nehmen. Wir saßen schweigend im Wagen, um der Reisebüroleiterin Babas Pläne nicht zu verraten.

Gegen Mittag trafen wir im Ashram ein, aßen etwas und legten uns ein wenig nieder. Obwohl es geregnet hatte, empfand ich die Hitze in Puttaparthi wie die Extra-Decke, unter der man schwitzt, wenn man eine Erkältung auskurieren will. Elsie ließ mich mit ihrem Augenbrauenstift eine Nachricht an Baba auf ein Notizblatt schreiben: „Baba, ich habe viel mit dir zu besprechen. In Liebe, Rani – Raum A7.“ Dann gingen wir los zum Tempel.

Baba zeigte sich viel früher als sonst, um dreiviertel Vier Uhr. Kaum hatte er seinen Gang durch die zwei- bis dreitausend Köpfe zählende Menschenmenge beendet, da prasselte ein schwerer Regen nieder. Baba bedeutete den Anwesenden, unter das Tempeldach zu gehen. Alles begann zu rennen, und in dem allgemeinen Durcheinander wurde Elsie angerempelt und fiel hin. „Ich hatte Angst, zertrampelt zu werden,“ sagte sie später. „ Dann sah ich in der ganzen Aufregung plötzlich nach oben und erblickte eine kleine braune Hand – und da stand Baba, lächelnd, friedvoll und beschützend. Er stützte mich und brachte mich bis unters Dach. Ich erschauerte vor diesem Gefühl des Beschützseins!“

An diesem Nachmittag bei unserem Interview, war auch eine englischsprechende Frau in den späten Vierzigern anwesend, die offenbar aus dem Mittleren Osten kam. Sie war sichtlich in Not. Sie erzählte Baba, daß sie zwei Kinder habe und bat ihn um Hilfe. Sie fühlte sich ungeliebt und unglücklich und sorgte sich um das Wohl der Kinder, da sie schwer krank war. „Ich weiß, ich weiß“, sagte Baba mitfühlend. „Es ist nicht außergewöhnlich, sich ungeliebt zu fühlen. Das ist in der heutigen Welt schon ganz normal – man muß stark sein.“

Er sprach über die Wichtigkeit von Charakter, Beständigkeit und Glauben. „Gefühle kommen und gehen: Schmerz ist eine Stelle zwischen zwei Freuden, Freude ist die Stelle zwischen zwei Schmerzen – vorübergehend und ständig im Wandel. Beides kommt und geht wie die Wellen des Meeres, wie die Brise, und man sollte ihnen nicht zuviel Aufmerksamkeit schenken. Denkt daran, daß ihr das Unwandelbare, Unendliche, Unsterbliche seid.“

„Jedermann sagt: Ich will Frieden“, fuhr er fort. „Friede ist wie ein Brief in einem Umschlag. Das ‚ich’ von ‚ich will Frieden’ ist die Vorderseite des Umschlags, und das ‚will’ die Rückseite. Der ‚Friede’ selbst ist der Brief im Umschlag. Werft den Umschlag mit dem ‚ich’ und ‚will’ weg und behaltet den wertvollen Brief des ‚Friedens’.“

Baba wies auf einige bekannte Redensarten hin, die er mit neuer Bedeutung erfüllte. Seine ausladenden Gesten kamen von Herzen, und er schien entrückt in einer Glückseligkeit, die ganz natürlich und wie von selbst von ihm zu uns herüberfloß. „Die meisten Wege zu Gott sind mühsam“, sagte er, „wie Japa (Wiederholung des Namens Gottes mit Hilfe einer rosenkranzähnlichen Japamālā. Anm. d. Autors), Meditation und Bhajan-Singen. Der direkte Weg ist Liebe.“

„Beginn den Tag mit Liebe, erfülle den Tag mit Liebe, beende den Tag mit Liebe. Das ist der Weg zu Gott – es ist der schnellste Weg." Als er das sagte, machte er eine Geste zu der leidenden Frau und zu uns allen hin, als wäre er im Himmel – gleichsam schwebend im Raum.

„Aber Baba, ich bin krank – ich habe Schmerzen!", erwiderte die Frau.

Er nickte sanft und freundlich. „Ich weiß. Deine linke Seite – sie ist verkrampft. Es sind die Drüsen."

Sie war überrascht. „Ja, Baba, die Drüsen. Die Krämpfe sind stark."

„Ich weiß, ich weiß", sagte er mit besänftigender Stimme. „Du schläfst nachts nicht gut, und du sorgst dich ständig. Dein Inneres ist im Aufruhr, und manchmal scheidest du Blut aus."

„Das stimmt, Baba, das stimmt!" Zu hören, daß Baba offensichtlich allwissend und allgegenwärtig war, beruhigte sie einigermaßen.

„Ja, diese Augen sind Röntgenaugen", sagte er lächelnd. Er fuhr dann fort, ihren Gesundheitszustand zu beschreiben und sprach von bestimmten Symptomen, die sie bestätigte. Sie fuhr fort mit ihren Bitten und fragte ängstlich, ob sie sich wieder erholen würde. „Aber sicher, es wird dir wieder gut gehen", antwortete er mit Nachdruck. „Mach dir wegen deines Körpers keine Sorgen. Der Körper ist eine Seifenblase, die vergeht. Du bist das ‚ich', das hinter dem Körper steht, du bist ewig – es wird dir gut gehen."

„Aber meine Kinder, Baba, meine Gesundheit ... ," fuhr sie fort. Er erzeugte etwas Vibhūti für die Frau und sagte, sie solle in den nächsten zwei, drei Tagen jeweils ein wenig davon in Wasser vor dem Schlafengehen nehmen, dann würde sie gut schlafen und auch bald wieder gesund werden.

Baba wurde dann wegen einer Frau befragt, die im Āshram übernachten wollte und vom Āshramverwalter angewiesen worden war, das Gelände zu verlassen. Baba nutzte die Gelegenheit, um über die Notwendigkeit einer geeigneten Disziplin zu sprechen und sein Mißfallen über eine hippiähnliche Lebensweise auszudrücken. „Es kommen viele undisziplinierte junge Leute hierher," sagte er, „die anfänglich allein sind, aber nach drei oder vier Tagen behaupten: ‚Die ist meine Frau – ich bin mit ihr verheiratet.'"

„Das ist nicht gut", sagte Baba. „Es ist hier nicht gut und auch nicht draußen. Charakter, Charakter – das ist wichtig. Freude ohne Reinheit ist nicht gut. Pflicht ohne Liebe ist verwerflich. Pflicht mit Liebe ist gut – Liebe ... Liebe ... Liebe". Er lächelte strahlend und prägte so die Botschaft tief in unsere Seelen ein. Es war während dieses Interviews, daß ich begann, Baba weniger als den allgegenwärtigen Herrscher über große Kräfte zu sehen, sondern vielmehr als Verkörperung der reinen Liebe. Eindeutig ist es die Liebe für seine Devotees, die seine Handlungen motiviert.

Man könnte spekulieren, daß es der Zweck einer Reise Babas nach Amerika sein könnte, das spirituelle Erwachen des Westens einzuleiten oder den leidenden Amerikanern zu helfen, die schwere Last chaotischer politischer, sozialer und wirtschaftlicher Verhältnisse zu tragen, oder vielleicht, etwas gegen das Pulverfaß im Mittleren Osten zu unternehmen, oder daß es Teil eines noch größeren Planes sein könnte. Aber sooft wir Baba fragten, lächelte er nur voller Liebe und sagte nur: „Ich tue es für Elsie und Walter, und um Freude zu bringen."

Einige Wochen zuvor hatte Baba an einer Zusammenkunft von ungefähr 200.000 Menschen teilgenommen. Ständig wird er von Menschen aus aller Welt aufgesucht, und doch ist er bereit, diese lange Reise zu unternehmen, nur um einem seiner Anhänger seine Liebe zu bringen, und dadurch, daß er es tut, zeigt er, daß er bereit ist, das gleiche für alle Devotees zu tun.

Er erzeugte Vibhūti für uns, und Helene Vreeland sah man es an, daß sie randvoll überquellender Liebe zu ihm war. „ Baba, du hast mir alles gegeben", sagte sie. Zögernd fragte sie, ob sie ihren Kopf auf seine Füße legen dürfe. Er war einverstanden und erhob sich. Helene kniete nieder. Ihr Gesicht hatte einen weichen Glanz, und mit einem Schleier von Tränen der Liebe in ihren Augen preßte sie langsam und sanft ihre Wange auf Babas Füße. Sie blieb so eine Weile, die Augen geschlossen und ganz offensichtlich in einem Zustand des tiefsten Friedens durch diese Berührung mit dem Göttlichen. Baba stand ruhig und lächelnd da, wissend um die Aufrichtigkeit von Helenes Gefühlen, und freute sich, diesen Herzenswunsch zu erfüllen.

Elsie übergab Baba Briefe von amerikanischen Devotees und zeigte ihm Vergrößerungen von Bildern der Christusfigur, die er für Dr.John Hislop materialisiert hatte. Zum Geschäftlichen übergehend fragte sie Baba, ob sie die Bilder verkaufen und wenn ja, wieviel sie dafür nehmen sollte. Er lächelte. „Nein, nein, an Geld bin ich nicht interessiert. Sprich nicht über Geld mit mir. Tu deine Pflicht – das ist deine Aufgabe. Geld kommt und geht, Moral kommt und wächst."

Man muß es noch einmal sagen: In Babas Gegenwart nehmen solche Aussprüche eine viel tiefere Bedeutung an. Es ist ganz offensichtlich, daß er meint, was er sagt; daß ihn Geld nicht interessiert und daß er nicht darüber sprechen will; daß Geld der Ursprung für eine Menge Streitigkeiten ist, von denen er sich vollkommen distanziert. Gleichzeitig aber versteht und akzeptiert er die Bedeutung des Geldes für das Leben seiner Devotees.

„Walter und ich haben dich heute morgen besucht", sagte er plötzlich.

„Ja,ja! Um sechs Uhr. Ich fühlte mich so erfüllt."

„Nein – fünf Minuten vor sechs", korrigierte er sie mit einem Lächeln voller Liebe und sah wieder so aus, als ob er außerhalb seines Körpers weilte, irgendwo im Kosmos. „Wenn man Baba in sich fühlt, ist es das, was man

Verwirklichung nennt", sagte er. Und zu uns allen gewandt fuhr er fort: „Elsies Herz ist rein. Svāmī sieht gerne das Herz eines Devotees, das so mit Liebe und Hingabe erfüllt ist."

Die Liebe, die Elsie für Baba verspürt, ist eindeutig die zentrale Kraft in ihrem Leben. Da ist diese ältere, körperlich geschwächte Frau, die schlecht sieht und der es schwerfällt, sich zu bewegen, und trotzdem ständig von Hingabe und Liebe angetrieben – immer hin zu Baba strebt. Elsie sprach während der ganzen Reise nicht von Krankheit oder Unwohlsein. Stattdessen trieb sie uns an, auf dem Weg zu Gott schneller und weiter voranzukommen und unsere weltlichen Pflichten zu erfüllen.

Baba half ihr aufstehen. Er nahm sie zu einer persönlichen Unterredung beiseite und fragte, ob sie sich irgendetwas wünsche. Ich hörte sie sagen, daß sie ganz von seiner Liebe überwältigt sei; dann lenkte ich meine Aufmerksamkeit auf etwas anderes, um nicht ihre Privatsphäre zu verletzen. Ich erinnerte mich an etwas, was ein Freund über Baba gesagt hatte, bevor ich ihm begegnet war: „Er kann deinen Becher füllen, bis er überläuft, bis du einfach nichts mehr aufnehmen kannst – und doch fährt er fort zu geben."

Die kranke Frau, die zu Anfang des Interviews so verzagt gewesen war, erhob sich, um Baba zu danken. Er lächelte sie liebevoll an und bewegte dann seine so wunderbar kreative Hand durch die Luft. Und da war er auch schon – ein herrlicher Ring. Das war wie das Tüpfelchen auf dem ‚i'. „Danke, danke", weinte sie und fiel ihm zu Füßen. Der Wechsel von ihrer quälenden Angst zu Beginn des Interviews zu dieser tiefempfundenen Hingabe und Liebe war so überwältigend, daß mein eigenes Herz vor Freude – ihrer und meiner – überzuquellen schien und ich Mühe hatte, die aufsteigenden Tränen zurückzuhalten.

Es gibt so viel Liebe auf der Welt. Nie zuvor hatte ich diese wunderbare Erfahrung so tief empfunden. Baba zeigte mir in einem einzigen Augenblick, was Jahre der Psychiatrie nicht vermocht hatten: Wie man diese Liebe entfacht. Eine so tiefe Liebe wird aus der hingebungsvollen Sehnsucht nach Gott und die oft leidvolle Reise zu ihm geboren.

Baba verteilte Vibhūti aus einer Tasche. Er füllte Elsies Umhängetasche, bis sie überlief. Sie konnte vor Freude nichts sagen. Dann legte er seine Hand auf meine Schulter: „Komm? übermorgen wieder mit Dr. Bhagavantam, damit

Beginne den Tag mit Liebe,
Erfülle den Tag mit Liebe,
Beende den Tag mit Liebe –
Das ist der Weg zu Gott.

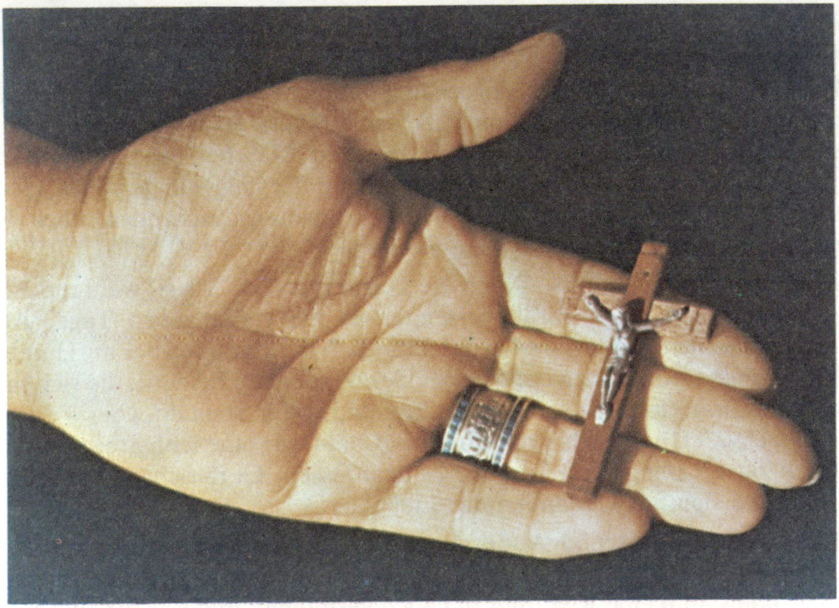

wir die Reisepläne weiter besprechen können. Fahr jetzt mit Elsie nach Bangalore zurück." Wir nahmen Abschied von Baba, packten unsere Siebensachen und fuhren los – wie in allen Märchen und Filmen, der untergehenden Sonne entgegen. Der Sonnenuntergang war herrlich. Hochgetürmte Wolken, von roten und silbernen Streifen durchzogen, über dem ganzen Himmel im Westen.

Kühl kam die Abendbrise durch die Fenster unseres Taxis, während Elsie und ich uns im Geiste zurückversetzten in die vergangenen Tage. Alte, knorrige Bäume säumten den Straßenrand. Wir fuhren vorbei an Hunden, Affen, Kühen und Schafen auf den dunkler werdenden Feldern, die sich sanft vor uns ausbreiteten. Ich war wie betäubt und voller Staunen, aber Verstand und Sinne waren hellwach. Der indische Abend war eine lebhafte, aber doch köstlich zarte Collage von Farben, Geheimnissen, Geräuschen. Mein Geist beschäftigte sich mit Gedanken der Liebe.

Wie intensiv und schön Äußerungen der Liebe sein können, und welch wichtige Macht sind sie im Leben eines Menschen! Wie sehr sie das Leben mit Sinn erfüllen, ihm eine Richtung zu geben vermögen; und was für eine solide Grundlage sind sie für unser Wachstum und unsere Selbstfindung! Augenzeuge dieses Schauspiels zwischen Elsie und Baba zu sein, war für mich zutiefst bewegend und bedeutungsvoll gewesen.

Meine eigenen Reaktionen Baba gegenüber zu beobachten bedeutete einen unschätzbaren Lernprozeß über das Wesen von Geist und Gefühl. Selbst nach all diesen Erfahrungen mit ihm stellte ich doch immer wieder fest, wie leicht mein Glaube zu erschüttern ist, und ich habe herausgefunden, daß es bei anderen ganz ähnlich ist – vielleicht, wie schon gesagt, aufgrund von Babas Shiva-Aspekt. Ihn zu erleben bedeutet alle Unreinheiten an den Tag zu bringen – fehlenden Glauben, Zweifel, Unbeständigkeit – damit sie verbrannt

„Anstatt sein Heim, sein Dorf, seinen Bezirk und sein Land und letztlich die Welt in ein Prashānti Nilayam zu verwandeln – den Wohnort des Friedens, der jenseits des Verstandes liegt – hat der Mensch all diese Orte zu Arenen für ungezähmte Leidenschaften – Zorn, Habgier und Gewalt gemacht. Anstatt die Sinne, die bestenfalls sehr schlechte Führer und Informanten sind, zu seinen Dienern zu machen, hat er sie zu seinen Herren erhoben. Er ist der Sklave schnell vergänglicher Schönheit, vergehender Melodien, momentaner Sanftmut, flüchtigen Wohlgeruchs und kurzlebiger Moden geworden. Er verschwendet all seine Energie und die Früchte all seiner Bemühungen für die Befriedigung der trivialen und herabwürdigenden Bedürfnisse dieser ungezähmten Handlanger. Wie schade!"

werden können. Es scheint, daß dies ein Teil der Reise ist, die zur völligen Selbstaufgabe führt.

Die Sonne ging gerade über dem Tempel von Prashānti Nilayam auf. Ich war soeben vom morgendlichen Darshan zurückgekehrt, saß auf der Veranda und sammelte meine Gedanken, im unklaren darüber, wie der Tag verlaufen würde.

Baba hatte mir gesagt, ich sollte am Donnerstag mit Dr. Bhagavantam in den Āshram zurückkehren. Aber als ich ihn anrief, sagte mir Bhagavantam, daß er von Baba nichts gehört hatte und deshalb nicht vor Samstag nach Puttaparthi fahren würde. Es schien sich um einen weiteren der berühmten Baba-Tricks zu handeln. Ich mußte in jedem Fall am Donnerstag fahren, obwohl das eine ziemliche Enttäuschung war, denn ich mußte ja bereits am Freitag in die Staaten zurückfliegen. Ich hätte sonst eine andere Maschine buchen und dann warten müssen.

Am nächsten Morgen stand ich um halb fünf Uhr auf und befand mich um fünf Uhr bereits auf dem Weg. Es gab ein paar Schwierigkeiten wie zum Beispiel einen platten Reifen und einen kaputten Motor, wegen dem wir dreißig Kilometer vor Puttaparthi das Taxi wechseln mußten. Aber abgesehen davon war die Fahrt angenehm. Als ich nach etwa fünf Stunden im Āshram eintraf, erfuhr ich, daß dieser Tag ein besonderer Feiertag war – Dīpāvalī, das Fest des Lichtes – und daß Baba eine besondere Botschaft verkünden würde. Bhagavantam sollte übersetzen und wurde jede Minute erwartet. Meine Stimmung stieg, denn nun bestand wieder die Möglichkeit, daß wir drei zusammenkommen würden und ich doch noch mein Flugzeug am Freitag bekommen könnte.

Gegen drei Uhr machte ich mich mit einer Notiz in der Hand, durch die ich Baba mitteilen wollte, daß ich anwesend war und für ein Gespräch zur Verfügung stand, auf den Weg zum Tempel. Da war der Wunsch der Vater des Gedankens. Gegen vier Uhr versammelte sich alles am Tempel, um Babas Rede zu hören. Zuerst sprachen zwei allgemein bekannte Devotees – ein prominenter Richter und ein gelehrter Erzieher – kurz über die Bedeutung Babas in ihrem Leben. Dann sprach Baba eineinhalb Stunden über die Bedeutung des Dīpāvalī-Festes: Über den Weg, Licht in unser Leben zu bringen, um die Dunkelheit zu vertreiben und uns selbst mit dem Göttlichen zu identifizieren. Obwohl meine gekreuzten Beine mich vom dreistündigen Sitzen auf den harten Fließen fast umbrachten, genoß ich die Rede enorm. Anschließend sang Baba Bhajans, und jedermann war in bester Stimmung. Zu dieser Zeit war es allerdings schon fast sieben Uhr, und ich wußte, daß es jetzt für ein Gespräch mit ihm zu spät war. Nun gut, vielleicht dann morgen..

So war ich denn am nächsten Tag, Freitag, wieder da. Die Sonne schien hell und warm und umrahmte das Tempeldach mit einem schmalen goldenen

Rand. Ich schrieb wieder eine Notiz an Baba und ging mit einigen anderen zum Tempel. Als ich hörte, daß Bhagavantam bereits mit Baba gesprochen hatte und sich gerade zum Abreisen fertigmachte und ich mir eingestehen mußte, daß Baba mir seit Elsies Abreise kaum einen Blick zugeworfen hatte, war mir klar, daß ich kaum eine Chance haben würde, ihn zu sehen. Ich beschloß trotzdem zu warten.

Ich saß ein paar Stunden da und schrieb schließlich eine Notiz, mit der ich Baba mitteilte, daß mein Flugzeug an diesem Tage noch gehen würde, ob Baba mich noch sprechen wollte und ob ich seinen Segen für meine Abreise hätte. Eine Stunde später brachte jemand eine Antwort. Baba hatte gegen meine Pläne nichts einzuwenden , und ich konnte abreisen – einfach so.

Vielleicht hatte mich Baba aufgefordert zurückzukommen und mich auf diese Weise mehr oder weniger eingeladen, seine Rede zu hören. Und die war ein Genuß gewesen. Jedenfalls war mir klar, daß er mir keine erkennbare Aufmerksamkeit mehr widmen würde. Vielleicht würde ich ihn bald in den Vereinigten Staaten wiedersehen...? Nach dem Packen ging ich nocheinmal zum Tempel und sah aus der Ferne, wie Baba unter den Devotees umherging, die Bhajans für ihn sangen. Ich nahm meinen Abschied schweigend.

Die Heimreise ging reibungslos und bequem vor sich. Die Verbindungen klappten nahtlos, und ich kam am nächsten Abend um zehn Uhr in San Diego an. Die Reise war ein wunderbarer Erfolg gewesen. Ich war glücklich und von einem tiefen Gefühl der Freude erfüllt.

Am 20. April 1971 vollbrachte Sai Baba Berichten nach ein Wunder, während er in einer kleinen Gruppe amerikanischer Devotees saß – ein Wunder, das besser als Worte es vermögen, die Verbindung zwischen Christus, Shiva und ihm selbst aufzeigt. Die Devotees erzählten, daß er mit einer Bewegung seiner Hand dieses kleine Medaillon materialisierte, das ein Bild von Jesus zeigt. Das Medaillon ging von Hand zu Hand, damit es jeder einzeln betrachten konnte. Nachdem er es wieder in die Hand genommen hatte, blies Baba zweimal darauf und verwandelte damit – so die Anwesenden – das kleine Bild auf der Oberfläche in das von Lord Shiva.

Das Geheimnis der Befreiung liegt nicht in der mystischen Formel, die einem ins Ohr geflüstert und mit der Gebetskette wiederholt wird. Es liegt darin, das Bekenntnis in die Tat umzusetzen, den Pilgerpfad der Gottesfurcht wirklich zu beschreiten, um das Ziel schließlich im Triumph zu erreichen.

Fragen und Antworten

Wahrhafter Glaube an Gott und das Wissen um die Existenz einer höheren Wirklichkeit bedeuten für die meisten von uns modernen Rationalisten einen gewaltigen Bewußtseinssprung. Sai Baba kann vielen bei diesem Sprung helfen; und nachdem er getan ist, kann die Suche nach der Selbsterkenntnis ernsthaft beginnen. Wenn man sich konzentriert, auf was immer man als einen Aspekt Gottes erkennt – ob es nun Liebe, ein humanistisches Verhalten, ein spirituelles Mantra, ein Symbol oder eine Inkarnation Gottes ist oder Gott als das Formlose – löst man ganz natürlich den Zugriff der Sinne, Gefühle und des Verstandes. Man tendiert dahin, eins zu werden mit dem Gegenstand der Erkenntnis.

Baba rät den Menschen, sich das Erlebnis Gottes, gleich welcher Art es ist, immer bewußt vor Augen zu halten und darüber so viel wie möglich zu meditieren. Man kann entweder die eigentliche Meditation üben, indem man ruhig dasitzt und und versucht, mit dem inneren Licht in Berührung zu kommen... oder aber man übt sich in der ständigen Wiederholung des Namens Gottes, so daß man Gott fortwährend auf der Zunge hat. Baba lehrt auch, daß man sich in jeder Lebenssituation so verhalten soll, als sei sie selbst Gott, und zwar mit dem gleichen Gefühl der Verantwortlichkeit, der Hingabe und Liebe. Dadurch werden unsere täglichen Handlungen zu einer Übung in Hingabe und unser gesamtes Dasein zum Gottesdienst.

Wenn man Gott hinter der Vielzahl der Erscheinungsformen und Namen sieht, beschreitet man einen aufregenden, neuen Weg der Beziehung zur Welt. Als Psychiater halte ich diese Beziehung für stark genug, einen aus einer Welt der Dualität, in der alles außerhalb des einzelnen Selbst als getrennt und verschieden von diesem existiert, herauszuführen, und hin zu der Erkenntnis eines universellen Prinzips, das die Wirklichkeit durchdringt. Diese Einstellung begünstigt auf wunderbare Weise das innere Wachstum, weil alle Kräfte des Geistes und der Gefühle auf ein Erlebnis konzentriert sind, das unablässig aufheiternd und ermunternd wirkt. Ablenkende und unwesentliche Gedanken scheinen zu verschwinden, und man ist von einem Gefühl des Friedens und der Weite erfüllt.

Es ist an uns, die Wahl zu treffen – nämlich Gott zum Brennpunkt unseres Bewußtseins zu erwählen anstatt Sorge, Schmerz, Konflikt und Verwirrung.

Wir schaffen tatsächlich unser eigenes Universum. Das Kunststück liegt in der Umsicht es zu ordnen, in unserer Disziplin und unserem Willen, mit denen wir ans Werk gehen und mit dem Glauben, daß wir das Ziel erreichen.

Bevor ich zu der Erkenntnis erweckt wurde, daß die Existenz Gottes Wirklichkeit ist, glaubte ich, ein solcher Seinszustand sei nur durch Suggestion möglich, durch den Gebrauch der Vorstellungskraft und der psychologischen Prinzipien, von denen man annimmt, daß sie für die Bestimmung der menschlichen Verhaltensweisen zuständig sind. Heute glaube ich, daß tatsächlich eine andere Macht am Werke ist, daß wir auf ganz konkrete Art und Weise Hilfe aus einer spirituellen Wirklichkeitsebene erhalten können.

Baba erklärt, daß uns Gott in Seiner Gnade zehn Schritte entgegenkommt, wenn wir uns in der spirituellen Disziplin üben, ständig auf Gott konzentriert zu sein und so versuchen, wenigstens einen Schritt auf ihn zuzugehen. Offensichtlich ist es genau das, was uns Gott zu allen Zeiten gesagt hat. Seit ich Baba begegnet bin, habe ich ein tiefes Vertrauen in die Wahrheit seines liebevollen Versprechens entwickelt.

„Ihr werdet sagen, daß ein Fortschritt nur durch meine Gnade möglich ist", sagt Baba, „aber obwohl mein Herz so weich wie Butter ist, schmilzt es doch nur, wenn in eueren Gebeten wenigstens etwas Wärme ist. Wenn ihr nicht wenigstens einige disziplinierte Anstrengungen – etwas Sādhana – unternehmt, kann die Gnade nicht über euch kommen. Die Sehnsucht, die Qual des unerfüllten Strebens – das ist die Wärme, die mein Herz schmelzen läßt. Es ist die Seelenqual (Avedana), die Gnade gewinnt.

Sādhana (spirituelle Übungen) muß euch ruhig, gelassen, ausgeglichen und gleichmütig machen. Euer Verstand soll kühl und angenehm wie das Mondlicht sein, denn der Mond ist die Gottheit, die über den Verstand herrscht. Seid ruhig in eueren Reden, seid ruhig in der Erwiderung auf Bosheit, Spitzfindigkeit und Lob. Die Ruhe der Sinne, Leidenschaften, Gefühle und Impulse – das ist wirkliche Shānti (Friede).

Laßt euch nicht durch Zweifel und hohle Argumente irre machen. Fragt nicht, wie und ob ich all das bewirken kann. Einst gingen Krishna und Arjuna einen Weg zusammen. Krishna sah einen Vogel am Himmel und fragte Arjuna, ‚Ist das eine Taube?'

Arjuna erwiderte: ‚Ja, es ist eine Taube.'

Dann fragte ihn Krishna: ‚Ist es ein Adler?'

Arjuna antwortete: ‚Ja, es ist ein Adler.'

Nein, Arjuna, es sieht mir eher wie eine Krähe aus. Ist es nicht eine Krähe?'

Arjuna erwiderte: ‚Verzeih, sicher ist es eine Krähe.'

Krishna lachte und schalt ihn dafür, daß er zu allem Ja und Amen sagte.

Aber Arjuna antwortete: ‚Vergib mir, aber deine Worte sind mir weit wichtiger als das, was meine Augen mir sagen. Du kannst den Vogel zu einer Krähe, einer Taube oder einem Adler machen; wenn du sagst, es ist eine Krähe, dann wird es eine sein...' Uneingeschränkter Glaube ist der Weg zu spirituellem Erfolg."

Ich hatte Gelegenheit, mit vielen Menschen über Sai Baba zu sprechen. Hier sind nun einige der Fragen, die am häufigsten über ihn gestellt werden.

Frage: Gibt es Menschen, die Baba begegnet sind und doch an ihm zweifeln?

Antwort: Es gibt Menschen, die nach Indien gereist sind, um ihn zu sehen und enttäuscht zurückkehrten, und es gibt Inder, die die Geschichten über seine Wunder nicht glauben. Es gibt solche, die ihn kritisieren und versuchen, ihn herabzuwürdigen. Aber ich bin kaum einem Menschen begegnet – gleich wer er war oder welchen Titel er trug – der in Babas Nähe und ungerührt geblieben wäre. Normalerweise ist jeder tief beeindruckt. Ich persönlich bin voller Ehrfurcht vor dem Respekt, den er gebietet.

Als Baba zwanzig Jahre alt war und auch außerhalb Puttaparthis bekannt wurde, machte sich sein älterer Bruder Sorgen, daß Klatsch, Kritik und die selbstsüchtigen Interessen einiger Leute dem jüngeren Bruder schaden könnten. Er schrieb ihm wegen dieser Sorge. In Babas Antwort findet man die beste Methode, wie man mit dieser Art Klatsch fertig wird. Sie enthält darüber hinaus eine deutliche Erklärung Babas zu seiner wahren Identität. Dr. N.Kasturi, der Autor von Babas Biographie, beschreibt den Vorfall in seinem Buch ‚Satyam Shivam Sundaram', Teil 2, Seite 7:

„Baba war nun zwanzig Jahre alt, sein älterer Bruder Seshamaraju, der Telugulehrer, konnte das Mysterium dieses Phänomens nicht ganz begreifen. Mit wachsender Bestürzung und echter brüderlicher Liebe beobachtete er die Wagenprozession, die zum rechten Flußufer kam und seinen einfachen, im Dorf aufgewachsenen Bruder in die Städte entführte, die am Horizont glitzerten, voller Fallen und Versuchungen. Einige Zeitungsberichte, die vor Unwissenheit strotzten, schmerzten ihn. So schrieb er einen Brief an seinen Bruder, in dem er ihn warnte, und legte ihm die Lehre nahe, die er selber über die Gesellschaft, menschliche Schwächen, den Ruhm und alles, was daraus folgt, gelernt hatte.

Das Antwortschreiben Babas vom 25. Mai 1947 findet sich in meinem Besitz. Es ist ein Schriftstück, das Babas Wesen ganz unmißverständlich enthüllt. Ich darf es hier mitteilen:

An alle, die mir ergeben sind (Obwohl der Brief an seinen Bruder gerichtet war, ist diese Antwort doch an alle Menschen gerichtet, Sie und mich eingeschlossen, denn es ist wichtig, daß Sie und ich das wahre Wesen dieses Phänomens erkennen, das für unser Heil erschienen ist.)

Mein Lieber! Ich erhielt die Mitteilung, die du geschrieben und geschickt hast, und fand in ihr die aufwallende Flut deiner Verehrung und Zuneigung, mit dem Unterton des Zweifels und der Ängstlichkeit. Laß mich dir sagen, daß es unmöglich ist, das Herz und das Wesen der Jnānīs (derer, die spirituelle Weisheit erlangt haben), der Yogīs, Asketen, Heiligen, Weisen und ähnlicher Menschen auszuloten und zu begreifen. Die Menschen sind mit einer Vielzahl von charakteristischen Eigenschaften und Geisteshaltungen behaftet, und deshalb richtet jeder gemäß seines persönlichen Blickwinkels, spricht und argumentiert im Lichte seiner persönlichen Wesensart.

Wir müssen aber zu unserem ureigenen, rechten Weg stehen, zu unserer eigenen Weisheit, unserem eigenen Entschluß, ohne dabei ständig von der Wertschätzung der Allgemeinheit abhängig zu sein. Wie es im Sprichwort heißt, wird nur der mit Früchten behangene Baum von den Vorübergehenden mit Steinen beworfen. Die Guten reizen die Schlechten immer zur Verleumdung, die Schlechten reizen die Guten immer dazu, sie zu verlachen. Dies ist die Natur dieser Welt. Es sollte einen wundern, wenn es anders wäre.

Diese Menschen müssen auch eher bemitleidet als verdammt werden. Sie wissen es einfach nicht besser. Sie haben nicht die Geduld, nach dem Rechten zu suchen und zu urteilen. Sie sind so voller Leidenschaften, Zorn und Eitelkeit, daß sie die Dinge nicht klar sehen und richtig erkennen können. Darum schreiben sie alles mögliche. Wenn sie es besser wüßten, würden sie nicht so reden und schreiben. Aber wir sollten solchen Kommentaren keinen Wert beimessen und sie uns nicht so zu Herzen nehmen, wie du es zu tun scheinst. Die Wahrheit wird eines Tages mit Sicherheit triumphieren. Unwahrheit kann nie den Sieg davontragen. Es mag den Anschein haben, als würde die Unwahrheit die Wahrheit überwältigen, aber dieser Sieg wird dahinschwinden, und die Wahrheit wird sich durchsetzen.

Es ist nicht die Art der Großen, sich aufzublasen, wenn die Menschen sie anbeten, und zu schrumpfen, wenn die Menschen sie verhöhnen. Tatsächlich sind in keiner der heiligen Schriften Regeln für das Leben der Großen aufgestellt, die ihnen Benehmen und Verhaltensweisen vorschreiben, die sie zu befolgen haben. Jene kennen den Weg, den sie beschreiten müssen, schon selbst. Ihre Weisheit leitet sie und macht ihre Handlungen heilig. Selbstvertrauen und Wohltätigkeit – das sind ihre besonderen Merkmale. Sie mögen auch das Wohlergehen ihrer Anhänger fördern und ihnen die Früchte ihrer Handlungen zuteil werden lassen. Warum sollte dich Verwirrung und Sorge plagen, solange ich daran festhalte? Schließlich berühren Lob und Schmähung des Volkes den Ātman – die Wirklichkeit – nicht: Sie können nur den äußeren Rahmen, das Körperliche, berühren.

Ich habe eine Aufgabe: Mich der Pflege aller Menschen dieser Erde anzunehmen und jedem von ihnen ein Leben voll Ānanda zu sichern. Ich habe eine Pflicht zu erfüllen: Alle, die vom geraden Weg abgekommen sind, wieder zum Guten hinzuführen und sie zu retten. Ich bin an eine ‚Arbeit' gebunden, die ich liebe – nämlich die Qual der Unglücklichen zu beseitigen und ihnen zu geben, was ihnen fehlt. Ich habe einen Grund ‚stolz zu sein', denn ich errette wahrhaft alle, die mir in Verehrung dienen und mich anbeten. Ich habe eine eigene Definition der ‚Hingabe', die ich erwarte: Jene, die mir treu ergeben sind, haben Freude und Leid, Gewinn und Verlust mit gleicher Seelenstärke zu begegnen.

Das heißt, daß ich jene, die mir ergeben sind, niemals aufgeben werde. Wenn ich nun also so ernsthaft mit meiner wohltätigen Aufgabe beschäftigt bin, wie kann dann mein Name jemals befleckt werden, wie du so sehr befürchtest? ich möchte dir raten, auf derlei absurdes Gerede keinen Wert zu legen. Mahātmas (große Seelen) erhalten ihre Größe nicht dadurch, daß jemand sie groß nennt, und sie werden nicht kleiner, wenn jemand sie klein nennt. Nur jene niederen Menschen, die sich mit Opium und Ganja vergnügen und dabei behaupten, die größten Yogīs zu sein, nur jene, die geistliche Schriften zitieren, um ihre Prahlerei und ihren Stolz zu befriedigen, nur jene staubtrockenen Gelehrten, die in ihrer Spitzfindigkeit und geistigen Wendigkeit schwelgen, werden von Lob oder Tadel berührt.

Du mußt die Lebensgeschichten von Heiligen und gottähnlichen Wesen gelesen haben: In jenen Büchern mußt du noch größere Lügen und noch abscheulichere Anschuldigen gegen diese gefunden haben. Das ist überall und zu allen Zeiten das Los der Mahātmas. Warum nimmst du dir diese Dinge dann zu Herzen? Hast du nicht von den Hunden gehört, die zu den Sternen emporheulen? Wie lange halten sie das wohl aus? Die Wahrheit wird sehr bald den Sieg davontragen.

Ich werden von meiner Mission nicht ablassen, noch von meinem Entschluß. Ich weiß, daß ich meine Mission ausführen werde. Ich behandle die Ehre und die Schande, den Ruhm und den Tadel, die daraus folgen, mit demselben Gleichmut. Innerlich bin ich ungerührt. Ich handle nur in dieser äußeren Welt. Ich spreche und wandle zum Segen dieser äußeren Welt und um den Menschen mein Kommen zu verkünden – ansonsten verbindet mich nichts mit ihnen.

Ich gehöre nirgendwohin und bin keinem Namen verhaftet. Ich kenne kein ‚mein' oder ‚dein'. Ich antworte, gleich welchen Namen ihr auch immer benutzt. Ich gehe, wohin immer ich geführt werde. Dies ist meine allererste Verpflichtung. Bisher habe ich das niemandem enthüllt. Für mich ist die Welt etwas Fernes, Abgesondertes. Ich handle und wandle nur zum Segen der Menschheit. Niemand kann meine Herrlichkeit begreifen, wer immer er sein mag, was für Untersuchungsmethoden er auch anwendet und wie lange er sich auch bemüht.

Du wirst in den kommenden Jahren die ganze Herrlichkeit mit deinen eigenen Augen sehen können. Meine Devotees müssen Geduld und Langmut haben.

Ich bin weder daran interessiert, noch besorgt darüber, daß diese Tatsachen publik gemacht werden. Es besteht keine Notwendigkeit für mich, diese Worte zu schreiben. Ich schreibe sie lediglich, weil ich weiß, daß es dich schmerzen würde, wenn ich dir nicht geantwortet hätte. In diesem Sinne – Dein Baba.

F: Will Baba, daß man ihn als Gott anbetet?

A: Obwohl Sai Baba eine große Anhängerschar anzieht – und es besteht kaum ein Zweifel darüber, daß er für eine schnell wachsende religiöse Bewegung zu einem Objekt der Anbetung geworden ist – will er doch weder Reklame, noch, daß man ihn anbetet. Obwohl er in eine Hindu-Familie hineingeboren wurde und zu den Hindus oft über ihre Götter und die heiligen Schriften spricht, predigt er keine Religion, die andere ausschließt. Ich habe ihn zu Christen von Christus sprechen hören und von anderer Seite gehört, daß er ähnlich auch mit Menschen anderer Glaubensbekenntnisse verfährt: Er versucht dem einzelnen zu helfen, das Göttliche in sich selbst zu erkennen und zu erlangen, indem er die heiligen Schriften aus deren eigenem Glauben heranzieht, durch diszipliniertes Meditieren und Singen, durch das allmähliche Beruhigen der weltlichen Begierden und Sinne und durch Festhalten an der rechten, in Wahrhaftigkeit begründeten Handlungsweise.

Er lehrt, daß wir alle Brüder und Schwestern sind, die dieselbe innere Sehnsucht nach dem Einswerden mit Gott verspüren, und er zeigt auch, daß diese Sehnsucht nicht das Ergebnis irgendwelcher besonderer Kirchenlehren, oder einer einzigen Manifestation Gottes ist, sondern vielmehr die Reflexion einer universellen Wahrheit in uns allen. Wir müssen lernen, diese innere Wahrheit selbst zu erfahren – das ist unsere ureigene Pflicht und nicht die irgendeines anderen. Wir müssen nach unseren eigenen höheren Möglichkeiten und dem Gott in jedem von uns suchen.

F: Sie erwähnten die umfangreiche Dokumentation, die über Babas Wunder und über seine übersinnlichen Kräfte vorliegt. Da es sie gibt, verstehe ich nicht, daß man in der westlichen Welt so wenig über ihn weiß.

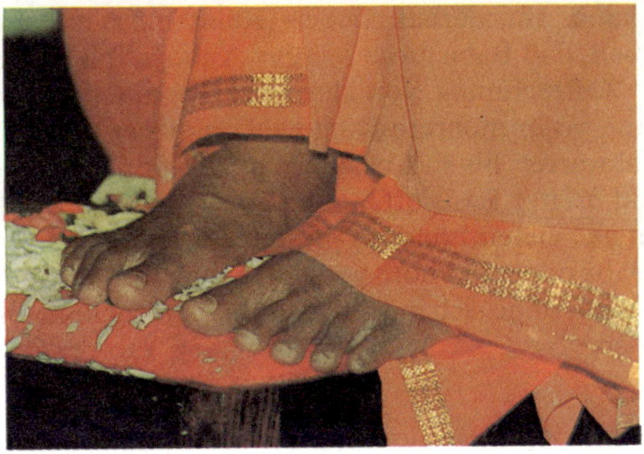

Halte unter allen Umständen fest an der Quelle, der Substanz und der Summe aller Kraft – dem Herrn... Dann wirst du aus dieser Quelle alle Kraft, die du brauchst, schöpfen können. Dieses Festhalten nennt man „Bhakti".

Für den Vogel, der über die dunklen, tiefblauen Wasser des Ozeans fliegt, gibt es als einzigen Rastplatz nur den Mast eines Schiffes, das hinüberfährt. So ist auch der Herr die einzige Zuflucht für den Menschen, der von den Stürmen über ein rauhes Meer getrieben wird. der Vogel mag noch so weit fliegen – er weiß doch immer, wo er sich ausruhen kann; dieses Wissen gibt ihm Zuversicht. Er hat das Bild des Schiffsmastes stets im Sinn. Er hat auch die genaue Vorstellung von der Form des Mastes. Dieser Mast ist für euch der Name des Herrn. Bringt den Namen zusammen mit der Gestalt, und haltet die Gestalt fest vor eurem inneren Auge. Sie ist wie eine Lampe, die Licht in die innersten Winkel eurer Herzen wirft. Habt den Namen auf der Zunge, und er wird die Dunkelheit im Innern und auch draußen vertreiben. Innen Frieden – außen Brüderlichkeit: Das ist das Erkennungszeichen eines Menschen, der „nāmajapa", die Wiederholung des Namens Gottes übt.

A: Auch ich kann mir darauf keinen Reim machen, aber viele seiner Anhänger glauben, daß Baba diese relative Anonymität ‚will'. Er hat gesagt, daß sich seine Zeitrechnung von der unseren unterscheidet und daß er manchmal wartet, bis er mehrere Dinge auf einmal erledigen kann. Und daß er im Moment abwartet, bis sich bestimmte Situationen entwickeln, bevor er sich der Welt auf breiter Basis offenbart. Er will einfach keine Reklame. Ich habe Menschen aus vielen Ländern in den Āshram kommen sehen, die ein Interview von Baba oder ein Photo von ihm haben wollten und tagelang in der heißen Sonne saßen, ohne sich ihm auch nur nähern zu können. Sie werden es leid und reisen ab.

Ich glaube, daß Baba völlige Gewalt darüber hat, wann und in welcher Weise Menschen von ihm erfahren. Ich fühle, daß er der Weltlehrer ist und daß der Tag bald kommen wird, da die ganze Welt von ihm erfährt.

Als Kind tanzte und sang Baba für die Dorfbewohner. Er erzählte ihnen von einem Tag in der Zukunft, da Menschen aus aller Welt nach Puttaparthi strömen und er nur noch ein orangefarbener Fleck am Horizont sein würde – nicht einmal die Dorfbewohner könnten dann noch in seine Nähe kommen. Sie lachten nur über diese Ankündigung eines Kindes, das sie sehr gerne mochten. Heute ist die Voraussage bereits wahr geworden. Bald, so fürchte ich, wird sie für uns alle gelten.

Kürzlich hörte ich eine amüsante Geschichte. Einige Berichterstatter der Zeitschrift ‚Newsweek' waren nach Indien gekommen, um verschiedene der weniger bekannten Gurus und spirituellen Lehrer über ihre Gefühle jenen Gurus gegenüber zu befragen, die nach Amerika gegangen sind, sich dort einen Namen gemacht und eine Anhängerschaft um sich geschart haben. Es gab natürlich unterschiedliche Meinungen, pro und contra. Was ich aber besonders lustig fand, war das Photo eines Mannes, eines bärtigen und zottigen Asketen auf einem Nagelbett. Weit im Hintergrund sah man ein kleines Bild von Rāma und direkt daneben ein Bild von Baba.

Ich mußte lachen, denn es schien, als sei dies das Maximum an Reklame, das Baba in diesem Land gestattet. Hier war der spirituelle Lehrer dieses Mannes – Sai Baba – und sein Bild war nicht größer als ein kleiner Fleck.

Ein einstündiger Dokumentarfilm über Sai Baba war kürzlich für das Fernsehen – mit Rod Serling als Kommentator – gedreht worden, und er zeigte ausführlich, wie Baba verschiedene Objekte materialisierte und seine

Devotees mit Liebe überschüttete. Einige amerikanische Anhänger bezeugten seine Großartigkeit, und ich fand den Film sehr informativ und beeindruckend. Und doch mußte ich zu meinem Erstaunen feststellen, daß die Filmgesellschaft Schwierigkeiten mit dem Verleih hat.

Auf der anderen Seite druckte das London Times Magazine im März 1975 einen interessanten Artikel über Baba. Immer mehr Menschen erfahren von ihm, aber den Zeitpunkt, zu dem er der ganzen Welt erscheinen wird, bestimmt er.

F: Wenn Sai Baba tatsächlich so immense Kräfte hat, warum hilft er dann nicht einige der Probleme in Indien schneller zu lösen, und warum mindert er nicht das Leid der Welt ein wenig?

A: Ich glaube, daß Sai Baba auf lange Sicht tatsächlich weitreichende Veränderungen zum Guten für Indien, aber auch für den Rest der Welt bewirkt. Meine Erfahrung mit ihm sagt mir, daß ich weder seine Handlungsweise noch seinen Zeitplan für den Wechsel erforschen kann, denn das, was er sieht und weiß, geht einfach über mein Vorstellungsvermögen und meinen Verstand. Baba hat gesagt: „Ich werde ganz sicher das Vorhaben dieses Avatāras in die Tat umsetzen – zweifelt nicht daran. Ich werde, was euch anbelangt, meine Pläne gemäß meiner eigenen Zeitrechnung ausführen. Ich kann nichts überstürzen, nur weil ihr es eilig habt. Manchmal werde ich abwarten, bis ich zehn verschiedene Dinge auf einmal erreichen kann – gerade so, wie eine Lokomotive normalerweise nicht nur einen Wagen zieht, sondern wartet, bis eine ihrer Zugkraft entsprechende Last bereitsteht. Mein Wort aber wird niemals irren, es muß alles geschehen, wie ich es will."

Warum erlaubt Gott überhaupt, daß die Menschen leiden? Diese Frage bleibt eines der großen Geheimnisse des Lebens – ein Geheimnis, das ich auch nicht annäherungsweise ergründen kann. Aber, nachdem ich Baba begegnet war, fing ich an, bestimmte spirituelle Erklärungen für den Sinn und Zweck des Leidenmüssens zu akzeptieren, und es wird mir allmählich klar, daß wir – die Menschen dieser Erde – dafür verantwortlich sind, das existierende Unrecht zu beseitigen. Ich glaube, daß es so etwas wie einen freien Willen gibt und daß das Leiden in der Welt nicht durch Gott herbeigeführt wurde. Es ist das Ergebnis unserer willkürlich getroffenen Entscheidungen und unserer eigenen Handlungen, die wir in diesem und vielleicht sogar in vergangenen Leben begangen haben.

Tatsächlich kann ich in den Leiden von Millionen scheinbar unschuldiger Menschen nur einen Sinn erkennen, wenn ich die Möglichkeit der Reinkarnation akzeptiere. Ich habe mittlerweile das spirituelle Gesetz des Karma gläubig akzeptiert. Wir ernten, was wir säen: Wir werden mit gleicher Münze für unsere guten wie für unsere schlechten Taten belohnt, und wir selbst tragen – kraft unserer eigenen Entscheidung – die Verantwortung für ein besseres Los in der Zukunft. Mir scheint, daß uns Baba durch die schwere Zeit der Sühne helfen und möglicherweise sogar das Karma der Vergangenheit oder das gegenwärtige Leid vollständig aufheben kann. Warum er das allerdings bei einigen tut und bei anderen nicht, kann ich natürlich nicht ahnen.

Wenn Baba auch manchmal ein körperliches, geistiges oder finanzielles Problem beseitigt, so betont er doch immer, daß dies nicht sein Hauptanliegen ist. Sein wirkliches Ziel ist es, uns bei unseren spirituellen Problemen zu helfen und die Krankheit zu heilen, die uns daran hindert, unsere wahre Natur zu erkennen.

Ich glaube, daß die Situation der Welt heute auf unsere niedrige Bewußtseinsebene zurückzuführen ist, für die Unrecht und Leid typisch sind. Wenn wir andere aus Gewinnsucht oder zur Befriedigung unserer Gelüste verletzen, bewußt das Land und seine Kreaturen für Geld, Prestige oder Macht zerstören, dann bewegen wir uns auf einer Ebene, auf der das Leiden dazugehört. Selbst wenn heute jemand die Welt von ihren Übeln befreien würde – bei unserem derzeitigen Bewußtseinsstand und diesem Grad unserer Erkenntnis würden wir unweigerlich morgen wieder im gleichen Schlamm versinken.

Wir alle müssen die Verantwortung für die Beseitigung der Krankheiten dieser Welt übernehmen, müssen aufhören, Gott für unsere Schwierigkeiten die Schuld zu geben, und anfangen, in uns selbst Kraft zu finden. Ich glaube fest daran, daß, wenn wir die Verantwortung für die Überwindung der menschlichen Leiden selbst übernehmen, wir die Zustände, unter denen der Mensch lebt, nicht nur verbessern, sondern verändern können – zu etwas Höherem, Göttlichem. In dieser Umwandlung liegt vielleicht der tiefste Sinn des Leidens.

Obwohl ich glaube, daß jedes Individuum für seine Leiden selbst verantwortlich ist, so könnte es doch sein, daß Gott diesen Zustand zunächst einmal zuläßt, ihn möglicherweise sogar – wie im Falle Hiobs – verstärkt, um zu prüfen und zu lehren. Baba hat gesagt: „Glaubt ihr, ich würde euch leiden lassen, wenn es keinen Grund dafür gäbe? Öffnet eure Herzen dem Leid, so wie ihr sie jetzt der Freude öffnet, denn das ist mein Wunsch, der für euch von Vorteil sein wird. Heißt das Leid als eine Herausforderung willkommen. Kehrt euch nicht ab; wendet euch dem Inneren zu und erlangt die Kraft, es zu ertragen und Nutzen daraus zu ziehen. Es liegt alles in meinem Plan – euch durch die Qual unerfüllter Bedürfnisse dazu zu bringen, auf meine Stimme zu hören, die, wenn sie vernommen wird, das Ego auflöst... und mit ihm die wechselvollen Gedanken und Gefühle.“

Durch meine psychiatrische Praxis ist mir bewußt geworden, wie schnell und gerne die Menschen von Ärzten und Pillen abhängig werden, weil sie

nicht glauben, daß es eine Heilung von innen heraus geben kann. Und ganz sicher darf ich niemanden verurteilen, wenn er nicht daran glaubt, daß wir tatsächlich die innere Kraft haben, uns selbst zu heilen. Denn bis vor kurzem habe ich es selbst nicht geglaubt, obwohl ich bereits neun Jahre in der Psychiatrie tätig war, bevor ich Baba begegnete. Ich wußte, daß wir ein riesiges Reservoir innerer Stärke und ein Schaffenspotential besitzen, das großteils brachliegt... und daß wir das Geheimnis entdecken können, wie diese Quelle zu erschließen ist; durch das Lauschen auf eine Art Stimme in uns. Aber obwohl ich tausende von Patienten behandelt hatte, und durch meine eigene Therapierung gegangen war, hatte ich doch nie einen überzeugenden Beweis für dieses verborgene Reservoir oder eine erleuchtende innere Stimme entdeckt.

Was ist diese innere Stimme? Gibt es sie tatsächlich? Aus meiner Erfahrung mit Baba und durch die Meditation sowie aufgrund meiner wachsenden Fähigkeit, diesere innere Kraft zu nutzen, die aus der Hingabe kommt, aber auch aus einer neuen Bewußtwerdung subtiler Energien in mir selbst, habe ich erkannt, daß sie existiert. Ich glaube, daß wir eine neue Bewußtseinsebene erreichen werden, wenn wir dieser inneren Stimme folgen, und begreifen, daß nicht nur die Kraft zu unserer physischen Heilung, sondern auch zu unserer inneren Auferstehung in uns selbst liegt.

F: Gibt es praktische, konkrete Beispiele für Babas Einfluß?

A: In Indien existieren bereits über dreitausend Sai Baba Zentren und viele weitere in der ganzen Welt, davon dreißig in den Vereinigten Staaten. Baba führt die Menschen zu rechtem Verhalten: Seine Anhänger engagieren sich im selbstlosen Dienst an ihrer Gemeinschaft, indem sie den Bedürftigen ganz konkret mit Nahrung, Kleidung, Unterkunft, Gesundheitsfürsorge usw. helfen. Eine Reihe von Krankenhäusern sind auf diese Weise in seinem Namen in Indien entstanden.

Baba ist besonders an der Erziehung interessiert und hat ein festes Ziel, nämlich wenigstens zwei neue Colleges in jedem indischen Land einzurichten. Vier solcher Colleges sind bereits fertiggestellt, und weitere Einrichtungen sind im Bau oder geplant.[1] Baba selbst hält Sommerkurse in Brindavan ab. Hier erhalten einige der besten Schüler und Studenten aus ganz Indien Unterricht in Spiritualität und indischer Kultur.

1 Sri Sathya Sai Arts, Science and Commerce College für Mädchen in Anantapur, eröffnet 1969; Sri Sathya Sai Arts, Science and Commerce College für Jungen in Whitefield, seit 1969; Sri Sathya Sai College für Mädchen in Jaipur, seit 1974; Sri Sathya Sai College für Mädchen in Bhapal, seit 1975; ein Wohnheim für männliche Studenten in Poona; ein Politechnikum für Handel in Bombay.

F: Profitiert Baba auf irgendeine Weise von seiner Popularität oder der Fähigkeit, Wunder zu vollbringen?

A: Zu keiner Zeit während meiner fünf Aufenthalte bei Baba wurde ich um irgendwelche Werte materieller Art angegangen. Tatsächlich war es umgekehrt: Jedesmal wurde mir Unterkuft und Verpflegung angeboten, und Baba hat als Gegenleistung nichts verlangt als meine Liebe. Er warnt die Menschen vor spirituellen Führern, die ihre Kenntnisse wie eine Ware verkaufen und weist darauf hin, daß ein Magier, der nicht nur kein Geld für seine Künste nimmt, sondern darüber hinaus auch noch alles verschenkt, was er herzaubert, bald bankrott gehen würde. Die Dinge, die Baba materialisiert, werden an die Devotees verschenkt, damit sie sie in Ehren halten. Diese Einstellung dem Geld gegenüber scheint mir ein klares Zeichen seiner Glaubwürdigkeit zu sein.

Sai Babas persönliche Bedürfnisse sind minimal. Er lebt in einem spärlich möblierten Raum im Tempel von Prashânti Nilayam... ißt wenig mehr als Reis, Quark, Linsen und Dahl – ein aus verschiedenen Bohnen bestehendes Protein – und trägt immer nur einfache, seidene oder baumwollene Gewänder. Er erinnert seine Anhänger daran, daß er keinen Āshram und keine Organisation braucht und gestattet deren Existenz nur zum Wohle seiner Devotees. Er erlaubt ihnen, ihn von einem Ort zum anderen zu fahren und ihm Unterkunft und Verpflegung zu geben – aber sonst nichts. Die, die ihm Geschenke machen oder ihre Zeit, ihre Energie und ihr Geld für ihn verwenden wollen, weist er an, in ihrer eigenen Gemeinschaft zu helfen.

F: Glauben Sie, daß das Anbeten von Statuen oder Bildern menschlicher Wesen an Götzenanbetung heranreicht?

A: Ich dachte immer, daß ich solche Dinge verstünde und sagen könnte, die eine Art der Anbetung Gottes sei vernünftig, rational und richtig und eine andere neurotisch oder falsch. Allerdings mußte ich, nachdem ich Baba begegnet war, einsehen, daß ich ein Anfänger bin, wenn es darum geht, Spiritualität und die Kräfte und Techniken zur Erweiterung des Bewußtseins zu verstehen.

Ich bin in der jüdischen Religion aufgewachsen, und mit der Vorstellung, daß Gott formlos ist und man daher keine goldenen Idole oder die menschliche Form anbeten soll. Bei dieser Einstellung wurde wenig oder gar kein Wert auf die Möglichkeit gelegt, mit Gott wirklichen Kontakt zu bekommen – sei er nun formlos oder nicht. Das ist bedauernswert, denn ich habe inzwischen erkannt, daß der jüdische Glaube einiges in sich birgt, was einen engeren Kontakt mit Gott und ein besseres Wissen um ihn lehrt. Allerdings wird das als die mystische Seite des jüdischen Glaubens angesehen, der allgemein wenig Aufmerksamkeit gewidmet wird.

Die Hindu-Religion erlaubt eine große Auswahl in der Art und Weise der Beziehung zu Gott, und ich komme heute mit diesen Anschauungen der Hindus gut zurecht. Baba lehrt, daß Gott der fundamentale Aspekt aller Formen ist, und wenn wir lernen, dies einzusehen, wird jede Erscheinungsform, der wir uns zuwenden, uns schließlich zu Gott führen. Rāmakrishna, ein hochverehrter indischer Heiliger, begann seine spirituelle Suche, indem er als Brennpunkt seiner Anbetung die Göttin Kāli, die Mutter des Universums wählte. Er verehrte sie in der Form ihrer Statue, brachte ihr Essen und badete sie, sang ihr vor – kurz er versorgte sie rundum. Seine Sehnsucht, daß Kāli sich in der Statue offenbaren möchte, wurde so stark, daß er schließlich die Trennung von ihr nicht mehr ertragen konnte. Endlich wurde seine Verehrung derart selbstverzehrend, daß er ohne den physischen Kontakt mit ihr keinen Augenblick mehr weiterleben konnte, und so nahm er ein Messer, um sich zu töten. Auf dem Höhepunkt seiner größten Verzweiflung erschien schließlich Kāli Rāmakrishna und verwandelte seine Qual in vollständige Glückseligkeit. Er hatte die höchste spirituelle Erfahrung gemacht.

Schon der Grad der Ekstase in dieser Art von Erlebnis unterscheidet es von einem Zustand der Zerstreuung oder unkonzentriertem Bewußtsein. Was aber unterscheidet es von der Einbildung , dem Wunschdenken und der Halluzination, so daß es glaubwürdig und objektiv als spirituelles Erlebnis angesehen werden kann? Erstens: Menschen, die diese Art von Erfahrung machen, beschreiben allgemein ähnliche Bewußtseinserlebnisse, und daß sie in diesen Augenblicken glauben und fühlen zu wissen, wer sie in Wahrheit sind. Sie erkennen, daß sie mehr als nur der Körper sind und daß sie nicht der physischen Seinsebene verhaftet sind. Und sie beschreiben die andere Dimension, die sie wahrgenommen oder in die sie einen kurzen Einblick erhalten haben, mit erstaunlich ähnlichen Worten.

Die zweite bemerkenswerte Tatsache ist, daß Menschen während eines solchen Erlebnisses zu Informationen über vergangene, gegenwärtige und zukünftige Ereignisse Zugang erhalten, die sie auf dem ‚normalen' Weg nicht haben können. Diese Informationen beweisen sich häufig als wahr – oder was wir wahr nennen – wenn sie von anderen überprüft werden, die diesen transzendentalen Zustand nicht erlebt haben.

Rāmakrishna erkannte die Gottheit dann auch in anderen Formen und durch andere Arten der Verehrung. Er sehnte sich danach, Gott Rāma zu erfahren, so wie ihn Hanuman im Rāmāyana, der klassischen indischen Schrift über das Leben Rāmas – jener Inkarnation Gottes, die angeblich vor einer Million Jahre gelebt hat – erfahren hatte. Hanuman, ein Wesen in affenähnlicher Gestalt, verkörpert ein Musterbeispiel reiner Hingabe in seiner Anbetung von Lord Rāma.

Photo von Baba für einen Devotee materialisiert

Als Rāmakrishna versuchte, Rāma zu erfahren wie Hanuman, steigerte er sich so sehr in seine Hingabe hinein, daß er anfing, die typischen Eigenschaften eines Affen anzunehmen. Schließlich wurde er wieder mit der Vision der Gottheit gesegnet – mit der Vision Rāmas.

Dann wollte er Lord Krishna erfahren, wie ihn die Gopīs (Kuhhirtinnen) gesehen hatten, als sie mit dieser großen Hindu-Gottheit lebten und sie anbeteten. Da er Krishna nun aus der Sicht einer Frau verehrte, begann er bald, wie eine Frau auszusehen und sich auch so zu benehmen, bis er schließlich auch von den anderen als Frau betrachtet wurde. Er entwickelte auch die weibliche Sehnsucht nach Krishna und wurde schließlich mit einer Vision von ihm gesegnet. Er konnte sich im Geiste vergegenwärtigen, wie Krishna sich bewegte, Flöte spielte und sogar in seinen Körper eintrat, wobei er fühlte, daß er nun selbst Krishna wurde.

Rāmakrishna wollte dann Christus erfahren und begann ihn mit der gleichen Intensität zu verehren wie jene anderen Formen der Gottheit. Wie zuvor wurde er schließlich mit einer Vision – der Christusform Gottes, einer Inkarnation der reinen Liebe – belohnt.

Rāmakrishna hatte erkannt, daß Gott auch als der Formlose erfahren werden kann, und erreichte offenbar auch dieses Ziel. Er erhob sich in solche Höhen der Ekstase und Bewußtseinserweiterung, daß er häufig den Körper zu verlassen schien – seine längste ‚Abwesenheit' betrug erstaunliche sechs Monate. Während dieser Zeit mußte sein Körper von seinen Anhängern und engsten Freunden versorgt werden.

Baba hat gesagt, daß es einen Zustand gibt, der so hoch ist, daß man nur noch einundzwanzig Tage zu leben hat, nachdem er erreicht ist. Man verliert das Interesse daran, lieber Freude als Schmerz zu empfinden, lieber zu essen als nicht zu essen. Der Körper trocknet aus, und nur der Geist bleibt übrig. Wenn man dann noch auf der Erde bleibt, dann nur durch Gottes Willen. Man existiert dann jenseits von Karma und wird zu einem strahlenden Abbild des Göttlichen, ein Lehrer der Lehrer. Das waren die Höhen, die Rāmakrishna der Überlieferung nach erreichte.

Ich glaube heute, daß man sich auf dem spirituellen Pfad weiterentwickeln kann, ganz gleich, welche Form – das Formlose inbegriffen – man anbetet, solange sie nur für den Einzelnen das darstellt, was göttlich ist. Und es scheint mir, daß solange eine Beziehung einen tatsächlich der Gottheit näherbringt, jede individuelle Form der Verehrung richtig ist. Gott kann als Mutter, Vater, Meister, Diener oder Freund angesehen werden.

Ich bin davon überzeugt, daß man einen Lehrer braucht. Wenn die eigene Intuition nicht genügend entwickelt ist, ist es hilfreich, einen Guru in der äußeren Welt zu haben. Aber man muß bei der Wahl seines Gurus sehr vorsichtig sein. Baba hat gesagt, daß es heutzutage nur sehr wenige wirkliche Gurus gibt. „Der Heilige muß durch sein Beispiel lehren, und es gibt nur sehr wenige, die diesen Namen verdienen. Wie kann ein Mensch, der im selben Treibsand wie die anderen steckt und mit den selben Bindungen kämpft wie alle anderen, das Recht erlangen, ein Lehrer genannt zu werden und dazu qualifiziert sein, die anderen aus dem Treibsand herauszuziehen? Es gibt sehr wenige echte spirituelle Führer heutzutage. Für richtige Führung muß man sich direkt an Gott wenden."

F: Wie lange wird Baba leben?

A: Er sagt, er wird diesen physischen Körper im Alter von fünfundneunzig Jahren verlassen. Er wird wiederkommen, sagt er, und zwar wird er in seiner nächsten Erscheinungsform Prema Sai Baba genannt werden (Prema ist das Sanskritwort für Liebe). Baba warnt uns davor, uns irreführen zu lassen, daß er nicht an diesen Körper und diese Erscheinungsform gebunden ist, sondern unsterblich, ewig, unendlich. Er sagt, daß es seine Mission in dieser Erscheinungsform ist, ein goldenes Zeitalter einzuleiten, und daß in unserer Zeit die Welt eine erregende spirituelle Revolution erleben wird.

F: Was sagt Sai Baba über den Tod?

A: Der Augenblick des Todes ist vielleicht der höchste Punkt unserer Existenz, der Höhepunkt unseres Lebenswerks und ein Augenblick von entscheidender Bedeutung für uns. Baba hat gesagt, daß das, was wir im Moment des Todes denken, bestimmt, was nach dem Tode aus uns wird, und daß wir uns daher während des ganzen Lebens auf diesen Moment vorbereiten sollten.

Wenn unsere Gedanken und unser Herz, all unser Sein, während unseres Lebens bei Gott gewesen ist und unsere größte Sehnsucht die nach dem Kontakt mit Gott war ... wenn unser Leben derart mit dieser Sehnsucht durchdrungen war, daß wir auch im Augenblick des Todes daran festhalten, dann ist das auch genau das Ziel, das wir erreichen werden, nämlich Gott. Und umgekehrt, wenn wir in weltlichem Streben, Stolz und Begierde den mehr animalischen Elementen unseres Wesens gefangen waren, dann werden wir auf diese animalische Bewußtseinsebene überwechseln.

Für viele der gebildeten und wissenschaftlich orientierten Menschen unserer Kultur mag es schwer sein, an eine so unwissenschaftliche Lehre zu glauben, nämlich, daß wir tatsächlich nach dem Leben auf der Erde in irgendeiner Form weiterexistieren. Bevor ich zu Baba kam, hielt ich es für verlorene Zeit, über ein Leben nach dem Tod nachzudenken und mich auf eine Existenz vorzubereiten, von der ich nichts wußte. Ich versuchte zu vernünfteln, daß ein solcher Glaube sowieso keinen Einfluß auf das Leben haben könne. Jetzt aber sehe ich ein, daß sich unser Leben mit der Einstellung zum Tod dramatisch ändert.

Eine zunehmende Zahl von Indizien aus den Erlebnissen glaubwürdiger Menschen scheint die uralten religiösen Lehren zu bestätigen, wonach der Tod nur ein Übergang von dieser Existenzebene in eine andere ist. Wir erhalten die wichtigsten Mitteilungen über Dimensionen jenseits unserer physischen Ebene von jenen großen spirituellen Meistern, die sie in einem erweiterten Bewußtseinszustand erlebt haben. Oft bringen sie daraus Beweise für das Bestehen dieser Dimensionen mit wie zum Beispiel, wenn sie eine zutreffende und bedeutungsvolle Nachricht von einem toten Verwandten eines Anhängers überbringen, den der Meister niemals gesehen hat.

Und dann gibt es auch die faszinierenden Berichte von Menschen, die am Rande des Todes gestanden haben – ja, die in manchen Fällen schon als tot erklärt worden waren und erlebt haben, wie sich ihr Bewußtsein in Richtungen und Räume begeben hat, die sie nie zuvor gekannt hatten, und die wieder zum Leben erwachten (in dieser Welt) mit der lebhaften, unglaublich schönen Erinnerung an diese Erfahrung.

Neuere psychologische Studien über Menschen, die sich dem unmittelbar bevorstehenden Unfalltod gegenübergesehen hatten – wie zum Beispiel beim Fallen aus einem Flugzeug oder beim Ertrinken – scheinen das zu bestätigen, was große Seher über das kosmische Bewußtsein und die Realität anderer Dimensionen gesagt haben. Die Reaktionen der Betroffenen auf den bevorstehenden Tod waren erstaunlich ähnlich. Sie berichteten gewöhnlich von einem anfangs verzweifelten Suchen nach einem Ausweg und einem darauffolgenden Augenblick der Erkenntnis, daß es keinen Ausweg geben konnte; darauf fielen sie in einen Zustand der Selbstaufgabe und Hinnahme.

Bei vielen war dieser Zustand von einem großen Gefühl der Freude, Erleichterung und Seligkeit begleitet. Einige berichteten von Visionen ihres vergangenen Lebens. Andere erfuhren eine Veränderung ihres Bewußtseins, so als ob sie – nach ihren eigenen Worten – ein anderes Reich betreten würden. Viele, die einen Herzanfall gehabt hatten und für klinisch tot erklärt worden waren, berichteten, daß sie ‚auf eine Reise' gingen. Sie verloren das Bewußtsein ihres körperlichen Seins, nahmen aber wahr, daß sie sich zu einem anderen Ort begaben, an dem sie sicher sein würden. Diese Menschen haben dank ihrem Erlebnis den festen Glauben entwickelt, daß man den Tod nicht zu fürchten braucht, daß er lediglich den Übergang zu ‚einem anderen Ort' bedeutet.

In der ‚San Diego Union' vom 25.5.1975 fand ich einen Artikel über eine bekannte Psychiaterin, die einige interessante Beobachtungen über das Sterben und den Tod gemacht hat. Dr. Kübler-Ross, die sich seit über zehn Jahren mit dem Tod beschäftigt, stellte fest: „Während sie ‚starben', erlebten sie Frieden und Ganzheit. Die Blinden konnten sehen, und die Leidenden waren frei von Schmerzen. Während die Ärzte sich alle Mühe gaben, sie zu retten, sträubten sie sich dagegen, ins ‚Leben' zurückgebracht zu werden.

Dr. Kübler-Ross, die Autorin von ‚On Death And Dying' (Über den Tod und das Sterben), ‚Questions And Answers On Death And Dying' (Fragen und Antworten über den Tod und das Sterben) und ‚The Final Stage of Growth' (Reif werden zum Tode) sagte, daß sie eine Reihe von Schlüssen gezogen hat aus den hunderten von Interviews mit Menschen, die die Berührung mit dem Tod überlebt hatten. Sie fand, daß sich diese zwar ungern wieder ins Leben zurückbringen ließen, nachdem sie sich jedoch erholt hatten, überglücklich über die zweite Chance sind, die ihnen gegeben wurde. Jenseits einer bestimmten Schwelle des Todes werden viele von bereits Dahingeschiedenen begrüßt, normalerweise von einem geliebten Menschen. Niemand hat je wieder Angst zu sterben.

Sie beschreibt den Fall eines kleinen Jungen, der ohne meßbare Lebensfunktionen oder Gehirnströme in ein Krankenhaus eingeliefert wurde. Er war aufgrund einer Allergie gegen Arzneimittel gestorben. Die Ärzte brachten ihn aber wieder zum Leben zurück: „Ich weiß, daß ich tot war", erzählte das Kind anschließend der Mutter. Es behauptete, daß es Jesus und Maria gesehen hatte, als es tot war. „Es war so wunderschön dort", sagte der Junge, und daß er nur zurückgekommen sei, weil ihm Maria aufgetragen habe, „Mammi vor dem Feuer zu retten."

In einem anderen Fall starb eine Frau, die an einem schweren Tumor litt, in einem kleinen Krankenhaus in Indiana. Dreieinhalb Stunden brauchte das Team von Ärzten, um sie wieder ins Leben zurückzuholen. Die Frau berichtete, daß sie fühlte, wie sie aus dem Körper heraustrat, als sie tot war, und dann ihren eigenen Leichnahm betrachtete. Laut Dr. Kübler-Ross beschrieb die Frau Einzelheiten der Wiederbelebungsversuche der Ärzte bis ins kleinste Detail. „Sie beschrieb auch das herrliche Gefühl des Friedens und des Ganzseins", wird weiterhin berichtet. „Sie versuchte jenen, die um ihr Leben kämpften mitzuteilen, daß sie sich keine Mühe geben und alles nicht so tragisch nehmen sollten. Es wäre ganz in Ordnung, wenn sie aufgäbe. Sie erkannte aber, daß sie niemand hören konnte. Je eindringlicher sie ihnen zu sagen versuchte, daß sie es seinlassen sollten, desto mehr strengten sie sich an. Schließlich gaben sie es auf und dann – das sind ihre eigenen Worte: „verließ mich das Bewußtsein." Dr. Kübler-Ross sagt, daß sie durch ihre Untersuchungen ‚in einer wunderbar undogmatischen Weise religiös geworden' sei.

F: Spricht Baba über Reinkarnation, und was sagt er darüber, wer er selbst einmal gewesen ist?

Warum habt ihr Angst vor dem Tod?

Der Tod wird als etwas angesehen, wovor man Angst haben muß, etwas, worüber man in glücklichen Zeiten nicht spricht. Der Tod jedoch ist weder gut noch böse. Ihr habt in dieser Sache keine Wahl; ihr könnt ihn nicht eher haben, wenn ihr ihn herbeisehnt, noch könnt ihr ihn vermeiden, wenn ihr ihn als etwas Schlechtes verdammt: Er ist der unvermeidliche Schlußstrich. Im Augenblick der Geburt beginnt der Weg zum Grab. Einige erreichen es schneller als andere; einige nehmen einen Umweg und kommen später an – aber das ist der einzige Unterschied zwischen zwei Menschen. Und doch benehmen sich die Menschen, als ob der Tod ein Unheil sei, das in einer entfernten Zukunft auf sie wartet.

Der Tod ist nichts anderes als der Übergang von diesem Leben in das nächste. Es ist der Wechsel aus alten Kleidern in neue, wie die Gītā sagt. Einige Zyniker lachen jedoch über diesen Vergleich und fragen: „Und was ist mit dem Tod von Neugeborenen, Kindern, Jugendlichen und Menschen im mittleren Alter? Ihre Körper können noch nicht als ‚abgetragen' angesehen werden, wenn man es schon so nennen will." Nun, diese Kleider mögen noch nicht alt sein, der Stoff aber, aus dem sie hergestellt wurden, muß aus einem sehr alten Vorrat gestammt haben. Obwohl die Kleider daraus neu hergestellt wurden, müssen sie doch bald abgelegt werden.

Und wiederum gibt es einige bornierte Menschen, die es ablehnen, an ein früheres Leben zu glauben, nur weil sie sich an die damaligen Ereignisse nicht erinnern können. Diese Menschen können sich auch an die Ereignisse eines bestimmten Magha Shuddha Dashami (der zehnte Tag eines bestimmten Monats) nicht erinnern, der, sagen wir fünf oder zehn Jahre zurückliegt, obwohl sie sicher wissen, daß sie an jenem Tag am Leben gewesen sind. Wie dann sollen sie sich an Dinge aus früheren Leben erinnern? Daß sie die Ereignisse dieser Tage vergessen haben, heißt nicht, daß sie überhaupt nicht gelebt haben. Es zeigt nur, daß sie ihnen keinen besonderen Wert beigemessen haben und daß sie keinen besonderen Grund hatten, sie im Gedächtnis zu behalten.

Denkt an den Tod. Der Körper ist das Fahrzeug, in dem ihr euch auf den Tod zubewegt. Ihr könnt dem Tod auf eurer Fahrt jederzeit begegnen. Irgendein Baum oder Lastwagen, ein Graben oder ein Ölfleck können ihn herbeiführen.

Wenn ihr immer daran denkt, daß die Zeit in jedem Augenblick verrinnt, dann werdet ihr nicht versucht sein, eure Zeit durch unnützes Geschwätz, sinnlose Beschäftigungen, mutwilligen Unfug oder billige Unterhaltung zu verschwenden. Fahrt vorsichtig in eurem Fahrzeug, langsam und mit gehöriger Rücksicht auf die Bedürfnisse der anderen auf der Straße. Versucht nicht, andere mit aller Gewalt zu überholen oder mit ihnen um die Wette zu fahren. Kennt die Grenzen eures Wagens und der Straße – dann werdet ihr keinen Unfall haben. Eure Reise wird für euch und alle anderen eine glückliche Erfahrung sein.

Wenn jemand auf der Wallfahrt nach Kāshi oder Badrināth vom Tod überrascht wird, dann tröstet ihr euch damit, daß es eine beneidenswerte Art des Todes sei. Wenn ihr aber in Puttaparthi auch nur ein bißchen Kopfweh bekommt, macht ihr mich dafür verantwortlich. Wenn es nach euch ginge, sollten alle, die dieses Gelände einmal betreten haben, überhaupt nicht sterben; wenn sie es aber doch tun, dann schwankt und schwindet euer Glaube. Nun, ohne daß der Herr es will, kann nicht einmal ein Augenlid sich öffnen oder schließen. So versucht denn Gottes Gnade zu erlangen und überlaßt es ihm, alle Fragen zu beantworten, wie es ihm gefällt.

Wenn ihr erst einmal den Namen des Herrn auf den Lippen habt, der die Süße selbst ist, wird er euch die ganze in euch schlummernde Süße erwecken. Wenn ihr die Freude einmal geschmeckt habt, könnt ihr ohne diese Nahrung keinen Augenblick mehr weiterleben. Sie wird so wichtig wie die Luft für die Lungen.

Wenn ihr die Geschichten aus den Purānas (heilige Schriften) anhört, könntet ihr zu der Ansicht kommen, daß es völlig ausreicht, wenn man sich im allerletzten Augenblick seines Lebens an den Namen des Herrn erinnert. Aber es ist ein schwieriges Unterfangen, sich diesen Namen ins Gedächtnis zurückzurufen, wenn man es nicht über Jahre hindurch geübt hat. In der Woge der Gefühle und Gedanken, die euch im letzten Augenblick überschwemmt, wird der Name Gottes untergehen, wenn ihr nicht lernt, jetzt gleich damit anfangt, diesen Namen an die Oberfläche eures Bewußtseins zu holen, wann immer ihr es wünscht.

Es war einmal ein Kaufmann, der sich an das Märchen von Ajamila hielt. Er beschloß, sich mit dem letzten Atemzug an den Namen Gottes zu erinnern – und zwar mit einem ganz schlauen Trick: Er benannte seine sechs Söhne alle nach verschiedenen Göttern, denn er wußte, daß er jeden einzelnen rufen würde, wenn es ans Sterben ginge. Schließlich kam dieser Moment, und wie geplant, rief er den Herrn sozusagen stellvertretend, sechsmal im ganzen.

Die Söhne kamen und standen um sein Bett herum, und als er die Gruppe so musterte, war der allerletzte Gedanke, der dem sterbenden Mann kam, gerade als er dahinscheiden sollte:'Herrjeh, alle seid ihr gekommen. Wer wird inzwischen nach dem Geschäft schauen?'

Wie ihr seht, war sein ganzes Leben lang das Geschäft sein ein und alles, und er konnte nicht so einfach auf Gott umschalten. Auch wenn man es nicht wahrhaben möchte, so werden die verborgenen Tendenzen doch ihr Mitspracherecht haben.

Es ist wahrhaft nicht einfach, den Namen des Herrn im letzten Augenblick auf der Zunge zu haben. Darin muß man sich jahrelang üben und einen festverankerten Glauben und einen starken Charakter ohne Haß und Boshaftigkeit haben. Der Gedanke an Gott kann in einer Atmosphäre von Stolz und Begierde nicht überleben.

Außerdem: Wie wollt ihr wissen, welcher der letzte Augenblick ist? Der Gott des Todes sagt euch nicht, wann er kommt, um euch zu holen. Er ist kein Fotograf, der sagt: ‚Ich drücke jetzt, seid ihr bereit?'

Wenn ihr wollt, daß euere Portraits an die Wände des Himmels gehängt werden, müssen sie anziehend sein. Euere Positur und euer Lächeln müssen lieblich sein, nicht wahr? So seid also Tag und Nacht für das ‚Klick' bereit, habt den Namen immer auf den Lippen und die Herrlichkeit strahlend in euerem Geist. Dann wird euer Foto schön sein – egal, wann es geschossen wird.

A: Ja, Baba spricht häufig über Reinkarnation. Er sagt, daß er die Verkörperung aller Formen und Aspekte Gottes ist, die sich für uns auf Erden manifestiert haben. Genauer: Er beschreibt seine vorhergehende Inkarnation als Shirdi Sai Baba, einen Moslem-Heiligen, der acht Jahre vor der Geburt Babas gestorben war und kurz vor seinem Tod erklärt hatte, daß er nach acht Jahren in Südindien wiederkommen würde.

Baba betont seine Beziehung zu Shirdi Baba durch das Materialisieren von Vibhūti – heiliger Asche. Ähnlich wie dem Weihwasser der Katholiken wird ihr eine spirituelle Bedeutung zugeschrieben; zusätzlich soll Vibhūti aber große Heilkraft haben. Baba hat es zur inneren und äußeren Anwendung für alle Arten von Krankheiten und Verletzungen verschrieben und materialisiert es ständig für seine Anhänger.

Auch Shirdi Sai Baba soll Asche an seine Devotees verteilt haben – allerdings nahm er sie von seiner Feuerstelle, die dauernd brannte. Sathya Sai Baba hat sein Feuer offensichtlich in einer anderen Dimension, in die er hineingreift, um diese geheimnisvoll süße und beißende Asche hervorzubringen.

Vibhūti dient nicht nur als Zeichen des Zusammenhangs zwischen den beiden Sai Babas; aber Baba hat gesagt, daß die Asche symbolisch für das universelle, unveränderliche und unendliche Wesen aller Formen ist. Sie ist ein Symbol für den Gott oder den Ātman in uns – jene Substanz, die übrigbleibt, wenn alles Vergängliche und Veränderliche hinweggebrannt ist. Vibhūti zieht auch eine direkte Linie zwischen Baba und Shiva, eine der drei zentralen Gottheiten der Hindu-Religion. Shiva ist der Gott der Zerstörung, und eines seiner Werkzeuge ist das Feuer. Indem er uns hilft, unsere Wünsche, die Bindung an den Körper und die Welt der Sinne – der physischen Ebene – wegzubrennen, ermöglicht es uns Shiva, jenen Teil von uns selbst zu erkennen, der unvergänglich ist.

Babas Verbindung zu Shiva endet nicht mit der Asche. Er scheint seine Eigenschaft als Zerstörer an vielen seiner Anhänger zu demonstrieren. In der Hindu-Religion wie in der christlichen Tradition wird der Ausbruch aus der Knechtschaft unseres niederen Bewußtseins und der Aufstieg zu einem höheren oder spirituellen Bewußtsein mit dem Tod verglichen. Und häufig fühlt man sich, wenn man Baba näherkommt, tatsächlich so als würde man sterben, und man erlebt, wie einen das Ego verläßt, was von realem körperlichen und seelischen Schmerz begleitet ist.

Eine der ungewöhnlichsten Erfahrungen, die man mit Baba machen kann, ist die Zerstörung des kleinen Selbst und mit ihr die Intensivierung der eigenen Liebe zu ihm, und die Erkenntnis, daß Baba das tatsächlich alles aus Liebe tut – daß es eine Gnade und ein Geschenk ist, seine Aufmerkamkeit und Zuneigung zu erhalten.

Dies ist übrigens eine der zentralen Erfahrungen, die viele lehrt, daß zwischen Freude und Leid im Grunde kein Unterschied besteht. Wir erkennen, daß das, was wir als Schmerz empfinden, in Wirklichkeit ein immenses Geschenk ist, und daß es nur ein Streich ist, den uns die Sinne spielen, wenn wir Schmerz ‚empfinden'.

„Ihr wißt nicht, wie man ein Ornament aus Gold herstellt", sagt Baba, „ und so gebt ihr das Gold zum Juwelier. Warum sorgt ihr euch dann, wenn er es einschmilzt und hämmert und durchbohrt, es zu einem Draht zieht, windet und schneidet? Laßt ihn, der die Kunst versteht, das Kind zu einem Ornament der Gesellschaft formen, und sorgt euch nicht."

F.: Glauben Sie, daß es eine Beziehung zwischen der Hindu-Auffassung vom Karma und der Reinkarnation und der jüdischen Religion oder dem Christentum gibt?

Vibhūti

Das Shivarātri-Fest – der Verehrung Shivas gewidmet – ist, wie es hier gefeiert wird, ein gutes Beispiel. Ihr werdet fragen: ‚Svāmī hat doch oft erklärt, daß alle Tage heilige Tage sind, daß an keinem Tag besondere Riten beachtet werden müssen, und Svāmī selbst überschüttet da eine Statue mit Vibhūti und nennt das Abhisheka – rituelle Waschung … ist das denn recht?' Svāmī tut es, um euch etwas zu lehren.

Das Vibhūti-Abisheka hat eine gewaltige, tiefe Bedeutung, und Swāmī möchte, daß ihr sie begreift. Vibhūti ist der wertvollste Gegenstand, den es – vom wirklich spirituellen Standpunkt aus – überhaupt gibt. Ihr wißt, daß Shiva den Gott der Begierden oder des Kāma – Manmata genannt (denn er reizt den Verstand und vergrößert die Verwirrung, die in ihm ohnehin herrscht) – zu einem Haufen Asche verbrannte. Shiva schmückte sich mit dieser Asche und erstrahlte damit im Glanz des Siegers über die Begierden. Als Kāma vernichtet war, regierte einzig nur noch Prema – die Liebe. Wenn es keine Begierde mehr gibt, die den Verstand verrückt macht, kann die Liebe wahrhaftig voll und ganz sein.

Welches größere Geschenk kann man Gott wohl machen, damit es ihn verherrliche, als die Asche, die bedeutet, daß man den Sieg über die quälenden Begierden davongetragen hat? Asche ist der endgültige Zustand aller Dinge – sie kann keine weitere Veränderung erfahren. Das Abisheka mit Vibhuti wird vollzogen, um euch zur Aufgabe der Begierden anzuregen und Shiva die Asche ihrer Vernichtung als das Wertvollste anzubieten, das ihr jemals erlangt habt. Asche kann nicht in ein, zwei Tagen verwelken wie Blumen; sie trocknet auch nicht ein und schwindet nicht oder wird schmutzig und untrinkbar wie Wasser; sie wird auch nicht nach wenigen Stunden ihre Farbe verlieren wie Blätter, und sie verrottet auch nicht innerhalb von wenigen Tagen, wie Früchte das tun. Asche bleibt für immer und ewig Asche. Verbrennt also eure Tücken, eure Laster, eure schlechten Angewohnheiten und verehrt Shiva, indem ihr euch reinigt in Gedanken, Worten und Taten. Ihn nur mit Asche überschütten, die ihr päckchenweise in den Geschäften kaufen könnt, wird ihm wenig Freude bereiten.

A.: Ja. Wenn ich diese sprituellen Doktrinen genauer betrachte, finde ich mehr Ähnlichkeiten als Unterschiede. Die Idee des Karma – daß wir ernten, was wir säen und daß wir selbst mit der geringsten unserer Handlungen unsere Zukunft bestimmen – ist im Wesen jener Regel sehr ähnlich, die da heißt: ‚Was du nicht willst, daß man dir tu', das füg' auch keinem andern zu'. Diese Regel reflektiert die spirituelle Wahrheit, daß jeder von uns ein mit anderen in einer Wechselbeziehung stehender Teil eines Ganzen ist, und daß man sich nur selbst schadet, wenn man jemand anderem Schaden zufügt.

Darüber hinaus kennen auch die meisten Religionen die Vorstellung von einem Leben nach dem Tode, das direkt mit den Handlungen aus diesem Leben verbunden ist – so wie zum Beispiel Himmel und Hölle des Christentums. Weder in den hebräischen noch in den christlichen Schriften konnte ich einen Hinweis darauf finden, daß es keine Reinkarnation gibt. Paramahansa Yogānanda weist in seinem bemerkenswert gehaltvollen, faszinierenden Buch „Autobiographie eines Yogi" auf biblische Texte hin, die für ihn andeuten, daß der frühe christliche Glaube die Idee der Reinkarnation sehr wohl akzeptierte und und nimmt zum Beispiel an, daß Johannes der Täufer und Jesus in ihren vorhergehenden Inkarnationen der Prophet Elija und sein Jünger Elischa waren.

F.: Hat Baba etwas über Leben auf anderen Planeten gesagt?

A.: Das ist eine sehr interessante Frage. Ich habe bereits erwähnt, daß er erklärt, alle Formen und Namen seien sein, und daß er und Christus oder jede andere Form oder Verkörperung Gottes ein und dieselbe sind. Den Zusammenhang zwischen Christus und ihm selbst hat er jedoch einige Male auf sehr eindrucksvolle Weise aufgezeigt. So habe ich unter anderem von Menschen gelesen, die Babas Glaubwürdigkeit in Frage gestellt und vor einem Bild Christi oder ihres bevorzugten Heiligen oder Meisters um ein Zeichen von Babas Größe gebetet hatten, und die Gestalt auf dem Bild verwandelte sich in die Sai Babas. Ich habe auch gehört, daß sich auf dem Christusbild im Schrein eines Gläubigen Vibhūti bildet.

Und dann gibt es die außergewöhnliche Geschichte von Dr. John Hislop, einem sehr nahen Verehrer Sai Babas, dessen Bericht von Walter Cowans offenbarer Wiedererweckung von den Toten bereits in diesem Buch geschildert wurde: Sie erzählt, wie Baba einmal zwei Ästchen von einem Baum brach und in Kreuzform übereinanderlegte. Darauf fragte er John, woran in das erinnere, und John erwiderte, das Ganze sähe wie ein Kreuz aus. Baba schloß die Hand, in der er die beiden Zweige hielt, und blies dreimal darauf. Dann öffnete er sie, und nun enthielt sie ein hölzernes Kreuz mit einer silbernen Christusfigur. Er sagte, daß diese Figur nicht einfach eine künstlerische Interpretation sei, sondern ein genaues Abbild von Jesus darstelle, so wie er am Kreuz gehangen hatte. Das kleine Kreuz, auf dem die silberne Figur angebracht war, sei aus einem Stück des echten Kreuzes Jesu. Und dies ist Dr. Hislops Bericht:

Baba, eine größere Gruppe von Studenten des Sathya Arts and Science College (College für Kunst und Wissenschaft) in Brindavan, ein paar andere Leute und ich gingen hinunter zu einer flachen Sandbank im Bett des Kekkanahalla-Flusses. Ich ging neben Svāmī, und als wir an einem Busch vorbeikamen, griff er hinein und riß zwei Ästchen ab und hielt sie in Form eines Kreuzes übereinander. ‚Hislop, was ist das?', fragte er.

‚Nun, Svāmī, es ist ein Kreuz', sagte ich. Er nahm die Zweige in seine schloß sie und blies dreimal sehr langsam darauf. Dann öffnete er die Hand und gab mir ein Kreuz mit einer Figur Jesu darauf. ‚Das ist eine Abbildung von Christus am Kreuz', sagte er, ‚Nicht wie Künstler ihn sich vorgestellt haben und wie ihn die Historiker sehen, sondern wie er wirklich und wahrhaftig aussah – mit tief eingefallenem Bauch und allen Rippen deutlich sichtbar, weil er acht Tage lang keine Nahrung zu sich genommen hatte.'

Ich fragte: ‚Und das Kreuz, Svāmī, was ist damit?'

Er antwortete: ‚Dieses Kreuz ist ein Stück Holz vom echten Kreuz, an das Christus geschlagen wurde.' Und dann sagte er etwas sehr Interessantes: ‚ Ein Stück von diesem Holz zu finden war nicht ganz einfach, nach zweitausend Jahren.' Ich nehme an, das ist der Grund, warum er dreimal und ganz langsam geblasen hatte. Normalerweise pustet er einmal kurz, und ein Ring oder was auch immer, erscheint.

Ich bemerkte etwas Eigenartiges und fragte: ‚Svāmī, was bedeutet das Loch oben am Kreuz?'

Er erwiderte: ‚Das ist das Loch, das zum Aufhängen des Kreuzes am Ständer diente.' Davon hatten wir bisher nie etwas gehört. Bilder von der Kreuzigung zeigen immer, wie ein Kreuz in die Erde gerammt wird. Svāmī zufolge wurde es in Wirklichkeit an etwas aufgehängt, und es ist tatsächlich ein Loch durch das Holz sichtbar.

Das Kreuz ist so klein, daß man die Einzelheiten der Christusfigur mit bloßem Auge nicht ausmachen kann. Walter Wolfe, ein Freund von mir, kam eines Tages zu uns nach Baja und machte ein paar Aufnahmen von dem Kreuz, das die Details stark vergrößert und die Schönheit der winzigen Figur – der Kopf ist etwa fünf Millimeter lang, und die ganze Figur nur etwa 22 Millimeter – zum Vorschein bringt.

Meine Frau und ich waren verblüfft gewesen, als wir die Abzüge zu sehen bekamen. Ich schrieb Walter, daß diese Bilder in Kunstkreisen eine Sensation hervorrufen würden, wenn sie um die Welt gehen würden. Es besteht für mich kein Zweifel, daß es die hervorragendste Skulptur ist, die jemals von Christus gemacht wurde. In den Acht-mal-Zehn-Vergrößerungen kann man das Blut von einer Wunde an der Stirn fließen sehen. Man erkennt den dunklen, staubverkrusteten Speichel im Mundwinkel, und der Ausdruck von unsagbarem Leiden in seinen Augen und im Gesicht rührt ans Herz. Meiner Meinung nach ist dieser Gegenstand das Außergewöhnlichste, was Baba jemals materialisiert hat. Ich habe keine Ahnung, warum er ihn gerade mir geschenkt hat.

Als Walter Wolfe uns eines Tages einige Vergrößerungen der Fotos nach Hause brachte und wir alle um den Tisch herumstanden, die Bilder betrachteten und dabei an Christus und Baba dachten, gab es plötzlich aus absolut heiterem Himmel einen fürchterlichen Donnerschlag. Dann wehte ein starker Wind durchs Haus, so daß Fensterläden und Türen schlugen und die Vorhänge nur so flatterten. Tags darauf berichtete die San Diego Tribune von einem mysteriösen Donnern und einer plötzlich aufgetretenen Sturmböe bei heiterem Wetter gegen fünf Uhr an besagtem Nachmittag. Meine Frau erinnerte mich daran, daß Christus gegen fünf Uhr nachmittags am Kreuz gestorben war, und daß die Bibel von plötzlichem Donnern und Erdbeben berichtet.

Ich kann aus all dem nur schließen, daß diesem kleinen Kreuz eine ungeheure Kraft innewohnt.'[1]

Baba geht beispielsweise an jemandem vorüber, dem er – für unsere Begriffe – nie begegnet ist, läßt seine Hand durch die Luft kreisen und kreiert ein Bild von dem Lieblings-Heiligen des Betreffenden, oder das Bild von Christus. Er weist Christen häufig an, sich mit den Lehren Christi zu beschäftigen, wobei er gelegentlich ein bestimmtes Dogma genauer erklärt oder Entstellungen berichtigt, die sich – wie er sagt – im Zuge der Überlieferung eingeschlichen haben.

Für meine Begriffe ereignete sich der phantastischste aller Vorfälle in der Beziehung Babas zu Christus am Weihnachtstag 1972. Er sprach damals zu einer Gruppe. ‚Christus sagte: Der, der mich gesandt hat, wird wiederkommen!' Zu meiner größten Überraschung erklärte er, daß er selbst derjenige sei, von dem Christus gesprochen hatte.

‚Die Geschichte erzählt, daß ein Stern am Himmel stand, der mit neuem Lichte fiel, und das führte ein paar Tibeter und andere Menschen zu dem Ort,

1 Auszüge aus Sanathana Sarathi (Der Ewige Wagenlenker), einer monatlichen Publikation aus Prashânti Nilayam, April 1975, zusammen mit einigen Kommentaren von Dr. Hislop.

an dem der Heiland geboren worden war. Diese Geschichte wird von den Menschen gelesen und im treuen Glauben aufgenommen, obwohl Sterne weder herunterfallen noch plötzlich ins Rutschen kommen können. Was die Geschichte wirklich sagen will, ist dies: Eine enorme, glänzende Aura erhellte den Himmel über dem Dorf, als Christus geboren wurde, Das bedeutete, daß der gekommen war, der die Finsternis des Bösen und der Unwissenheit auf Erden besiegen würde, daß er das Licht der Liebe in die Herzen der Menschen und der Menschheit bringen würde. Strahlenglanz und andere Zeichen einer kommenden Ära ereignen sich ganz natürlich, wenn Inkarnationen auf die Welt kommen. Die Aura des Lichts war ein Zeichen dafür, daß die Dunkelheit besiegt werden würde. Ein Meister erscheint in Antwort auf die Gebete der Menschen: Tamaso mā jyotir gamaya – aus der Dunkelheit führe uns zum Licht.

Es gibt einen Punkt, auf den ich euch heute unbedingt aufmerksam machen möchte. Zu der Zeit, als Christus mit dem höchsten Prinzip der Gottheit verschmolz, machte er seinen Jüngern eine Mitteilung, die von den Kommentatoren und solchen Menschen, die sich im Häufen von Schriften auf Schriften und Meinungen auf Meinungen ergehen, bis alles zu einem riesigen Durcheinander geworden ist, auf verschiedene Art und Weise gedeutet wurden. Die Worte selbst sind manipuliert und zu einem wahren Rebus verwirrt worden. Dabei ist die Mitteilung ganz einfach:

,,Der mich zu euch gesandt hat, wird wiederkommen." und er deutete auf ein Lamm. Das Lamm aber ist nur ein Symbol, ein Zeichen. Er steht für einen Laut: ‚Ba-Ba'. Die Ankündigung war die vom Erscheinen Babas. ,,Sein Name wird Wahrheit sein", erklärte Christus. ‚Sathya' heißt Wahrheit. ,,Er trägt ein rotes Gewand, ein blutrotes Gewand. (Hier nun deutete Baba auf das Gewand, das er trug) ,,Er wird klein sein und eine (Haar-)Krone tragen: Das Lamm ist das Zeichen und Symbol der Liebe. Christus hat nie erklärt, daß er selbst wiederkommen würde; er sagte: ,,Der mich gesandt hat, wird wiederkommen." Jenes ‚Ba-Ba' ist dieser Baba.[1]

F. Wie können Sie sicher sein, daß Baba nicht etwa ein falscher Messias und eine Manifestation des Bösen ist? Das wurde ja auch in der Bibel prophezeit.

A. Ich hatte immer angenommen, daß ich mich in der Wirklichkeit auskenne, als ich aber Baba zum ersten Mal in Indien erlebte, wurde mir klar, daß ich überhaupt nichts wußte. Die Wirklichkeit veränderte sich für mich. Es schien mir, daß, wenn eine solche Macht für das Gute existierte, es auch eine Macht des Bösen geben müßte, fühlte mich aber kaum in der Lage, das eine vom

1 Auszüge aus einer Rede von Sai Baba am Weihnachtstag 1972.

anderen zu unterscheiden. Ich war, um es deutlich zu sagen, ganz schön erschrocken, als ich in mein Hotelzimmer zurückschlich, und erschrak, wenn ich einen der Schränke aufmachte oder den Duschvorhang zurückzog. Plötzlich fühlte ich mich gefährdet und unbeschützt; ich wußte nicht, welche Mechanismen und Kräfte mir zur Verfügung standen, um böse Mächte abzuweisen.

Die Frage, wie man das Echte vom Falschen unterscheidet, ist eminent wichtig. Da sich alles mögliche Böse und zerstörerische Kräfte hinter der Maske der Spiritualität verschanzen, haben viele Menschen daraus geschlossen, daß alles, was den Stempel der ‚Spiritualität' oder ‚Religiosität' trägt, von vornherein abzulehnen sei. Natürlich ist es richtig, daß eine fehlgelenkte spirituelle Hingabe für eine Sache gefährlich und destruktiv sein kann, wie es ja in tragischer Weise durch die Kreuzzüge, die Hitler-Ära und die heutige ‚Guru-Drogenszene' deutlich wurde – und vor einiger Zeit durch die brutalen Morde der Manson-Familie, die die groteske Perversion einer spirituellen Einstellung als Rechtfertigung für ihre Handlungen angaben.

Man muß diese Gefahren und die weitreichenden Folgen sehen, die sich ergeben, wenn man sich ganz einem Einzelnen, einer Sache oder Bewegung hingibt, und darf eine Entscheidung erst nach äußerst sorgsamer Überlegung und mit Verantwortungsbewußtsein für die Sache treffen. Wie beurteilt man dann aber ein Wesen oder eine Bewegung , um ihre Glaubwürdigkeit zu bestimmen und zu wissen, ob sie einer völligen Hingabe tatsächlich wert ist? Nach meiner Furcht am Anfang habe ich ungeheures Vertrauen und tiefe Zuneigung zu Baba gewonnen. Vor allem bin ich zu der Einsicht gelangt, daß wir, auch wenn wir uns unserer eigenen Kräfte nicht bewußt sind, doch eine intuitive Fähigkeit besitzen, mit der wir spüren, ob etwas gut oder böse ist, ob ein Mensch integer ist oder nicht. Diese Unterscheidungsfähigkeit ist nicht etwa eine Funktion der Sinne oder des Verstandes, sondern ein Ausdruck unseres höheren Ichs, oder des Ātman. Je höher wir uns entwickeln, desto stärker wird diese Fähigkeit. Wieviel Glauben wir in diese Fähigkeit setzen, wird für jeden von uns verschieden sein, und zwar je nach dem, wieweit wir uns selbst vertrauen – wie gut unser Urteil in der Vergangenheit war; wie beständig, konsequent, zuverlässig und feinfühlig wir waren. Dann kann man aber den Menschen und seine Bewegung auch durch den Charakter und die Qualität seiner Anhängerschaft bestimmen. Sai Babas Devotees sind wirklich beeindruckend.

All die hochentwickelten Seelen, die Baba erlebt haben und die ich kennengelernt habe, sind durchdrungen von dem überwältigenden, intensiven Gefühl seiner Erhabenheit und Güte. Die meisten von denen, die mit Baba in Berührung kommen, werden freundlicher, liebevoller und friedvoller. Und in keinem der Berichte über das Böse oder den Teufel, die ich kenne, steht zu lesen, daß dieser sich jemals als die reine Liebe verkleidet hätte, oder so unermüdlich zum Heil der Menschen und zur Erlangung eines höheren spirituellen Bewußtseins unter ihnen eingetreten wäre.

Und schließlich sind die Lebensweise, die Handlungen, die Prinzipien und Kräfte eines wahren Avatāras in den christlichen und hinduistischen Schriften klar definiert. Der Avatāra erlaubt den Menschen, ihn zu beurteilen, während er seine Macht und Größe offen zeigt, um Zweifel leichter zu zerstreuen. Baba nennt seine Kräfte auch tatsächlich ‚Visitenkarten'. Diese Kräfte sind nicht einfach so leicht dahingesagte abstrakte Begriffe oder intellektuelles Geschwätz, das irgendwelche Hintergründe verschleiern soll. Was man beobachten und erleben kann, sind klare und konkrete Zeichen seiner Allwissenheit, Allgegenwart und Liebe – einer Liebe, die mit dem Maß des Dienstes an der Gesundheit und dem Wohlergehen für alle Menschen in der Welt gemessen werden kann.

F: Es gibt so viele verschiedene spirituelle Bewegungen, die wie Pilze aus dem Boden schießen. Was halten Sie von den fanatischsten unter ihnen und besonders jenen, welche die jungen Leute zum Bruch mit unserer Tradition treiben?

A: Obwohl ich finde, daß es schon schwer genug ist, herauszufinden, was in mir selbst vorgeht, glaube ich – wenn ich nun andere beurteilen müßte – daß es sehr wichtig ist, andere bei ihrer spirituellen Suche nicht zu verletzen. Und als Psychiater finde ich, daß Fanatismus und gewaltsame Änderungen in der Regel kein Zeichen reiflicher Überlegung sind. Oft stellen sich nur schädliche neue Bindungen ein, wenn man eine allzu drastische Veränderung in seinem Verhalten vornimmt. Zum Beispiel, wenn jemand versucht zu fasten, ohne sich darin erst zu üben, kann das Fasten damit enden, daß einem übel wird. Zu unnatürlicher spiritueller Übungen kann man schnell überdrüssig werden, und sie können einen von Gott entfernen, anstatt ihn näher zu bringen. Oder sie führen – was frustrierend wirkt – auf ungewisse, wechselvolle Wege, die alle nicht lang befolgt werden können.

Wie kommt man auf den spirituellen Weg? Was ist wirklich gemeint mit Selbstaufgabe, Verzicht und Bindungslosigkeit? Muß man dramatische, gewaltsame Änderungen in seinem Leben herbeiführen und alles verwerfen, was man gelernt hat, und in die Einsamkeit gehen? Muß man alles Handeln aufgeben, es sei denn, um konkreten Anweisungen von Geistern und Entitäten aus anderen Dimensionen zu folgen?

Mir scheint, daß spirituelle Lehren leicht mißverstanden werden können, besonders, wenn Westler versuchen, ziemlich komplizierte, esoterische östliche Praktiken zu verstehen. Ich selbst bin ein Anfänger, ein Novize auf dem Gebiet der Spiritualität und möchte den Leser eindringlich und von ganzem Herzen auf die Reden Sai Babas für einen tieferen Einblick verweisen. Seine Arbeiten sind wunderbar, seine Botschaft tief.

Vom Standpunkt des Psychiaters aus möchte ich aber hervorheben, was ich für Fehlinterpretationen spiritueller Lehren halte. Dies weil ich einige davor warnen möchte, Fanatiker zu werden, und andere zu versichern, daß man nicht etwa verrückt oder eigen wird und daß man seinen Lebensstil nicht dramatisch ändern muß, um auf den spirituellen Weg zu gelangen. Mißinterpretationen religiöser Doktrinen mögen mit daran schuld sein, daß die uralten Wahrheiten bei so vielen Menschen in ein schiefes Licht geraten sind.

Nach mein eigenen Erfahrungen mit Baba weiß ich nun, warum so oft und so leicht Fehler gemacht werden: Zuerst einmal sind viele von uns spirituell nicht weit genug fortgeschritten und haben im allgemeinen ein ziemlich begrenztes Gesichtsfeld, wenig Selbstdisziplin und ein schwaches Urteilsvermögen bezüglich der Wirklichkeit und der Art, wie wir unser Leben führen sollten. Man füge noch die Berauschung hinzu, die Babas Herrlichkeit und Größe hervorruft, und den Zusammenbruch aller bis dahin gehabten Auffassungen über die Realität. Sowie das Erwachen einer tiefsitzenden Sehnsucht nach der Vereinigung mit dem Göttlichen – und man weiß, wie leicht man seine Haltung verlieren kann.

Ich habe viele beobachtet, die ein völlig verdrehtes und verzerrtes Verhalten an den Tag legten, erst das eine, dann, wenn das nicht klappt, nach ein paar Tagen etwas anderes ausprobierten und in einer ruhelosen, undisziplinierten Weise sozusagen auf Biegen und Brechen, versuchen Gott zu erfahren, bevor sie überhaupt genau wußten, was es war, das sie zu erreichen suchten.

Ich habe bereits die Begriffsverwirrung erwähnt, die das ‚Abstandgewinnen' oder ‚Loslassen' mit Repression verwechselt – das gilt für den Einzelnen als auch in der psychiatrischen Praxis allgemein. Ein anderer großer Fehler, der gemacht wird, wenn man den von Baba gezeigten Weg betritt, ist der Wunsch, das Ziel möglichst schnell zu erreichen. In diesem Fall kommt es sehr leicht vor, daß wir die Dinge eher unterdrücken, als sie loszulassen, daß wir uns etwas vormachen, anstatt uns ehrlich zu entwickeln, und anderen eher blöde erscheinen, anstatt ein glaubwürdiges und inspirierendes Beispiel abzugeben.

Buddha riet zum mittleren Weg. Baba predigt ständig Geduld. Und doch nehmen die Menschen häufig fanatische und unrealistische Lebensweisen an, um schneller voranzukommen. Wenn jemand Hatha Yoga praktiziert, und sein Körper ist steif und unbeweglich, dann ist es eine gefährliche Torheit, fortgeschrittene Āsanas oder Positionen zu schnell zu versuchen. Das Ergebnis können gezerrte Muskeln, Sehnen und Bänder sein. Der Körper muß langsam und mit Geduld trainiert werden. Die Kunst des Hatha Yoga liegt darin, daß man imstande ist, die Grenzen des eigenen Körpers zu spüren, nicht ihn und sich selbst zu kasteien, nur weil man einige schwierige Positionen nicht ausführen kann. Man sollte geduldig an einer bestimmten

Grenze arbeiten und den Körper auffordern und ermutigen, ein wenig weiter zu gehen.

Das gleiche gilt für Menschen, die jenen großen Heiligen nacheifern wollen, die im Himalaya in bitterster Kälte, sehr wenig Nahrung und keinem Dach über dem Kopf leben können und vierundzwanzig Stunden am Tag meditieren. Wenn wir nicht wissen, was diese Heiligen wissen – ähnlich wie unsere Körper eben nicht so flexibel sind wie die der großen Yogīs – dann ist der Versuch, es ihnen gleichzutun, natürlich ausgemachte Dummheit. Wir würden uns nur quälen und Schaden zufügen.

Wenn das Gefühlsleben eines Menschen von einer psychiatrischen Behandlung profitiert, dann ist das nur das schrittweise Einbauen des Gelernten in das, was er bis dahin war. Ich glaube, daß dies ein Zeichen dafür ist, daß das Wissen in die tiefsten Schichten der Persönlichkeit eingebettet ist, im Unterschied zu allem, was nur zerebral und oberflächlich verstanden wird. Wenn Menschen so tun, als wüßten sie etwas, wenn ihr Wissen aber in Wirklichkeit nicht tiefer als in die Verstandesebene geht, erscheinen sie mir unwirklich, und ich muß sagen, daß mir eine Menge Leute, die sich als spirituell ausgeben, zu dieser Kategorie zu gehören scheinen.

F. Was sagen Sie zu den Leuten, die sich mit parapsychologischen Phänomenen beschäftigen?

A. Viele Menschen scheinen voll damit beschäftigt zu sein, mit ihren toten Angehörigen zu sprechen oder zu lernen, wie man eine Aura erkennt und Gegenstände über eine Entfernung hinweg bewegt – indem sie den ‚Karmischen Rat' oder die ‚Purpurne Flamme' anrufen oder was immer das esoterische Symbol ist, an das sie glauben, um Kräfte zu entwickeln wie zum Beispiel die Fähigkeit, Krankheiten zu heilen oder bestimmte Probleme in ihren Leben zu überwinden.

Ich habe das Gefühl, daß unsere wichtigste spirituelle Arbeit darin besteht, zu lernen, wie man engen Kontakt mit Gott erlangt, über Ihn ständig zu meditieren und unsere ganze Aufmerksamkeit auf Ihn zu richten; daß wir lernen, unser Leben als Dienst am Herrn zu verstehen und unsere Hingabe und Liebe auf sehr praktische Art und Weise auszudrücken – im täglichen Umgang mit den Menschen. Baba und viele andere haben darauf aufmerksam gemacht, daß Yogakräfte den spirituellen Anwärter in Versuchung bringen und ihn von seinem Hauptziel – der Vereinigung mit Gott – abbringen können. Die Menschen können über jene Kräfte, die wir im Westen allgemein als übersinnlich oder paranormal bezeichnen, dermaßen in Hysterie geraten, daß sie völlig vergessen, daß selbst diese Kräfte, ebenso wie Aggressivität und Sexualität, tiefer in den Bereich des Ego-Zustandes führen können – jenen Bereich der Wünsche und Begierden, der Frustration und des Leidens: eben den Bereich der Dualität.

Das soll natürlich nicht heißen, daß jemand, der sich in höhere Bewußtseinsebenen begibt und dabei außergewöhnliche Kräfte entwickelt, unbedingt vom Weg abkommen muß. Man kann diese höheren Kräfte genauso meistern und transzendieren wie gewöhnliche Fähigkeiten – allerdings verlangt dies eine beachtliche Disziplin.

F. Was sagt Baba über die Einnahme von bewußtseinserweiternden Drogen?

A. Als Psychiater bin ich zur Einsicht gekommen, daß es einer der Haupttriebe des Menschen ist, Eins-zu-werden mit Gott, der unsere wahre Identität ist – zur Sicherheit und Stärke des Vaters zurückzukehren. Ich sehe unsere Faszination für Psychodrogen als einen Ausdruck unserer Sehnsucht nach dem Überwinden des ‚kleinen' Ichs und der Annäherung und Verschmelzung mit einer höheren Wirklichkeit.

Es gibt kaum Zweifel darüber, daß eines der wichtigsten Elemente des Drogenerlebnisses die Verringerung der Bedeutung der eigenen Persönlichkeit – oder des Ego – ist, da man von dieser neuen Welt der wirbelnden Energien geradezu gefangen genommen, eingehüllt und verschluckt wird. Baba hat aber häufig betont, daß dies nicht der Weg zum wahren Eins-werden ist, sondern vielmehr eine Sackgasse.

Das transzendentale Erlebnis, das von Drogen erzeugt wird, ist falsch und vorübergehend und führt nicht zu wahrhaftiger Einsicht – egal wie erleuchtend es auch sein kann, zu erfahren, daß die ‚Wirklichkeit', wie sie die meisten von uns kennen, im Grunde eine willkürliche Art von ‚Tunnelvision' ist in einer Welt der Erscheinungen, von denen wir größtenteils nichts wissen. Baba hat diese Art des Erlebens übrigens mit einer Weintraube aus Plastik verglichen. Sofortiges und anhaltendes Samādhi läßt sich ganz offensichtlich nicht mit einer Pille herstellen.

Baba lehrt ständig Geduld, Beständigkeit und Disziplin. Zusammen mit der Gnade Gottes macht es die Übung dieser Tugenden möglich, Gott in uns selbst zu finden. Baba hat versprochen, daß, wenn wir das Experiment und die Erfahrung spiritueller Disziplin machen, er ganz nahe bei uns sein wird, daß er uns leiten, über unsere Sicherheit wachen und uns helfen wird, wahre Selbsterkenntnis zu erreichen. Was kann ein Lehrer mehr versprechen?

F. Muß man nach Indien gehen, um Kontakt mit Baba zu bekommen?

A. Nein. Er nimmt häufig auf ganz unterschiedliche Art und Weise Kontakt mit Menschen in der ganzen Welt auf. Ich kenne zum Beispiel Leute, die tausende von Kilometern von ihm entfernt waren, als ein Bild, das sie von ihm hatten, plötzlich Vibhūti zu erzeugen begann. Oder sie haben das unheimliche Gefühl, daß er zu ihnen spricht, oder aber er kommt in einem Traum, um sie zu belehren. Ich habe sogar mit glaubwürdigen, angesehenen Menschen gesprochen, die behaupten, daß sie ihn sich direkt vor ihren Augen, hier in diesem Lande haben materialisieren sehen. Heute ist mir völlig klar, daß die Dimension des Gebetes oder der Meditation als ‚Ort' der Begegnung mit Baba ebenso gut möglich und fruchtbar sein kann wie das Dorf Puttaparthi in Indien.

Baba erzählt die Geschichte eines Devotees, der sich in großer Gefahr befand, weil er überfallen werden sollte. Der Devotee rief den Namen des Gottes an, dem er ergeben war – stellte sich die Gottheit in ihrer angestammten Umgebung vor, wie in den Hinduschriften beschrieben viele Kilometer entfernt. Er betete, bis ihn seine Angreifer fast umgebracht hatten. Erst im allerletzten Augenblick erschien Gott und rettete ihn.

Als er Gott dann fragte, warum er so lange gewartet hätte, erwiderte Gott, daß er ja aus einer größeren Entfernung habe kommen müssen, da ihn sich der Anhänger doch so weit entfernt vorgestellt hatte. Hätte ihn sich der Devotee hingegen in seinem eigenen Herzen vorgestellt, hätte er auch sofort an Ort und Stelle sein können.

F. Heißt das, daß uns Baba erscheint, daß er auch tatsächlich kommt, wenn wir es wünschen?

A. Baba sagt, daß er im Herzen eines jeden von uns wohnt und daß, wenn wir dort nach ihm schauen, wir ihn dort auch finden werden. Was allerdings sein Handeln auf einer physischen Ebenen betrifft, so werden, wie ich es sehe, seine Handlungen nicht von unseren Wünschen und Begierden bestimmt, sondern von unserer Hingabe, unseren spirituellen Übungen und seiner Gnade. Während einer meiner Freunde, ein Psychiater namens Warren Gershwin, Baba kürzlich besuchte, saßen seine Frau und ihre junge Hausgehilfin zu Hause beisammen und unterhielten sich. Sylvia, die Hausgehilfin, war in Tijuana, Mexiko, unter recht schwierigen Familienverhältnissen aufgewachsen und eine hart arbeitende, ausgeglichene und gesunde Frau. An diesem Abend war sie etwas traurig und bemerkte zu Warrens Frau Madelaine, daß sie einfach nicht von Babas außergewöhnlichen Kräften überzeugt sei, obwohl sie Bhajans sang und gerne an ihn glauben würde. Madelaine versuchte sie zu trösten, ohne viel Erfolg.

Sylvia sah hinauf zum Sims, über dem Babas Bild hing und bat ihn wortlos, ihr doch mit ihrem Glauben zu helfen. Madelaine erzählt, daß Sylvia plötzlich ganz blass wurde und leise zu stammeln begann: „Oh mein Gott ... oh mein Gott", dann rannte sie in die Küche. Madelaine fürchtete, daß Sylvia vielleicht einen Dieb hereinschleichen gesehen hatte und folgte ihr schnell, um sich zu vergewissern.

„Als ich vom Sims wegsah in Richtung Küche, sah ich Baba in voller Größe hinter der Küchentür vorübergehen", sagte Sylvia später in ehrfürchtigem, leisem Ton. „ Jetzt verstehe ich, warum ihr Bhajans singt." Sie wollte unbedingt in der Küche schlafen, und in dieser Nacht sangen sie Bhajans bis zwei Uhr morgens.

F. Wenn ich nach Indien reisen würde, welche Chancen hätte ich, Baba zu sehen und mit ihm zu sprechen?

A. Das ist einzig eine Sache zwischen Ihnen und Baba. Man kann nicht voraussehen, was er tun wird oder nicht, obwohl man ganz allgemein sagen kann, daß es bereits schwierig ist, ihn privat zu sehen.

Wenn Sie ernsthaft eine Reise nach Indien in Erwägung ziehen, würde ich Ihnen vorschlagen, eins der Sai Baba Zentren zu kontaktieren, um zu sehen, ob eine Gruppe eine Reise plant. Die Chance, Baba persönlich zu sehen, ist möglicherweise besser, wenn man mit einer Gruppe kommt. Wenn Sie allein reisen möchten, dann schlage ich vor, bei einem der Zentren in Erfahrung zu bringen, wo sich Baba zur Zeit ihrer geplanten Reise gerade aufhält.

Ich muß Sie daran erinnern, daß es in Puttaparthi recht spartanisch zugeht. Viele Hindernisse gibt es zu überwinden, und die Reise ist in mancherlei Hinsicht schwierig. Für den wirklich Suchenden aber ist die Möglichkeit, die Suche zu einem guten Ende zu bringen, groß.

F. Wann wird er in die Vereinigten Staaten kommen?

A. Das ist eine gute Frage. Niemand kennt Babas Pläne, Reiserouten oder Bewegungen, und häufig narrt er seine Verfolger, wenn sie glauben, seine Pläne herausbekommen zu haben. Bisher ist das einzige Land, das er außerhalb Indiens besucht hat, Afrika. Das war 1968. Amerikaner fragen ihn seit Jahren, wann er nach Amerika kommt, und seine Antwort lautet immer, daß er kommen wird, wenn wir dafür bereit sind.

Ich war dabei, als ein junger Mann ihn dies einmal fragte, und Baba sagte, daß er mit ihm gehen würde – dann klopfte er ihm auf die Brust, da wo das Herz ist. Ich bin der Meinung, daß er wirklich schon in dieses Land gekommen ist – in die Herzen vieler tausend Amerikaner, die von ihm angerührt wurden.

Einem anderen erklärte er, daß man sich erst einmal um sich selbst kümmern müsse, und wenn man das geschafft hat, kümmert man sich um seine Familie, dann seine Nachbarn, anschließend die Stadt und schließlich das Land. Danach kann man dann in andere Länder gehen. Es scheint klar, daß er sich zuerst einmal auf die Besserung der Verhältnisse in Indien konzentrieren will, bevor er sich irgendwoanders hinwendet.

F. Wie hat ihre Erfahrung mit Sai Baba ihre psychiatrische Arbeit beeinflußt?

A. Ich habe eine grundlegende Änderung meiner Einstellung erfahren, die sich auch in meiner Arbeit niederschlägt. Seitdem ich Sai Baba kenne, bin ich vor allem wesentlich glücklicher und innerlich ruhiger geworden, da ich meine Angst vor dem Tod weitgehend verloren habe, und dafür das Gefühl gewann, ständig beschützt zu sein. Diese grundlegende Änderung der Perspektive und das Gefühl der Sicherheit haben meinem Leben einen klaren Mittelpunkt und eine deutlichere Richtung gegeben, was dazu führt, daß ich auch andere klarer und deutlicher sehe.

Meine Anschauung über den Stellenwert der Gefühle und Emotionen haben sich im Laufe meines Lebens erheblich geändert. Meine psychiatrische Ausbildung hatte mir gezeigt, was für Gefahren in der Unterdrückung von Gefühlen liegen, und nachdem ich Baba gesehen habe, ist in mir die Erkenntnis erwachsen, daß es ebenso gefährlich ist, sich an die Gefühle zu hängen – und wie sehr eine solche Abhängigkeit das spirituelle Wachstum beeinträchtigen kann.

Eigenartigerweise werden Psychiater zu Agnostikern und Atheisten geradezu ausgebildet. Vielleicht ist es ihre Überbewertung und die Faszination, die die Gefühlswelt auf sie ausübt, weshalb sie die geistige Ordnung jenseits der Sinne übersehen. Natürlich folgt daraus eine Betonung der Sinne und Gefühle in ihrer therapeutischen Behandlung. Diese Bestandteile des ‚kleinen' Ichs haben an Bedeutung zugenommen, bis sie in der heutigen Psychiatrie praktisch selbst zum Gegenstand der Verehrung wurden.

Ich glaube, daß der psychiatrischen Theorie und Praxis wesentliche Grenzen gesetzt sind, auf die der Patient aufmerksam gemacht werden sollte. Es stimmt, daß unzähligen Menschen bei der Bewältigung ihrer emotionalen Probleme durch eine eingehende Untersuchung ihrer Gefühle und Gedanken geholfen werden kann. Viele müssen sich zunächst einmal mehr mit ihren Gefühlen beschäftigen, damit sie einen Punkt erreichen, an dem sie ihre Reaktionen verstehen und kontrollieren können.

Aber es gibt eine Grenze des Wachstums und der Weiterentwicklung beim Eintauchen in diese Bereiche. Und ich glaube, die Psychiatrie sollte klar aufzeigen, wo diese Grenzen liegen; daß das Eintauchen in die Welt der Gefühle aus lauter Freude am Freiwerden für das Erleben von Aggression und Sexualität ab einem bestimmten Punkt gefährlich ist, wenn diese Gefühle nicht durch einen ausgeprägten Sinn für Moral kontrolliert werden.

Psychiater dürfen keine Angst davor haben, sich eine Moral einzugestehen, die die Existenz einer spirituellen Dimension widerspiegelt, und bestimmte Verhaltensweisen festzulegen, die zu spirituellem Wachstum führen. Obwohl es an bestimmten Punkten der Behandlung angebracht ist, urteilsfrei zu sein und den Patienten zu bitten, seine Gedanken nicht zu zensieren und Gefühle nicht zu unterdrücken, so muß auch ganz deutlich gesagt werden, daß diese Einstellung gefährlich ist, wenn man sie als Lebensweise verallgemeinert. Die meisten Psychiater werden zwar erklären, daß eine solche Verallgemeinerung ein grobes Mißverständnis des psychiatrischen Anliegens ist. Trotzdem glaube ich, daß die Psychiatrie zu einem gewissen Grad selbst zur heutigen allgemein verzerrten Sicht der Gesellschaft beigetragen hat. Indem sie es ablehnt, eine geistige Dimension jenseits der Sinne anzuerkennen, überbewertet sie die Sinne. Bevor ich Baba kennenlernte, hielt ich solche monistische, spirituelle Praktiken wie Abstand von den Gefühlen zu gewinnen und das Festhalten an einer selbstkontrollierenden, disziplinierenden Moral ganz allgemein für repressiv, ja, mehr noch als pathologische Verleugnung der ureigenen Identität. Ich dachte, die Identität des Menschen sei primär emotionaler Natur.

Dementsprechend spiegelt sich meine Auffassung von einem eher begrenzten Stellenwert der Gefühle im Leben eines Menschen und der Notwendigkeit, daß der Therapeut die Moral und die für eine spirituelle Weiterentwicklung sinnvolle Verhaltensweise offener und klarer diskutieren sollte, auch in meiner Behandlungsmethode wieder. Nach meiner Erfahrung kann das so geschehen, daß der Patient sich weder kritisiert noch bestraft fühlt – ohne den Materialfluß zu hindern, der zur Enthüllung seiner unterdrückten Gefühle nötig ist. Ich kam zu der Einsicht, daß ich mich sehr viel öfter unter dem Deckmantel des urteilsfreien Beobachters versteckt hatte als notwendig oder angebracht gewesen war.

Die Psychiatrie, so glaube ich, muß von höheren, spirituellen Werten geleitet werden. „Erziehung ohne Charakter, Wissenschaft ohne Menschlichkeit und Handel ohne Moral sind wertlos und gefährlich“, sagt Baba, und erklärt anhand des Beispiels der Fotokamera, wo die Grenzen liegen, die den Sinnen in unserem Leben zukommen:

Genau wie wir ist die Kamera auf die Welt gerichtet, um Eindrücke aufzunehmen. Der Geist ist der ‚Motor‘, der die Kamera einmal in diese, einmal in jene Richtung hält. Eine Art höhere Instanz des Geistes – Buddhi oder Intellekt genannt – lenkt den Geist so, daß er weiß, was er ‚fotografieren‘, welcher Blickwinkel und welche Brennweite gewählt werden muß. Die Sinne sind mit der Linse vergleichbar, durch die die Eindrücke fallen müssen, damit sie auf den Film kommen. Und der Film, auf dem der Eindruck festgehalten wird, ist das Herz. Wenn der Intellekt weise und vorsichtig in der Wahl seiner Objekte vorgeht, kann man davon ständig ausgezeichnete, wahre und schöne Bilder vom Leben entwickeln.

Die Freude, die man beim Betrachten eines als absolut wahr empfundenen Augenblicks z.B. beim Betrachten eines Fotos hat, ist ähnlich der der Erfahrung des Göttlichen. Ebenso wie der Zweck des Fotografierens nicht darin liegen kann, die Linse zu ‚stimulieren‘, kann auch der Zweck des Lebens nicht in der Erregung der Sinne liegen. Wenn der Gebrauch der ‚Kamera‘ nicht durch die Intelligenz, sondern nur durch die Eindrücke gesteuert wird, die durch die Linse einfallen, dann wird das auf dem Film zu chaotischen Bild-Ergebnissen führen.

Heute nehme ich in den Äußerungen – dazu rechne ich auch die Körpersprache – eines Patienten eine bestimmte Schwingung, ein Element wahr, das ich früher nicht bemerkt hatte und deren Ausgangspunkt ich heute als der spirituellen Sphäre zugehörig identifiziere. Obwohl ich den Mittelpunkt bestimmter seelischer Konflikte immer noch in Aggression und Sexualität sehe, so nehme ich doch die spirituelle Dimension wesentlich stärker wahr – als etwas, das immer schon vorhanden war, jedoch kaum wahrgenommen oder, schlimmer noch, als neurotisch angesehen wurde.

Wo ich zuvor lediglich ein neurotisches Abhängigkeitsverhältnis gesehen hatte, zum Beispiel bei einem Erwachsenen, der sich nach dem Schutz eines liebenden Vaters sehnt, sehe ich heute auch Elementen eines ganz realen Gefühls der Hilflosigkeit und der Isolation, das entsteht, wenn man sich von Gott getrennt glaubt. Und ich spüre auch die spirituelle Sehnsucht des Betreffenden nach einer Vereinigung mit seinem Gott. Wo ich früher bei einem Patienten, der sich weigerte, Aggression oder Sexualität auszudrücken, nur eine neurotisch bedingte Angst gesehen hatte, erkenne ich heute auch eine intuitive, spirituelle Einsicht, die den Betreffenden dazu bringt, sich von den Gefühlen zu distanzieren, und die um die Gefahren einer zu starken Abhängigkeit von den Gefühlen ‚weiß'.

So kann ich heute in einem Patienten, der übermäßig besorgt ist, freundlich und sanft und lieb zu erscheinen, und der sich sichtlich gegen seine mehr tierischen Triebe wehrt, in dem Annehmen von Qualitäten, die ihn zu Gott hinführen können, auch die Sehnsucht nach der Vereinigung mit Ihm erkennen. Und bei einem Patienten, bei dem ich früher lediglich eine neurotisches Schuldgefühl – mit Selbstbeschuldigung und Erwartung der Bestrafung – gefunden hatte, bin ich heute eher geneigt, den von ihm empfundenen ‚Sünden' der Vergangenheit und seinem intuitiven spirituellen Wissen um die Notwendigkeit der Sühne nachzugehen – jener unbewußten Furcht vor Gott, die er aufgrund eines Karma haben mag, oder anders: der Notwendigkeit, für alle seine Handlungen mit barer Münze zu bezahlen.

Es kann auch vorkommen, daß ich mich mit dem Patienten darüber unterhalte, daß bestimmte Umstände das Resultat einer Handlung aus einem früheren Leben sein könnten. Ein Patient, der sich schon etwas vom Begriff der Reinkarnation zueigen gemacht hat, kann aus dieser Vorstellung genügend Kraft beziehen, daß er über eine Periode der geistigen Qualen und der Depression hinwegkommt.

Bei einer verwitweten Person, die nach dem Tod des Partners das Haus nicht mehr verlassen will, sah ich früher nur die masochistische Beschäftigung mit der eigenen Einsamkeit und Depression. Heute sehe ich auch das spirituelle Verlangen, die verlorene Partnerschaft als heilig anzusehen...

Keuschheit zu üben und das physische Dasein zu transzendieren, um eine höhere Beziehung zu Gott und dem geliebten Menschen einzugehen – auch wenn der Partner nicht mehr im Diesseits lebt. Ich hatte es immer der Niedergeschlagenheit und Erschütterung des Patienten zugeschrieben, wenn er vorgab, bestimmte Schwingungen eines geliebten Menschen aufzufangen, von dem er durch große Entfernung oder Tod getrennt war. Heute halte ich das durchaus für möglich.

Daß es eine solche menschliche Fähigkeit wirklich und wahrhaftig gibt, ist mir plötzlich auf dramatische Weise klar geworden. Ich sprach mit einer Patientin, die gut situiert war und bei der kein Grund für eine Depression ersichtlich war. Sie konnte mir jedoch die genaue Zeit und den Tag nennen, an dem sich bei ihr eine ziemlich tiefe Depression eingestellt hatte, die etwa zehn Tage anhielt. Erst Wochen später erfuhr sie, daß ihr engster Freund, den sie monatelang nicht gesehen hatte, mit Selbstmordgedanken gespielt hatte und zu jenem Zeitpunkt gerade die Tabletten vor sich auf den Tisch gelegt hatte und vor der letzten Entscheidung stand. Er beschloß endlich, ‚es' doch nicht zu tun, und seine Depressionen schwanden nahezu in demselben Maße, in dem ich eine Besserung bei meiner Patientin beobachten konnte.

Hintergründe spiritueller Natur sind weder so selten, noch so belanglos, wie ich gemeinhin angenommen hatte, sondern im Gegenteil eminent wichtige und zentrale Faktoren, die die gesamte Existenz des Patienten in ihrem Kernpunkt berühren.

Am leichtesten sind für den Psychiater jene Punkte im Leben eines Patienten aufzudecken, zu denen er selbst eine Beziehung hat, und er kann andere nur in dem Maße heilen, in dem er sich selbst helfen konnte – und zwar dadurch, daß er seine eigenen vitalen Energien mit dem Selbst in Einklang bringt. Ich praktiziere täglich Yoga und Meditation und bringe Elemente dieser Disziplinen auch in meine Behandlungen ein, damit sie dem Patienten vertraut werden und er sie selbst anzuwenden lernt. So rate ich einem Patienten zur Meditation, um ihm zu helfen, quälende Gedanken und aufwühlende Gefühle zu besänftigen. Oder ich führe etwa bestimmte Yogatechniken und -stellungen in die Behandlung ein, um Energie und Fluidität in verspannte Körperteile zu bringen. Während der Behandlung versuche ich selbst in einem meditativen Zustand zu bleiben und vertraue eher darauf als auf meine Gedanken, Gefühle und Theorien. Ich bin heute fest davon überzeugt, daß diese Erfahrungen meine eigenen intuitiven Fähigkeiten schärfen und erweitern, während sie mehr und mehr selbst zu einer Behandlungsmethode werden.

Und letztlich: Wir wissen, daß Sai Babas zentrale Botschaft die Liebe ist – eine Liebe, die praktiziert werden will. Es ist mir inzwischen klar, daß die Psychiatrie, wie sie heute praktiziert wird, sehr wenig vom Wesen jener Liebe versteht, die sie selbst predigt. Nach meinem ersten Besuch bei Sai Baba und dem Erwachen meines religiösen Innersten, erkannte ich, daß dieses Erlebnis mir etwas über die Gesetze der Liebe erschlossen hatte, das mir über den Weg der Psychiatrie unzugänglich gewesen war. Dieses innere Erleben des Sich-Hingebens an das Göttliche ist das Feuer, in dem unsere Liebe gehärtet, geläutert und erweitert wird. Es ist die Quelle unseres angeborenen Gefühls für die Sinnhaftigkeit des Lebens und unseres tiefsten Erlebens von Frieden und Liebe in uns. Baba weist darauf hin,wie äußerst wichtig Andacht und Hingabe in unserem Leben sind. „Bhakti – Hingabe – ist der einzige Weg, auf dem man das göttliche Ziel erreichen kann. Bhakti ist das einzige Allheilmittel für die Übel in dieser Welt. Bhakti ist die einzige Möglichkeit für euch, die Wahrheit zu erkennen.“[1] Ich wußte, daß ich einen Weg finden mußte, nicht nur meine Therapie, sondern auch mein ganzes Leben in diesem Zeichen zu erfüllen.

Die meisten Psychiater – mich eingeschlossen – werden zu einer ziemlich egoistischen Auffassung ihrer Rolle im therapeutischen Prozeß erzogen. Anzunehmen, daß irgend jemand die menschliche Natur jemals ganz verstehen und Menschen wirklich heilen könnte, ist nicht nur eine große Illusion, sondern auch der Grund für das starke Unbehagen vieler Therapeuten, die unter dem zwanghaften Gefühl leiden, daß sie allwissend sein sollten. Für mich jedenfalls hat es gereicht, in Babas Gegenwart zu sein und das Ausmaß seiner Wissendheit zu erleben, um mich demütig werden zu lassen und mir einzugestehen, wie viel es ist, was wir nicht wissen. Es bedeutete für mich, daß ich versuchen mußte, meine ganze Einstellung zu den ‚Erfolgen‘ therapeutischer Behandlungen und dem eigentlichen Sinn und Zweck dieser Prozesse zu ändern.

Svāmī Vivekānanda, ein indischer Heiliger und Jünger Shrī Rāmakrishnas sagte: „Alle Arbeit, die du tust, tust du für dein eigenes Seelenheil, deinen eigenen Vorteil. Gott ist nicht in einen Graben gefallen, um dir und mir dabei zu helfen, ein Krankenhaus für ihn zu bauen! Er gestattet dir zu arbeiten... nicht um ihm zu helfen, sondern damit du dir selbst hilfst. Glaubst du, daß auch nur eine Ameise stirbt, weil du ihr deine Hilfe verweigerst? Welche Blasphemie! Die Welt braucht dich überhaupt nicht... streiche deshalb das Wort ‚Hilfe‘ aus deinem Gedächtnis. Du kannst nicht helfen – das ist Blasphemie. Du dienst Gott, wenn du einem Hund einen Bissen zu fressen gibst, du verehrst den Hund als Gott, der alles ist und in allem... Sei dankbar, daß du deine Macht der Güte und Barmherzigkeit in dieser Welt ausüben darfst und dadurch rein und vollkommen werden kannst. Sei dem Menschen, dem du hilfst dankbar, sieh in ihm Gott. Ist es nicht ein Privileg, Gott dadurch dienen zu dürfen, daß du deinem Mitmenschen hilfst?“[2]

Baba hat es so ausgedrückt: „Es ist sein Bühnenstück – eure Rolle ist Sein Geschenk. Er hat den Text geschrieben. Er hat die Regie, bestimmt die

1 Summer Showers in Brindavan 1972, S. 100.
2 Thus Spoke Vivekānanda, Shrī Rāma. . .

Kostüme und Dekorationen; er gibt die Gesten vor und die Tonlage, den Auftritt und den Abgang. Ihr müßt eure Rolle gut spielen und seinen Applaus bekommen, wenn der Vorhang fällt. Verdient es euch, durch eure Tüchtigkeit und Begeisterung immer größere Rollen zu spielen – das ist der Sinn und Zweck des Lebens."

Ich bin zu der Überzeugung gelangt, daß die therapeutische Behandlung dem Behandelnden ebenso zugute kommt wie dem Patienten. Ich habe versucht, sie zu einem Akt der Verehrung und des Dienstes am Herrn zu machen. Wenn der Therapeut während der Behandlung über das Göttliche meditiert, wenn er das Göttliche in seinem Patienten zu sehen imstande ist und ständig in dieser inneren Gewißheit verankert ist, wird er ausgeglichener, liebender und intuitiver. Ich glaube, daß die Verwandlung unserer Seele eben in einer solchen Atmosphäre vonstatten geht. Unter solchen Umständen kann der Behandlungsablauf gar nicht anders als für beide – Patient und Therapeut – eine tiefe Bedeutung haben.

Baba hat gesagt: „Es reicht schon aus, wenn Liebe kultiviert wird – die Liebe, die keinen Unterschied kennt zwischen einem selbst und dem anderen. Denn alle sind nur Glieder an dem einen Leib des allmächtigen Gottes. Einzig durch die Liebe kann die Verkörperung der Liebe selbst gewonnen werden. Dazu ist keine Gelehrsamkeit nötig. Im Gegenteil: Gelehrsamkeit ist ein Hindernis, denn sie leistet dem Egoismus derer Vorschub, die sich gelehrt dünken und erzeugt Zweifel und den Wunsch nach Auseinandersetzung und nach den Lorbeeren des Sieges über die anderen."

Abgesehen davon, daß ich eine gottesfürchtige Haltung in meinem eigenen Leben für äußerst wichtig halte, habe ich auch meine Patienten mehr als einmal ermutigt, diese Einstellung einmal genauer unter die Lupe zu nehmen. Wenn Patienten über ihre Gefühle der Isolation, Depression, Leere und Einsamkeit sprechen, erinnere ich sie – wenn ich es für sinnvoll halte – an ihre Beziehung zu Gott und schlage ihnen vor, sich Zeit zu nehmen, um diese spirituelle Bindung, genau wie ihre zwischenmenschlichen Beziehungen weiterzuentwickeln. Ich erkläre ihnen einfach und unmißverständlich, daß ihre Fähigkeit, Liebe zu erfahren, in einer direkten Beziehung zur Kultivierung einer ehrfürchtigen Haltung dem Göttlichen gegenüber steht.

Ich bin zu der Einsicht gelangt, daß durch Liebe sowohl der Therapeut als auch der Patient wachsende Erkenntnis darüber erlangen können, daß unser grundlegendes Selbst der Ātman ist – daß unser Sein also tatsächlich über Raum und Zeit hinausreicht. Die Menschen können tatsächlich jene Liebe erfahren, welche die physische Welt durchdringt und erhält.

Das Ziel der Psychotherapie sollte – auf dem Niveau der Spiritualität – ein Bekenntnis zur faktischen Existenz der Liebe als der elementaren Energie im Universum sein; und die Erkenntnis, daß Hingabe das Mittel ist, durch das sich unsere Liebe entfalten und wachsen kann. Mit anderen Worten – der Zweck der Therapie sollte darin liegen, die Leiden auf körperlicher, emotionaler und geistiger Ebene zu erleichtern. Nämlich jene Zonen , die durch Schmerz verhärtet sind, aufzuweichen und zu lockern. Dann öffnet man sich den Schwingungen der Energie ‚Liebe', ähnlich wie die Lotosblume ihre Blütenblätter zur Sonne hin öffnet, um mit der Schöpferkraft ihres Lebens und ihrer Schönheit in direkte Verbindung zu kommen.

Das eigentliche Ziel der Psychiatrie, so meine ich, ist das gleiche wie das der Religion: Gott oder Ātman durch das Erleben der Liebe in sich selbst zu finden. In der inbrünstigen Hoffnung, daß die Psychiatrie die Wahrhaftigkeit Babas erkennen möge, würde ich diese noch junge Wissenschaft lieber „Sai-chiatrie", die Sai-chiatrie des Ātmanbewußtseins nennen, die Sai-Chiatrie der Liebe (Wortspiel aufgrund der im Englischen ähnlich ausgesprochen Silben „Psi" und „Sai", Anm. d. Übers.).

Sai Babas Lehren

Wer ist Sai?

„Gott ist unerforschlich. Er kann in der äußeren, objektiven Welt nicht erkannt werden. Er ist im tiefsten Inneren eines jeden Wesens. Edelsteine müssen tief unter der Erde gesucht werden – sie fliegen nicht in der Luft herum. Sucht Gott in der Tiefe eures eigenen Ichs und nicht in der trügerischen, schillernden Welt der Natur. Für diesen hohen Zweck wird euch der Körper geliehen. Ihr aber mißbraucht ihn heutzutage – ähnlich wie der, der sein Essen jeden Tag in einem edelsteinbesetzten goldenen Gefäß kocht, das er als Erbstück erhalten hat.

Der Mensch preist Gott als allgegenwärtig, allwissend, allmächtig, verkennt aber seine Gegenwart in sich selbst! Natürlich wagen sich viele an die Beschreibung der Eigenschaften Gottes und erklären ihn für diesen und jenen. Das sind aber nur ihre persönlichen Vermutungen und die Widerspiegelung ihre eigenen Wünsche und Vorstellungen.

Wer kann behaupten, daß Gott so und so ist? Wer kann behaupten, daß Gott nicht in dieser bestimmtem Erscheinungsform ist, oder nicht diese oder jene Eigenschaft hat? Jeder kann vom unermeßlichen Ozean nur so viel einfangen, wie in den Behälter geht, den er ans Ufer trägt. Von all der Menge, dem Unermeßlichen, kann er nur sehr wenig fassen.

Jede Religion definiert Gott innerhalb der Grenzen, die sie selbst absteckt, und behauptet dann, Ihn begriffen zu haben. Ähnlich wie die sieben blinden Männer, die einen Elefanten jeweils für eine Säule, ein Seil, eine Wand oder einen Fächer hielten, weil sie nur je einen Teil von ihm berührt hatten und das Tier als Ganzes deshalb nicht begreifen konnten, so sprechen auch die Religionen nur von einem Teil und erklären ihre Sicht für vollständig und erschöpfend.

Alle Religionen vergessen, daß Gott in allen Erscheinungsformen ist, daß alle Namen, alle Eigenschaften und Ansprüche ihm gehören. Die Religion der Menschlichkeit ist die Summe und der Kern all dieser Teil-Glauben; denn es gibt nur eine Religion, und das ist die Religion der Liebe. Die verschiedenen Glieder des Elefanten die dem nichtsehenden Sucher seines wahren Wesens so verschieden und getrennt voneinander vorkamen, wurden alle von einem einzigen Blutstrom versorgt und am Leben gehalten: Die verschiedenen Religionen und Glaubensbekenntnisse, die sich so getrennt und verschieden voneinander glauben, werden alle von einem einzigen Strom der Liebe genährt.

Der optische Wahrnehmungssinn kann sich die Wahrheit nicht vorstellen. Er gibt nur falsche und leere Informationen. So gibt es zum Beispiel viele, die meine Handlungen genau beobachten und dann behaupten, ich sei dieser und jener Natur. Sie sind unfähig, die Heiligkeit, die Majestät und die ewige Wahrheit, die ich bin, zu ermessen. Die Macht von Sai ist unbegrenzt, sie manifestiert sich in alle Ewigkeit. Und alle Formen der Macht sind in dieser Handfläche von Sai zuhause.

Aber die, die öffentlich erklären, daß sie mich verstanden hätten – die Gelehrten, die Yogīs, die Pāndits (Gelehrte), die Jnānīs (jene, die spirituelles Wissen erlangt haben) – sie alle nehmen nur das Unwichtigste, die gelegentliche äußere Manifestation eines verschwindend kleinen Teils dieser Macht wahr – nämlich die'Wunder'. Sie haben nicht den Wunsch, mit dem Ursprung aller Macht und aller Weisheit, der hier in Brindavan zur Verfügung steht, in Verbindung zu treten. Sie sind schon zufrieden, wenn sie sich eine Chance sichern können, ihr Bücherwissen anzubringen und zu zeigen, wie bewandert sie in den vedischen Lehren sind, wobei sie nicht bemerken, daß die Person, von der die Veden einst ausgegangen sind, zu ihrem Heil mitten unter ihnen ist.

So war das zu allen Zeiten. Die Menschen mögen dem Avatāra (auf physischer Ebene) noch so nahe kommen – sie leben ihr Leben trotzdem weiter, ohne sich ihres Glückes bewußt zu sein. Sie überbewerten die Rolle der Wunder, die verglichen mit meinem Glanz und meiner Herrlichkeit so unbedeutend sind wie die Mücke im Vergleich zur Größe und Stärke des Elefanten, auf dem sie sitzt. Wenn ihr also über diese ‚Wunder' redet, lache ich innerlich aus Mitleid darüber, daß ihr euch gestattet, das kostbare Bewußtsein meiner Wirklichkeit so leicht zu verlieren.

Meine Macht ist unermeßlich, meine Wahrheit unerklärbar und unergründbar. Das verkünde ich über mich, weil es nun notwendig geworden ist. Aber was ich zur Zeit tue, ist nur ein Austeilen von ‚Visitenkarten'. Laßt mich euch sagen, daß solcherart ausdrückliche Erklärungen durch Avatare nur noch von Krishna so klar und unmißverständlich gemacht worden sind. Aber ihr werdet feststellen, daß trotz dieser Verkündigungen derselbe Krishna im Lauf seines Lebens gelegentlich Niederlagen in seinen Bemühungen und Bestrebungen erlitt – obwohl man andererseits bedenken muß, daß auch jene Niederlagen ein Teil des Dramas waren, das er selbst entworfen hatte und dann selbst leitete.

Als ihn viele Könige baten, den Krieg mit den Kauravas (einer Sippe aus dem berühmten Hindu-Epos Mahābhārata) abzuwenden, gab er zu, daß seine Mission, den Frieden zu sichern, am Hofe der Kauravas ‚fehlgeschlagen' war. Aber einen Erfolg hatte er gar nicht beabsichtigt. Er hatte beschlossen, daß der Krieg geführt werden sollte. Der Sinn seiner Mission war es, die Gier und Frevelhafigkeit der Kauravas allgemein an den Pranger zu stellen und sie vor der ganzen Welt schuldig zu sprechen.

Aber laßt mich auch sagen, daß während der Inkarnation dieses Sai Avatāras hier für ein solches ‚Drama' mit Szenen der Niederlagen und Fehlschläge kein Platz ist! Was ich beschließe, muß geschehen; was ich plane, ist zum Erfolg bestimmt. Ich bin die Wahrheit, und die Wahrheit hat es nicht nötig zu zaudern, sich zu fürchten oder sich zu beugen.

Zu ‚wollen' ist für mich gar nicht nötig, denn meine Gnade ist für die Anhänger mit beständiger Liebe und beständigem Glauben immer vorhanden. Weil ich mich in ihrer Mitte bewege, mit ihnen rede und singe, können auch die Intellektuellen meine Wahrheit und meine Macht, meine Herrlichkeit und meine wirkliche Aufgabe als Avatāra nicht begreifen. Ich kann jedes Problem lösen, egal wie verschlungen der Knoten auch sein mag. Ich bin jenseits der Reichweite selbst der intensivsten Nachforschungen und der sorgfältigsten Messungen. Nur jene, die meine Liebe erkannt und auch erfahren haben, können mit Recht behaupten, daß sie einen Schimmer meiner wahren Identität erspäht haben. Denn der Pfad der Liebe ist die königliche Straße, die die Menschheit zu mir führt.

Versucht nicht, mich mit den äußeren Augen zu erfassen. Wenn ihr in einen Tempel geht und vor dem Abbild Gottes steht, dann betet ihr mit geschlossenen Augen, nicht wahr? Warum? Weil ihr fühlt, daß allein das innere Auge der Weisheit Ihn euch enthüllen kann. Verzehrt euch deshalb nicht nach trivialen materiellen Gütern von mir, sondern sehnt euch nach mir selbst und ihr werdet belohnt werden. Das bedeutet nicht, daß ihr nicht auch alle möglichen Gegenstände von mir erhalten sollt, die ich euch aus der Fülle meiner Liebe und als Zeichen der Gnade gebe. Ich werde euch sagen, warum ich diese Ringe, Talismane, Rosenkränze usw. verschenke: Sie sind ein Zeichen des Bandes zwischen mir und jenen, denen ich sie gegeben habe. Wenn sie in Not geraten, kommt der Gegenstand im Bruchteil eines Augenblicks zu mir und kehrt im gleichen Augenblick mit der heilsamen Gnade meines Schutzes wieder zurück. Diese Gnade steht jedem zur Verfügung, der mich bei irgendeinem Namen oder als welche Erscheinungsform auch immer anruft – und nicht etwa nur jenen, die meine Geschenke tragen. Die Liebe ist das Band, das Gnade erntet.

Denkt einmal über die Bedeutung des Namens ‚Sai Baba' nach. ‚Sai' bedeutet ‚göttlich', ‚ai' oder ‚ayi' heißt ‚Mutter', und ‚Baba' bedeutet ‚Vater'. Der Name weist also auf die göttliche Mutter und den göttlichen Vater hin. Eure leiblichen Eltern mögen eine Liebe mit einer Dosis Selbstsucht hegen – diese Sai-Mutter und dieser Sai-Vater aber lassen Zuneigung oder Tadel auf euch nur deshalb herabregnen, damit ihr zum Sieg im Kampf um die Selbstverwirklichung geführt werdet.

Denn dieser Sai ist gekommen, um die höchste Aufgabe – die der Vereinigung der gesamten Menschheit durch das Band der Brüderlichkeit – zu erfüllen; die wahre Existenz des Ātman eines jeden Wesens zu bekräftigen und ans Licht zu bringen, damit das Göttliche enthüllt werde, das das Fundament des gesamten Universums ist – und so alle zu lehren, das gemeinsame göttliche Erbe zu erkennen, das die Menschheit verbindet, damit sich der Mensch des Animalischen entledigen kann und zum Göttlichen aufschwingen, das sein Ziel ist.

Ich bin die Verkörperung der Liebe. Die Liebe ist mein Instrument. Es gibt keine Kreatur, die ohne Liebe wäre – die niedrigste liebt wenigstens noch sich selbst. Und ihr Selbst ist Gott! Deshalb gibt es keine Atheisten, obwohl manche eine Abneigung gegen Ihn haben und Ihn zurückweisen, ähnlich wie der Malariakranke eine Abneigung gegen Süßes haben mag, und der Diabetiker von Süßigkeiten überhaupt nichts wissen will. Die, die sich damit brüsten, Atheisten zu sein, werden eines Tages, wenn ihre Krankheit zu Ende ist, sich Ihm zuneigen und Ihn verehren.

Ich mußte euch so viel über meine wahre Identität erzählen, weil ich möchte, daß ihr darüber nachdenkt und daraus Freude zieht, so daß ihr zur Einhaltung des festgelegten Disziplin angeregt werden mögt und Fortschritte in Richtung des Zieles der Selbstverwirklichung machen könnt – der Verwirklichung von Sai, der in euren Herzen wohnt."[1]

„Es gibt einige Menschen, die verlieren den Verstand, wenn gewisse geistig minderbemittelte Individuen behaupten, daß ich durch sie spreche oder handle. Laßt euch von mir sagen, daß ich mich mit solchen Absurditäten nicht abgebe. Ich benutze nicht andere Menschen als Sprachrohr. Das brauche ich nicht. Ich gehe nicht geschwätzig von einem zum anderen! Seht, sogar die, die ihren Körper kasteien und jahrelang die Leiden der Askese auf sich nehmen, bis die Ameisen über sie herfallen und sie steif wie Baumstümpfe werden, haben noch Schwierigkeiten, den Herrn zu erkennen. Wie können dann solche Nichtstuer, die nur an ihren vollen Bauch denken und als Sklaven ihrer Sinne herumlaufen, diesen Zustand so billig erlangen? Ihre Gesten, Worte und Handlungen sind leer und fruchtlos. Und diejenigen, die sie beweihräuchern, wenden sich in Wirklichkeit von mir ab und rennen der Unwahrheit nach.

Denn: Wie kann sich das Erhabene, Massive jemals mit dem Hohlen, Wertlosen abgeben und das Gewand des Müßiggängers tragen? Wennn Gott gekommen ist und Form angenommen hat, glaubt mir, so wird er keine minderwertigen Gefäße füllen oder sich mit Flitterkram schmücken oder unreine Körper betreten. Ruiniert nicht diese Unglücklichen, indem ihr diese

1 Aus Sanathana Sarathi (Der ewige Wagenlenker), Monatsschrift von Prashānti Nilayam, Juli 1974.

Unwahrheiten rühmt. Behandelt sie mit Strenge, und sie werden geheilt werden. Wer den Glanz des Diamanten geschaut hat, wird sich nicht durch Glas-Klunker hinters Licht führen lassen. Der Herr ist wie der Diamant – egal mit welchem Namen ihr ihn anruft. Ein Stück Glas aber kann niemals in einen Diamanten verwandelt werden – und wenn man es noch so lautstark anpreist, und wie felsenfest man es beteuert."

Der Hauch des Lebens

Die neun Etappen auf dem Weg der Weihe und Selbstaufgabe, den die Pilgerreise des Menschen zu Gott bedeutet, sind...

1) der Wunsch, Berichten über die Herrlichkeit und Majestät von Gottes Wirken zuzuhören. Das ist der Ausgangspunkt. Indem wir wieder und wieder von Gott hören, können wir uns selbst zum Göttlichen verwandeln.

2) Für sich selbst das Lob Gottes singen, von seiner Herrlichkeit und seinen vielgestaltigen Werken.

3) Das Nachsinnen über den Herrn und das Schwelgen in der Betrachtung seiner Schönheit, Majestät und Barmherzigkeit.

4) Das Eintreten in das Stadium der Anbetung durch Verehren der Fußabdrücke oder der Füße des Herrn.

5) Das führt zur völligen Versöhnung mit dem Herrn und zu systematischem, ritualisiertem Gottesdienst, durch den der Aspirant innerlich Zufriedenheit und Erleuchtung erfährt.

6) Der Aspirant beginnt die angebetete Lieblingsform Gottes, in allen Lebewesen und allen Dingen zu sehen – wohin er auch schaut – und entwickelt so der Natur und allem Leben gegenüber eine Einstellung von Vandana, oder Ehrfurcht.

7) Wem diese Geisteshaltung erst einmal zur Gewohnheit geworden ist, der wird zu einem ergebenen Diener aller – ohne das geringste Gefühl der Über- oder Unterlegenheit. Dies ist ein wichtiger Schritt, der großen spirituellen Erfolg voraussagen läßt.

8) Das bringt den Suchenden dem Herrn so nahe, daß er sich als dessen Vertrauter und Kamerad fühlt, als sein Begleiter und Freund, als Teilhaber an der Macht und Barmherzigkeit Gottes, an seinen Triumphen und Werken – als wahrhaftiger Shaka (Freund) Gottes, wie Arjuna einer geworden war.

9) Wie zu vermuten, ist dies der Einstieg zum letzten Schritt der völligen Selbsthingabe, des Ātma-nivedana: Man ergibt sich ganz dem Willen Gottes, den der Suchende kraft seiner eigenen geläuterten Intuition kennt.

Ihr werdet bemerken, daß der siebente Schritt Dāsya ist – die Stufe des Dienens. Diese Stufe des Dienens muß jeder Mensch erreichen, der von sich behauptet, im Dienst der Allgemeinheit zu stehen, sein Sevaka zu sein. Es ist fruchtbarer als das Rezitieren des Namens Gottes oder Perlen zu zählen oder Stunden in Meditation zu verbringen – wenn auch der Dienst, den man leistet, auf der Grundlage der spirituellen Disziplin ausgeführt, reicher und befriedigender ist. Ihr müßt alle Menschen als Teile eures Körpers ansehen. Und gerade so, wie man jede Verletzung oder Wunde an einem Körperglied so schnell wie möglich zu heilen versucht, muß man auch die Nöte und Leiden anderer nach bestem Willen heilen – und so weit, wie es einem die Mittel erlauben.

Der Herr wird heute dadurch verehrt, daß man lauter Dinge opfert, die man selber haben möchte, und mit all der Ehrerbietung, die man sich selber wünscht. Das Idol wird gebadet und gewaschen, mit Juwelen bedeckt, gefüttert und bewedelt, mit Düften umgeben – denn das sind die Dinge, die ihr euch wünscht. Der Herr ist aber nur dann erfreut und zufrieden, wenn ihr Dinge tut, die Er wünscht! Wie sonst könntet ihr seine Gnade gewinnen? Wie anders als durch die Pflege, das Nähren, Helfen und Erretten seiner Kinder? Wie anders als dadurch, daß ihr ihnen helft, Ihn als ihren Herrn und Hüter zu erkennen, und indem ihr durch euer eigenes gerades und lauteres Leben den Glauben an Ihn fördert?

Eine der ersten und wichtigsten Grundlagen für ein aufrechtes Leben ist sich in Schweigen zu üben. Denn die Stimme Gottes kann nur dann in euren Herzen vernommen werden, wenn die Zunge zur Ruhe gekommen ist, der Sturm sich gelegt hat und die Wellen sich beruhigt haben. Wenn man leise mit den anderen spricht, wird sich niemand zum Brüllen veranlaßt fühlen. Bestimmt selbst den Ton – so leise wie möglich, aber auch so laut wie nötig, um den letzten im Kreis derer zu erreichen, zu denen ihr sprecht. Haltet den Ton fest, denn er ist die Kostbarkeit des Elements Ākāsha – eine Emanation von Gott selbst. Die Vernunft kann nur dann vorherrschen, wenn die Argumente nicht zu lautstark vorgetragen werden. Das Schweigen ist die Sprache des spirituell Suchenden. Sanfte, süße Rede ist der Ausdruck wahrhafter Liebe. Haß kreischt, Furcht schrillt, Einbildung trompetet. Liebe aber singt Wiegenlieder, spendet Balsam. Übt den Wortschatz der Liebe – vergeßt die Sprache des Hasses und der Schmähung.

Das zweite Zeichen ist Reinlichkeit: Nicht nur die äußerliche Reinlichkeit, sondern mehr noch die innere. Man kann sich nicht frisch und gut fühlen, wenn man eine saubere Weste über einem ungewaschenen Hemd trägt, oder umgekehrt. Beides muß sauber sein, um das Gefühl prickelnden Wohlbefindens zu vermitteln. Und so müssen auch äußere und innere Reinheit angestrebt und errungen werden. In Wirklichkeit ist die äußere Reinlichkeit nichts anderes als das Spiegelbild der inneren Errungenschaft. Auf dem Gesicht eines lauteren Menschen liegt ein eigenartiger Glanz. Innere Reinheit hat ihre eigene Seife und ihr eigenes Wasser – die Seife des festen Glaubens und das Wasser ständiger Disziplin.

Das dritte Zeichen ist, daß der Aspirant der Pflicht gegenüber, an die er gebunden ist, eine ehrerbietige Haltung einnimmt. Er wird jede Aufgabe, die ihm zugeteilt wird, wie einen Akt der Gottesverehrung ausüben, der den Herrn erfreuen soll und durch den er sich selbst dem Fußschemel des Herrn nähern kann. Pflicht ist Gott , Arbeit ist Gottes-Dienst – das ist das Motto. Gottes-Dienst ist nicht wie eine Uniform, die man zu bestimmten Tageszeiten an- und wieder auszieht. Verwandelt jeden Gedanken in eine Blume, die es wert ist, daß Er sie in Seinen Händen hält. Verwandelt jedes Tun in eine Frucht, die voll vom süßen Saft der Liebe ist und gut genug, in Seine Hand gelegt zu werden. Laßt jede Träne heilig und rein sein – gut genug, Seine Lotosfüße damit zu waschen. Das Symbol auf der Fahne in Prashānti Nilayam ist eine Erinnerung an dieses Ideal, das ihr in die Praxis umsetzen sollt. Es ist das Zeichen des Sieges, der durch stetige Bemühung über die teuflischen Feinde Lust, Neid, Haß, Bosheit und Eitelkeit davongetragen wird. Es ist das Symbol jenes laut-losen Zustandes geistiger Glückseligkeit, der durch Selbstkontrolle und Selbsterkenntnis gewonnen wird.

Versucht nicht andere danach zu beurteilen, ob sie eurer Dienste würdig sind. Findet einfach nur heraus, ob sie in Not sind – das reicht als Kriterium schon aus. Fragt nicht danach, wie sie sich anderen gegenüber verhalten – durch Liebe können sie mit Sicherheit umgewandelt werden. Seva, oder Dienst am Nächsten, ist für euch so heilig wie ein Schwur, ein Sādhana, ein spiritueller Weg. Es ist der wahre Hauch des Lebens, und kann nur enden, wenn euch der Atem (der andere ‚Hauch'. Anm. d. Übers.) verläßt."[1]

Sai über Sādhana

Devotee: Im Westen versteht man unter Sādhana gewöhnlich einen Vorgang der inneren Selbstverbesserung. Aber schließt das auch die Identifizierung mit der sich wandelnden Persönlichkeit ein?

Sai Baba: Zunächst mag der Drang nach Selbstverbesserung vorhanden sein. Aber die nächste Stufe ist das Fragen nach der Wirklichkeit von ‚diesem' und ‚jenem'. Sieben Zehntel von Sādhana ist Fragen.

Devotee: Sādhana scheint, so wie es beschrieben wird, nicht richtig zu sein, weil es eine bewußte Anstrengung darstellt, die darauf abzielt, belohnt zu

1 Aus Sathya Sai Speaks, Vol VII, S. 195-198.

werden. Mir scheint, daß Sādhana nur dann ehrlich ist, wenn es spontan erfolgt – das heißt, wenn man Gott ganz natürlich liebt: Wenn man einfach nicht anders kann, als Gott zu lieben und auch nicht umhin kann, Fragen zu haben.

Sai Baba: Es ist, wie du sagst – aber du hast die spontane Liebe für Gott noch nicht erlebt. Es ist bis jetzt nur eine Idee. Du bist davon überzeugt, daß die Liebe zu Gott ganz natürlich in dir existiert. Diese Überzeugung selbst schon ist das Ergebnis vieler Leben, die mit spirituellen Übungen verbracht wurden.

Devotee: Ich fühle die Überzeugung, daß alles Leben eins ist, daß die anderen und ich selbst eins sind, bis in die Knochen. Der Ātman ist der Eine, und er ist im Augenblick voll und ganz hier; und ich bin auch ständig mit Sādhana beschäftigt. Bleibt die Frage: Warum erlebe ich diese Einheit nicht wahrhaftig als das Nicht-andere-als-ich-selbst?

Sai Baba: Dein Verständnis von Einheit ist eine Vorstellung, ein Gedanke. Es ist kein Erlebnis. Wenn deine Frau zum Beispiel Kopfschmerzen hat, hast du sie dann auch? Wenn nicht, wo ist dann die Erfahrung der Einheit? Die Einheit muß erlebt und nicht nur als eine Idee erahnt oder als ein Gedanke gepflegt werden.

Devotee: Svāmī! Wenn Sādhana und Überzeugung diese Erfahrung nicht vermitteln können, wie kann man sie dann erlangen?

Sai Baba: Durch stetiges Sādhana. Gerade so wie es jetzt mit uns in diesem Wagen ist: Wir müssen uns nur um das vorsichtige Lenken des Wagens kümmern. In angemessener Zeit werden wir dann in Anantapur ankommen, nicht wahr? Und so wird mit richtigem und stetigem Sādhana die Erfahrung des Einen ganz natürlich kommen.

Devotee: Wie erfährt man wirklich, daß man derselbe wie jemand anderer ist? Man fühlt für andere, aus Mitleid, und Mitleid ist eine Idee, ein Begriff – nicht die direkte Erfahrung von Einheit. Als einmal jemand einen Hund schlug, hatte Sai Baba von Shirdi die blauen Flecken davon. Das ist das wirkliche Erleben von Einheit.

Sai Baba: Alles ist göttlich. Wenn du dir der Tatsache Deiner eigenen Göttlichkeit wirklich bewußt bist, wirst du auch unmittelbar wissen, daß andere göttlichen Ursprungs sind. Mitleid für andere wird so lange gefühlt, als man sich als eine getrennte Wesenheit betrachtet – was eine Folge des Körperbewußtseins ist. Die Geschichte, die Du über Shirdi Sai Baba gehört hast, ist so nicht ganz richtig. Tatsächlich hat sich folgendes ereignet: Eine Dame hatte Plätzchen gebacken und stellte sie auf einer Platte für Baba bereit, und ein Hund fraß sie auf.

Die Dame trieb den Hund mit Schlägen davon. Dann brachte sie eine neue Platte mit Süßigkeiten zu Baba; der lehnte sie ab und erklärte, daß er die

Plätzchen von vorhin bereits gegessen hätte, und sein Hunger sei gestillt. Die Dame protestierte und sagte, daß sie ihm die Bäckereien hiermit zum ersten Mal anböte. Baba erwiderte:' Nein, du hast sie mir schon angeboten, und während ich sie aß, hast du mich auch noch geschlagen'. Damit erteilte er eine Lehre über seine Omnipräsenz und darüber, daß es nur ein allumfassendes Leben gibt.

Devotee: Was meint Svāmī mit Omnipräsenz?

Sai Baba: Omnipräsenz heißt immer und überall zur gleichen Zeit zu sein.

Devotee: Svāmī sagt, daß auf einer bestimmten Stufe des Sādhana die äußere Natur aufhört zu existieren. Wie ist das zu verstehen?

Sai Baba: Es gibt zehn Stufen des Sādhana, von denen jede durch eine bestimmte Tonart verschiedener Herkunft gekennzeichnet ist: Glocke, Flöte, Muschelhorn, Om, Donner usw. Die zehnte Sufe ist erreicht, wenn die Sinne transzendiert sind. Jenseits der Sinne herrscht der Zustand der Glückseligkeit.

Devotee: Wird dieser Zustand der Glückseligkeit nur für eine bestimmte Zeitspanne erlebt? Was geschieht mit dem gewöhnlichen Leben?

Sai Baba: Dieser Zustand bleibt für immer bestehen. In diesem Zustand denkt man Gott, ißt man Gott, trinkt man Gott, atmet und lebt man Gott.

Devotee: Durchläuft jeder Mensch diese zehn Stufen?

Sai Baba: Nein. Man kann direkt zur zehnten Stufe – dem transzendentalen Zustand – gelangen, oder zur sechsten, oder siebten – oder überhaupt keinen Fortschritt machen. Es ist ganz und gar nicht einheitlich.

Devotee: Wie soll man sich bei Erreichen dieser Stufen des Sādhana jeweils verhalten?

Sai Baba: Die Bewußtseinszustände ändern sich, aber die Einstellung sollte unverändert beibehalten werden.

Devotee: Aber welchen Wert soll man den verschiedenen Zuständen beimessen?

Sai Baba: Der Sādhaka (spirituelle Aspirant) wird mit keinem der erreichten Bewußtseinzustände zufrieden sein, denn das Ziel ist die vollständige Vereinigung. Der Wunsch bleibt weiter stark, bis die transzendentale Glückseligkeit erreicht ist. Dann hören die Wünsche und Begierden auf. In diesem Zustand ist alles Gott. Gedanken und Wünsche – alles ist Gott.

Devotee: Die Gedanken, die durch den Geist fließen – sind sie stofflich?

Sai Baba: Ja, sie sind Materie. Alle Materie ist vergänglich.

Devotee: Woher kommen die Gedanken?

Sai Baba: Sie stammen von der Nahrung und der Umwelt. Wenn du sattvische (nicht abstumpfende, aber auch nicht anregende) Nahrung zu dir nimmst und nur gute Dinge und eine gute Atmosphäre um dich herum hast, werden auch nur gute Gedanken entstehen.

Devotee: Wohin gehen die Gedanken?

Sai Baba: Sie gehen nirgendwohin, da sie nicht durch den Geist fließen. Der Geist geht und greift sich Gedanken, in die er sich verwickeln läßt. Wenn aber der Wunsch auf Gott gerichtet ist, schweift der Geist nicht mehr umher. Am besten, man wird in das Problem, wie man Gedanken wieder los wird, gar nicht erst verstrickt. Seht alle Gedanken als Gott an. Dann werden auch nur Gott-Gedanken kommen. Der gesamte Mechanismus von Körper, Geist und Intellekt arbeiten dann gleichgeschaltet zugunsten des höheren Ziels.

Devotee: Für wen sollte dann der ganze Mechanismus funktionieren?

Sai Baba: Für den Ātman. Ein kleines Beispiel: Die Erde dreht sich um ihre eigene Achse, gleichzeitig aber auch um die Sonne. Die spezifischen menschlichen Fähigkeiten sollten einzeln genutzt werden. Aber das Zentrum des Universums ist der Ātman.

Devotee: Svāmī, Wie kann man diese Fähigkeiten unter die Kontrolle des Ātman bringen?

Sai Baba: Wenn man erkannt hat, daß der Ātman die Wirklichkeit, das Eine ist, dann wird alles reibungslos funktionieren. Es ist nur eine Frage der völligen Hingabe an den Ātman.

Devotee: Aber Svāmī hat gesagt, daß wir uns selbst fragen sollen: ‚Wer bin ich, daß ich es wage, meinen Geist und meinen Intellekt für Gott hinzugeben? Sie gehören mir ja nicht. Wie kann ich etwas hingeben, das ich nicht besitze und nicht einmal kontrollieren kann?'

Sai Baba: Es ist keine Frage der Hingabe oder des Schenkens an jemand Fremden. Man gibt sich an sich selbst. Die Erkenntnis, daß man selbst der Ātman ist, ist Hingabe.

Devotee: Dann meint Svāmī also, daß Hingabe das ganz reale Ablegen all dessen ist, was man als unrichtig oder falsch erkannt hat.

Sai Baba: Ja.

Devotee: Jetzt verstehe ich. ‚Hingabe' bedeutet unter anderem zwar, daß man sich selbst und seinen Besitz anderen Menschen anbietet. In Wirklichkeit ist es aber eher das Aufgeben von Ideen und Überzeugungen, die man nicht weiter braucht, die man als unzulänglich oder falsch erkannt hat.

Sai Baba: Ja.[1]

1 Aus dem Notizbuch eines amerikanischen Devotees.

Devotee: Baba! Bitte sag uns, wie man dich verwirklicht. Ich finde mein Sādhana (spirituelle Übungen) unergiebig.

Sai Baba: Ich weiß, daß du sehr streng mit dir selbst bist. Ich muß dir aber sagen, daß man mich nur durch Hingabe und eine Lebensweise, die durch diese Hingabe erleuchtet ist, erreichen kann. Versag dem Körper nicht die elementaren Bedürfnisse; er ist ein heiliges Instrument, das du erhalten hast, damit es dich ans Ziel bringt. Führe ein einfaches, sattvisches (ausgeglichenes, reines, gutes) Leben. Iß einfache, sattvische Nahrung, sei lauter in deiner Rede, erweise anderen dienend deine Liebe, sei demütig und tolerant, erhalte dir einen unerschütterlichen Gleichmut. Richte alle deine Gedanken auf mich, der ich in deinem Herzen wohne.

Devotee: Baba, wie können wir Fortschritte in unserer Hingabe machen?

Sai Baba: Es gibt verschiedene Arten der Hingabe: Die, die töricht nach mir weint, wenn ich nicht körperlich zugegen bin; die, welche sich in wildem Feuereifer äußert, und die, welche stetig und stark immer mit meinem Willen verbunden ist. All diese Formen der Hingabe akzeptiere ich. Die Wahl der einen oder anderen liegt nicht bei euch, denn ich bin es, der eure Gefühle regiert und auch verändert. Wenn ihr eine Richtung einzuschlagen versucht, in die ich euch nicht haben will, werde ich euch aufhalten. Ohne mein Wollen könnt ihr nichts tun. Seid euch dessen gewiß – das ist die höchste Form der Hingabe.

Devotee: Was bleibt dann für mich noch zu tun?

Sai Baba: Warum glaubst du, daß das ‚Tun' so wichtig ist. Sei gleichmütig, dann brauchst du dir über ‚Tun' oder ‚Nichttun' den Kopf nicht zu zerbrechen. Das Gleichgewicht von beidem wird dadurch nicht gestört. Laß die Woge der Erinnerung, den Sturm des Verlangens und das Feuer der Emotionen vorüberziehen, ohne daß sie deinen Gleichmut beeinträchtigen. Sei nur Zeuge dieser Vorgänge. Sich mit ihnen einzulassen bedeutet Festhalten, Einengung, Begrenzung. Sei gewillt, Nichts zu sein. Laß' alle Dualität in deiner Neutralität aufgehen.

Devotee: Ja, Baba. Aber wenn es Schmerzen sind, die man erleiden muß...

Sai Baba: Glaubst du, daß ich euch mit Schmerzen konfrontieren würde, wenn es dafür nicht einen Grund gäbe? Öffnet dem Schmerz eure Herzen, wie ihr es jetzt für die Freude tut – denn es ist mein Wille, der sich zu eurem Vorteil kundtut. Heißt den Schmerz als Herausforderung willkommen. Wendet euch nicht von ihm ab. Hört nicht auf den Verstand, denn ‚Verstand' ist nur ein anderes Wort für ‚Bedürfnis'. Der Verstand (mind) erzeugt

Bedürfnisse. Er manifestierte sich als diese Welt, weil er ihrer bedurfte. Es gehört alles zu meinem Plan, nämlich dem, euch durch den Kummer, den eure Bedürfnisse euch schaffen, dazu zu bringen, daß ihr auf meine Stimme hört – die, einmal gehört, das Ego auflöst und mit ihm die eingebildeten Bedürfnisse (des mind).

Devotee: Baba, ich sehne mich ständig nach deinem Darshan (Segen, der dadurch erteilt wird, daß man sich in der Gegenwart eines heiligen Mannes aufhält). Sag mir, wohin du gehen wirst.

Sai Baba: Ich möchte, daß ihr diese Kriterien hinter euch laßt und zwar bereit, aber doch in Ungewißheit wartet. Festlegung ist Begrenzung. Laßt die Ereignisse auf euch zukommen. Seid gewillt, euch nach meiner Wahl leiten zu lassen.

Devotee: Aber wie können wir diesen hohen Erwartungen gerecht werden, da wir doch so voller Fehler sind?

Sai Baba: Eure Unzulänglichkeiten bewirken, daß ihr mich braucht und daß die Überheblichkeit eures Verstandes gebremst wird. Es steckt eine Absicht hinter diesen Unzulänglichkeiten: Es sind Instrumente, die euch anspornen. Durch sie erreiche ich, daß ihr den Wunsch nach mir entwickelt. Das Gefühl des Getrenntseins ist nur ein Streich, den der Verstand euch spielt. Ihr zieht Schlüsse, die zu Überzeugungen werden; und die wiederum gestalten eure Geisteshaltung und eure Handlungen.

Devotee: Es ist schwer, sich deinen Prüfungen zu unterziehen.

Sai Baba: Es ist, wie wenn man einen Kuchen bäckt. Ich rühre, knete, schlage, drehe und backe euch. Ich tränke euch in Tränen und dörre euch in Seufzern. Ich mache euch süß und knusprig – eine Opfergabe, die Gottes würdig ist. Ich bin gekommen, um euch neu zu formen. Es ist mein Plan, euch in erfolgreiche Sādhakas zu verwandeln. Ich werde nicht von euch ablassen, bevor ich das nicht getan habe. Selbst wenn ihr vom Weg abkommt, bevor ihr das Ziel erreicht, werde ich euch festhalten. Ihr könnt mir nicht entkommen.

Devotee: Du bist so voller Barmherzigkeit.

Sai Baba: Es gibt nichts, was ich nicht sehe, keinen Ort, zu dem ich nicht den Weg wüßte. Ich bin der zureichende Grund – unbedingt, unabhängig von allem. Ich bin die Gesamtheit – und alles in ihr.

Devotee: Wie können wir dann deine Gnade erhoffen?

Sai Baba: Ich verlange nicht vollständige Konzentration oder totale Entsagung. Ich suche nur Liebe, Liebe, die mich in allen Wesen erkennt und mir durch sie dient. Ich frage nur danach, daß ihr euch an mich wendet, wenn euch euer Verstand hinabzieht in Kummer, Stolz oder Neid. Bringt mir die Tiefen eures Innern, egal wie grotesk, wie grausam verwüstet durch Zweifel und Enttäuschungen es auch sein mag. Ich weiß, wie man es behandelt. Ich werde euch nicht zurückweisen. Ich bin eure Mutter. Ganz gleich, wohin ihr geht – ich bin da. Ich kann überall in euch wirken.

Devotee: Ich schreie nach Darshan, und du sagst mir, ich soll nach Hause fahren!

Sai Baba: Die, die glauben, daß ich lediglich diese äußere Form bin, brauchen mich wesentlich mehr als du. Ihr Glaube ist weniger fest, oft haben sie gar keinen. Ihre Verwirrtheit kommt daher, daß ihr Verstand gewohnt ist, sich an äußere Umstände zu hängen und aus dem Gefühl der Sicherheit, das sie aus diesen äußeren Umständen beziehen.

Devotee: Baba, ich bitte nur um die eine Gnade – wie anmaßend das auch sein mag: Mach mich zu deinem Werkzeug.

Sai Baba: Alle sind meine Werkzeuge. Du glaubst vielleicht, daß ich eine Auswahl treffe: Der ist gut, der ist schlechter usw. Nein. Jeder ist geeignet. Mein Wille ist der Ursprung all dessen, was ist und was geschieht; von ihm ist jedes Ding und jedes Tun durchdrungen – er schließt alles ein. Und laß mich zum Schluß noch sagen: Es ist mein Wille, daß ihr diesen meinen Willen in euch und durch euch zum Ausdruck kommen laßt.[1]

Gesellschaft und Ātma-Sādhana

Was haben Soziologie oder Sozialwissenschaft mit Geisteswissenschaft oder mit der Erforschung des menschlichen Geistes zu tun? Das ist eine Frage, die gewöhnlich gestellt wird. Andere fragen ähnlich: Was hat der spirituelle Schüler und Aspirant, der Sādhaka, mit der Gesellschaft und ihren Problemen zu tun? Es muß gesagt werden, daß diese Fragestellungen falsch sind.

Keine Gesellschaft kann ihre Erfüllung finden, kein gesellschaftliches Ideal Früchte tragen ohne das Blühen des menschlichen Geistes. Die Menschheit kann das Göttliche , dessen Entäußerung sie ist, nicht erkennen ohne ständige und sorgsame Kultivierung des Geistes. Wie anders als in und durch den Einzelnen kann ich diese Göttlichkeit äußern? Nur das Jagat (die vergängliche Welt) können wir wahrnehmen, dieses ständig in Bewegung befindliche, wechselhafte, phantastische Schauspiel; den Direktor des Stükkes – Gott – können wir weder sehen noch hören, weder riechen noch schmecken noch anfassen. In gleicher Weise können wir den Einzelnen erfassen, aber nicht die Wesenheit, die wir Gesellschaft nennen. Denn die

1 Aus Sanathana Sarathi, August 1974, S. 185.

Gesellschaft ist kein abgetrenntes, eigenständiges Gebilde, das aus einzelnen Teilen besteht. Die Gesellschaft ist die göttliche Aussaat, hervorgerufen durch den höchsten Willen.

Der Mensch ist sterblich: Er ist aus Staub, und zu Staub wird er zurückkehren. Aber in ihm leuchtet der Ātman als Funke der unsterblichen Flamme. Das ist nicht etwa eine poetische Umschreibung, den die Ausleger der Veden erfunden hätten. Der Ātman ist der Ursprung und das Erhaltende aller Lebewesen und Organisationen von Lebewesen. Er ist der eine und einzige Urquell, die Grundsubstanz und der Bewahrende. Der Ātman ist Gott; das Besondere ist das Universelle, Allgemeine – und nicht weniger. Erkennt deshalb in jedem Wesen, in jedem Menschen, einen Bruder, das Kind Gottes, und ignoriert alle begrenzenden Gedanken und Vorurteile, die auf Status, Farbe, Klasse, Geburt und Kaste beruhen. Sai ist ständig damit beschäftigt, euch darauf aufmerksam zu machen und zu führen, damit ihr im Sinne der Liebe denkt, redet, handelt.

Eine Gesellschaft kann sich nicht damit selbst rechtfertigen, daß sie die Beute unter sich verteilt, die sie der Natur raubt – ob die Teile nun gleich ausfallen oder nicht. Das eigentliche Ziel, das die Gesellschaft inspirieren soll, muß das Einsetzen und Aufarbeiten des Wissens um die Universalität des Ātman und das Glück sein, das dieses Wissen verleiht – in allem, was die Gesellschaft tut und beschließt.

Sai befiehlt euch nicht: ‚Der Ātman kennt keinen Tod – tötet also die physische Hülle, den Körper'. Nein. Sai fordert nicht zum Kriegführen auf. Sai will, daß ihr im Ātman euren allernächsten Verwandten erkennt, einen Angehörigen, der euch näher steht als eure Familienmitglieder, Blutsverwandten und liebsten Nachkommen. Wenn das erreicht ist, werdet ihr nie mehr den richtigen Weg verlassen, der allein euch diese Verwandtschaft erhalten kann.

Familienbande wirken der Erfüllung eurer eigentlichen Pflichten sogar entgegen. Aber eine Bindung an das Göttliche erfüllt diese Pflicht mit einer neuen Hingabe, die beides – Freude und Erfolg – versichern. Sie treibt den Menschen an wie nichts anderes; sie verleiht ihm die höchste Weisheit, während er der Erfüllung seiner Pflicht nachkommt. Deshalb mein Rat: Begebt euch nicht in die äußere Welt (prakriti) in der Hoffnung, dort den Ātman zu finden. Tut das erst, wenn ihr euch des Ātman bewußt geworden seid, denn dann seht ihr die Natur in einem neuen Licht, und euer ureigenes Leben wird zu einem langen Fest der Liebe.

Viele Menschen nutzen ihre Gelehrsamkeit und ihre Intelligenz – auch die Kenntnis der Veden – zu langweiligen Debatten und eitlem Wettstreit. Sie sind geradezu verliebt in ihre kleinen, bedeutungslosen Triumphe. Sie erklären die Gesellschaft zu einer Arena zum Erringen solcher Triumphe. Sai aber fordert euch auf, eine andere Art von Gesellschaft zu suchen und zu fördern – eine Gesellschaft, die für so triviales Begehren keinen Platz hat.

Streitsüchtige Veda-Gelehrte erflehen den Lohn für ihre Anstrengungen und Mühen durch Rituale. In der Natur ist das anders: Die Wolken bringen den Regen als eine Huldigung an Gott, der ihr Herr ist. Jene aber glauben, daß ihre Riten es sind, die gewirkt haben, und benutzen es, um ihr Ego aufzublasen. Sie spielen in den weitausladenden Ästen des Baumes der Begierde. Sie sind verwickelt in die Schlingen der drei ‚Seile' Tamas, Rajas und Sattva.[1]

Ihr müßt euch aus diesen drei Seilen, diesen drei Banden befreien und immer in der unwandelbaren, ewigen Wahrheit leben. Ihr müßt in dem Einen – und als das Eine selbst – Fuß fassen, ohne auch nur eine Spur von oder Geschmack am Zweierlei. Verdienst und Anhäufen von Verdiensten sollte euch nicht interessieren; ihr dürft euch nicht in die Verfolgung von Yāga (nach außen orientierte Aktivitäten) und Kshema (Besitzstreben) verstricken lassen, denn ihr seid schon gesättigt und habt kein Begehren.

Das Ideal eines hohen Lebensstandards hat – anstelle einer hochentwickelten Lebensweise – die menschliche Gesellschaft zugrunde gerichtet. Eine hochentwickelte Lebensweise legt Wert auf Moral, Bescheidenheit, Losgelöstheit von weltlichen Dingen, Barmherzigkeit; dem gierigen Rennen nach Luxus und teueren Konsumgütern wird auf diese Weise nicht Vorschub geleistet; und letztlich wird es vernichtet. Heute ist der Mensch ein Sklave seiner Begierden; er fühlt sich hilflos bei dem Versuch, den Durst nach Vergnügen und Luxus zu stillen. Er ist zu schwach, um seine natürlichen Instinkte unter Kontrolle zu halten; er weiß nicht, wie er das Bewußtsein des Göttlichen, das in ihm schlummert, wecken soll.

Übungen oder Unterricht in Moral allein können euch nicht helfen, das zu erreichen. Das kann nur durch spirituelles Sādhana geschafft werden, denn das bedeutet eine grundlegende Verwandlung. Es beinhaltet das Ausschalten der Verstandestätigkeit, die das Erz-Hindernis auf diesem Weg darstellt. Gottes Gnade kann, wenn sie erfleht und gewonnen wird, euch diese Kraft verleihen. Diese Gnade ist in euch selbst vorhanden und wartet nur auf euren Ruf.

Der Mensch muß aufhören, sich auf den unsteten Verstand zu verlassen. Er muß immer im Bewußtsein seiner angeborenen Göttlichkeit handeln. Wenn das erreicht ist, wird sich die Natur in ihren dreifachen Aspekten – den Gunas (Qualitäten) Tamas, Rajas und Sattva – automatisch nur durch heilige Mittel äußern. Das ist ihre wahre Manifestation.

1 Nach der Sāmkhya-Philosophie besteht Prakriti (die Natur) im Gegensatz zu Purusha (der Seele) aus drei Gunas (Eigenschaften), die als Tamas, Rajas und Sattva bekannt sind. Tamas steht für Trägheit, Stumpfsinnigkeit, Rajas für Tätigkeit, Ruhelosigkeit und Sattva für ausgeglichene Weisheit.

Ein weiterer Punkt: Es könnte eingewandt werden: ,Wenn man den Wunsch nach Bequemlichkeit, Luxus und Vergnügen aufgeben muß – warum sollte man dann überhaupt noch innerhalb der Gesellschaft leben?' Das setzt voraus, daß man glaubt, daß die Gesellschaft lediglich dann ihre Berechtigung hat, wenn sie weltliche Freuden garantiert. Aber was für eine Art von Gesellschaft kann man auf so dürftigen Fundamenten aufbauen? Sollte es sie geben, wäre es nur eine Gesellschaft dem Namen nach. Sie wäre nicht durch gegenseitige Liebe und Zusammenarbeit verbunden. Die Starken würden die Schwachen unterdrücken. Die gesellschaftlichen Beziehungen wären durch Unzufriedenheit untergraben. Selbst wenn der Versuch gemacht würde, die Schätze der Natur gleichmäßig unter alle zu verteilen, wäre die Herzlichkeit nur oberflächlich und nicht spontan. Wir können die verfügbaren Schätze begrenzen, nicht aber Habsucht, Wünsche und Verlangen.

Wünsche zu haben bedeutet, daß man außerhalb der Grenzen des Möglichen sucht. Man muß die Wünsche mit der Wurzel ausreißen. der Mensch muß seine Wünsche nach materiellen Freuden aufgeben – sie beruhen auf der Illusion, daß die Welt verschieden, vielfältig, vielfarbig usw. ist, und nicht auf der Wahrheit, daß die Welt, die Natur, ja alle Kreation Eins ist. Wenn sich jemand des Nur-Eins-Seins bewußt ist, wer wünscht dann noch etwas? Von welchem ,anderen' kann dann noch etwas angeeignet oder genossen werden? Die Vision des Ātman zerstört den Wunsch nach materiellen Freuden, denn es gibt da kein Objekt mehr, das vom Subjekt getrennt wäre.

Dies ist die wahre Funktion der Gesellschaft – jedem ihrer Mitglieder die ātmische Vision zu ermöglichen. Die Frauen und Männer, die durch gemeinsame Interessen zu einer Gesellschaft verbunden sind, bilden nicht nur Familien, Kasten, Klassen, Gruppen, Verwandtschaften, sondern Ein Ātman. Sie sind durch das engste aller Familienbande miteinander verbunden; denn nicht nur die eine, bestimmte Gesellschaft, der sie sich verpflichtet fühlen, sondern die gesamte Menschheit sind Eins. ,Vasudhaika Katumbakam', wie es die Shāstras (heilige Schriften) verkünden: Die ganze Welt ist eine Familie. Diese Einheit muß von jedermann erfahren werden.

Die Reichtümer der Natur und der Wohlstand werden heute zum Aufbauschen des eigenen Ego mißbraucht. Wenn aber die ātmische Einheit erreicht sein wird, werden sie der neuen Art zu leben durch Liebe zugute kommen. Was heute ,Barmherzigkeit' oder gesetzlich erzwungene ,Sozialhilfe' ist, wird dann in göttliche Liebe umgewandelt, die den Gebenden und den Nehmenden wirklich zu läutern imstande ist. Dieses Ziel liegt jenseits der Reichweite der üblichen Politik, Ethik oder Wirtschaftlichkeit. Diese Gesichtspunkte können den Nehmenden nicht umwandeln und den Gebenden beglücken – ganz gleich, wie sehr sie auch Gleichheit herzustellen versuchen. Sie haben nicht die nötige Zugkraft, und keine Kraft, die sie stützt. Die Gleichheit, die sie schaffen, wird von einem Schatten gejagt, dem Schatten des Ego. Dieser Schatten kann nur verschwinden, wenn die Identität mit dem Einen gewußt und gefühlt wird.

Man könnte sagen, daß nicht alle Wünsche falsch sind – die rajasischen, die andere verletzen und ausnutzen, kann man verdammen; aber warum einem sattvischen Wunsch entsagen? Aber Wunsch ist Wunsch, auch wenn sein Gegenstand wohltuend und rein ist. Die Früchte eines Bemühens, der Verstand, der sie sucht, die Lebenskraft, die den Verstand antreibt, das Leben selbst – das alles muß dem Herrn zugewandt werden, und zwar mit der Hingabe, die aus der Vision des Einen geboren wird.

Die, die da behaupten, daß der spirituelle Weg nur für den Einzelnen möglich ist, und daß die Gesellschaft nichts damit zu tun haben sollte, begehen einen großen Fehler. Es ist, als würde man darauf bestehen, daß im Haus Licht brennt, egal ob es draußen dunkel ist oder nicht. Hingabe an Gott verträgt sich nicht mit Haß auf die Mitmenschen.

Die Mitmenschen und die ganze Welt müssen immer im Spiegel von Sat-Cit-Ānanda (Sein, Bewußtsein, Seligkeit: der höchste Seinszustand) gesehen werden. Nur eine Verwandtschaft, die auf dieser Erkenntnis beruht, wird von Dauer sein. Das ist die Sai-Verwandtschaft. Wenn ihr diese Beziehung vertieft, werdet ihr die wahre Gegenwart, die ständige Gegenwart von Sathya Sai erringen. Laßt euch nicht durch falsche Vorstellungen in den Dschungel der Worte und Gefühle locken. Seid standhaft, wahrhaft in eurem innersten Wesen.

Gut und Böse basieren auf den Reaktionen der einzelnen Menschen; sie wohnen nicht den Dingen oder Ereignissen inne. Vedānta oder Atheismus werden entweder angenommen oder abgelehnt – je nach Sympathie. Sie hängen nicht von verstandesmäßigem Annehmen oder Ablehnen ab. Nur die Erfahrung kann ihren Wert bestimmen. Wer kann das Göttliche als dieses oder jenes abgrenzen? Wer das versucht, geht einer sinnlosen Beschäftigung nach. Er hat nicht die Autorität, so etwas zu verkünden. Wenn er trotzdem dieses Recht für sich in Anspruch nimmt, ist er ein eitler Mensch, der nur auf seinen beschränkten Intellekt baut.

Das Göttliche ist in jedem voll vorhanden. Es ist offenkundig für die Augen, die klar und tief sehen können. Wer immer es leugnet, betrügt sich selbst um die Wirklichkeit. Er kann sie nicht einfach ‚wegschicken', indem er sie abstreitet – weder von sich selbst, noch von anderen.

Die Schlußfolgerung daraus ist deshalb unausweichlich: Es ist die Pflicht des Menschen, in der Gesellschaft einen Ausdruck des Göttlichen zu sehen und all sein Können und seine Kraft daranzusetzen, das Wohlergehen und das Gedeihen der Gesellschaft zu fördern. Der Mensch muß dieses Gefühl der

All-Umfassendheit, das alles einschließende Denken und die intuitive Vision pflegen. Ohne diese drei (Merkmale) ist der Mensch nichts als ein lebloses Wesen. Lacht er über sie, so verliert er den Anspruch, menschlich genannt zu werden.

Der Geist der Entsagung, das Festhalten an Werten, der Enthusiasmus für die Zusammenarbeit, das Gefühl der Verwandtschaft – das sind die charakteristischen Merkmale des Menschen. Ein Leben, das diese Werte als Hindernis und Last ansieht, kann nicht als Leben gewertet werden.

Die Bruderschaft der Menschen kann nur auf der Grundlage der Vision des Ātman ins Leben übertragen werden. Alle Menschen dürstet nach Frieden, Glück und Seligkeit. Sie sind das kostbare Erbe, das dem Menschen zusteht, denn sie sind Gottes Schätze. Sie können aber nur dadurch gewonnen werden, daß man das Band erkennt, das die Menschen miteinander verbindet. Alle Menschen sind einer Abstammung – nämlich der göttlichen.

Alle Menschen sind Zellen in einem göttlichen Organismus, dem göttlichen Körper. Das sollte euer Glaube, euer Vermögen, eure feste Burg, eure Erfüllung sein. Nur wenn ihr euch dessen bewußt seid, habt ihr das Recht, euch Menschen zu nennen. Lernt wie Menschen zu leben. Das ist Sādhana, das ist die Botschaft von Sai.

Grundsätze

1. Prema (Liebe) muß als der wahre Hauch des Lebens angesehen werden.

2. Mehr als auf alle anderen Formen von Prema sollte sich der Mensch auf die Gottesliebe konzentrieren – als sein allererstes Bestreben.

3. Solche auf Gott gerichtete Liebe ist Bhakti (Hingabe); und das ist die grundlegende Prüfung: Die Erlangung von Bhakti.

4. Die, die die Seligkeit des Ātman (der Seele, des göttlichen Funken in uns) suchen, sollten nicht Sinnesfreuden nachlaufen.

5. Satya (Wahrheit) muß als so lebenswichtig wie das Atmen selbst angesehen werden.

6. So wie ein Körper, der nicht mehr atmet, nutzlos geworden ist und nach wenigen Minuten zu verwesen und zu riechen beginnt, so ist auch ein Leben ohne Wahrheit sinnlos und wird zur übelriechenden Herberge von Hader und Gram.

7. Glaubt daran, daß es nichts Erhabeneres als die Wahrheit gibt; nichts ist wertvoller, süßer und dauerhafter.

8. Wahrheit ist der allesbeschützende Gott. Es gibt keinen mächtigeren Beschützer als die Wahrheit.

9. Der Herr, der Satyasvarūpa (die Verkörperung der Wahrheit) ist, gewährt seinen Darshan (Segnung durch das Schauen des Herrn) jenen, die wahrhaftig sind in ihren Worten, und die ein liebendes Herz haben.

10. Habt allen Lebewesen gegenüber eine nicht nachlassende Güte und den Geist der Selbstaufopferung.

11. Ihr müßt auch Kontrolle über die Sinne haben, eine gelassene Wesensart und Losgelöstheit von den Dingen.

12. Seid immer vor den vier Sünden auf der Hut, die die Zunge so gerne begeht: Unwahres sagen, schlecht über andere sprechen, scharf erwidern, zu viel reden. Ihr tut sehr gut daran zu versuchen, diese Tendenzen unter Kontrolle zu bekommen.

13. Sucht die fünf Sünden zu vermeiden, die der Körper begeht: Töten, ehebrechen, stehlen, das Trinken von berauschenden Getränken und das Essen von Fleisch. Es ist für die Erlangung des höchsten Lebens eine große Hilfe, wenn man sich so weit wie möglich davon fernhält.

14. Man muß gegen die acht Sünden, die der Geist begeht, immer wachsam sein und sie keinen Moment aus dem Blickfeld verlieren: Kāma – die Begierde, Krodha – den Zorn, Lobha – die Habgier, Moha – die Abhängigkeit, Ungeduld, Haß, Egoismus, Stolz. Es ist die erste Pflicht des Menschen, von all diesen Dingen sichere Distanz zu wahren.

15. Der Geist des Menschen ist schnell bereit, falsche Handlungen zu verfolgen. Laßt euch nicht von ihm hetzen. Erinnert euch in so einem Fall an den Namen des Herrn, oder versucht die eine oder andere gute Tat zu tun. Wer danach lebt, wird sich die Gnade des Herrn mit Sicherheit verdienen.

16. Gebt als erstes den üblen Hang auf, euch über das Wohlergehen anderer zu ärgern, und den Wunsch, ihnen zu schaden. Seid glücklich darüber, daß andere glücklich sind. Habt Mitgefühl für jene, die in Not und Elend leben, und wünscht euch, daß es ihnen besser gehe. Dies ist das Ziel beim Kultivieren eurer Liebe zu Gott.

17. Geduld ist die ganze Stärke, die der Mensch braucht.

18. Wer darauf bedacht ist, glücklich zu leben, muß immer nur Gutes tun.

19. Es ist leicht, Zorn durch Liebe, Abhängigkeit durch Vernunft, Falschheit durch Wahrhaftigkeit, schlechte Gedanken durch gute und Habgier durch Wohltätigkeit zu besiegen.

20. Den Worten der Gottlosen sollte man nicht antworten. Haltet euch weit von ihnen entfernt – es ist zu eurem Guten. Brecht alle Beziehungen zu solchen Menschen ab.

21. Sucht die Gesellschaft guter Menschen, selbst wenn ihr eure Ehre und euer Leben dafür geben müßt. Aber betet zu Gott, daß er euch mit dem Urteilsvermögen segne, das man braucht, um zwischen guten und schlechten Menschen zu unterscheiden. Benutzt auch den Verstand, der euch gegeben wurde, um diese Unterscheidung zu treffen.

22. Die, welche Länder erobern und weltlichen Ruhm ernten, werden als Helden gefeiert – kein Zweifel. Aber die, welche die Sinne besiegt haben, sind Helden, die als Eroberer des Universums gefeiert werden müßten.

23. Welche guten oder schlechten Taten ein Mensch begehen mag – die Früchte werden ihm folgen und niemals aufhören, ihn zu verfolgen.

24. Aus Habgier erwächst nur Sorge; am besten ist Zufriedenheit. Es gibt kein größeres Glück als die Zufriedenheit.

25. Zwietracht erzeugende Neigungen sollten mit den Wurzeln ausgerissen und verworfen werden. Erlaubt man ihnen zu existieren, so werden sie das Leben selbst untergraben.

26. Tragt Verlust und und Trauer mit der gleichen Festigkeit, und versucht Wege zu finden, wieder Freude zu empfinden.

27. Wenn euch Ärger überkommt, zieht euch in Schweigen zurück oder ruft euch den Namen des Herrn in Erinnerung. Denkt nicht an Dinge, die euren Ärger noch mehr entflammen. Das würde unabsehbaren Schaden anrichten.

28. Vermeidet von diesem Augenblick an alle schlechten Angewohnheiten. Zögert nicht und schiebt das nicht auf: Sie tragen nicht das Geringste zu eurer Freude bei.

29. Versucht, so weit es euch die Mittel erlauben, die Bedürfnisse der Armen zu befriedigen, die wirklich Daridranārāyana (die Armen Gottes) sind. Teilt mit ihnen das Essen – was immer ihr habt – und macht sie wenigstens dieses eine Mal glücklich.

30. Was ihr meint, daß andere euch nicht antun sollten, das vermeidet auch anderen anzutun.

31. Übt ehrlich Reue für Fehler und Sünden, die ihr in Unwissenheit begangen habt; versucht sie nicht wieder zu begehen. Betet zu Gott, daß er euch mit der Kraft und dem Mut segnen möge, die nötig sind, um auf dem rechten Weg zu bleiben.

32. Ergebt euch nicht der Feigheit, gebt Ānanda (die Seligkeit) nicht auf!

33. Erlaubt nichts in eurer Nähe, das die Begeisterung für Gott und das Verlangen nach ihm in euch zerstören könnte. Wenn die Begeisterung abhanden kommt, wird das den Verfall eurer Stärke bewirken.

34. Werdet nicht eitel, wenn man euch lobt, und nicht mutlos, wenn man euch tadelt.

35. Wenn eure Freunde anfangen zu streiten und sich zu hassen, versucht nicht, sie noch weiter zu erregen, so daß sie sich noch mehr hassen. Versucht vielmehr durch Liebe und Mitgefühl ihre frühere Freundschaft wiederherzustellen.

36. Anstatt nach den Fehlern anderer zu suchen, sucht nach euren eigenen; reißt sie aus und werft sie weg. Es reicht schon, wenn ihr einen eurer Fehler sucht und findet – das ist besser als zehntausend Fehler bei anderen zu entdecken.

37. Selbst wenn ihr irgendeine Punya (gute Tat) nicht tun wollt oder könnt, so plant auch keine schlechte (Pāpa), und laßt sie sein.

38. Was immer Menschen über Fehler sagen, von denen ihr wißt, daß ihr sie nicht habt – kümmert euch nicht darum. Was aber die Fehler betrifft, die ihr wirklich habt, so versucht sie zu korrigieren, bevor euch andere darauf hinweisen. Hegt keinen Zorn und keine Rachegedanken gegen jemand, der

euch auf eure Fehler hinweist, sondern zeigt ihm eure Dankbarkeit. Der Versuch, seine Fehler zu entdecken, wäre ein größerer Fehler eurerseits. Es ist gut, wenn ihr eure Fehler kennt; es nützt euch aber nicht, die der anderen zu kennen.

39. Wann immer ihr etwas Freizeit habt, verbringt sie nicht damit, über alle möglichen Dinge zu plaudern, sondern nutzt sie dazu, über Gott zu meditieren oder anderen einen Dienst zu erweisen.

40. Der Herr wird nur vom Bhakta, dem Frommen, verstanden – der Bhakta nur vom Herrn. Andere können diese nicht verstehen. Diskutiere also Dinge, die den Herrn betreffen, nicht mit denen, die keine Bhakti (Hingabe, Frömmigkeit) kennen. Durch solche Diskussionen wird eure eigene Hingabe geringer.

41. Wenn jemand mit euch über irgendein Thema spricht, das er falsch verstanden hat, dann denkt nicht über weitere falsche Vorstellungen nach, die diesen Standpunkt untermauern könnten, sondern nehmt nur das Gute und Schöne von dem auf, was er sagt. Die richtige Bedeutung muß als wünschenswert betrachtet werden, nicht etwa die falsche oder viele Auslegungen, die alle keinen Sinn ergeben und Ānanda nur behindern.

42. Wenn ihr eure Konzentration fördern wollt, dann versucht das nicht etwa, indem ihr eure Aufmerksamkeit – z. B. in einer Menschenmenge oder im Geschäft – in alle Himmelsrichtungen schweifen und von allem möglichen ablenken laßt, sondern blickt nur auf den Weg direkt vor euch, und gerade so weit, daß ihr Zusammenstöße vermeidet. Das Konzentrationsvermögen wird besser, wenn man beim Gehen die Aufmerksamkeit nicht vom Weg ablenkt, Gefahren aus dem Weg geht, und seinen Blick nicht auf andere Erscheinungen richtet.

43. Gebt alle Zweifel bezüglich Gott und Guru auf. Wenn eure weltlichen Begehren nicht erfüllt werden, dann schiebt es nicht auf eure Frömmigkeit. Es gibt keine Beziehung zwischen einem solchen Begehren und der Hingabe zu Gott. Die weltlichen Wünsche müssen eines Tages aufgegeben werden: Bhakti-Gefühle müssen früher oder später erworben werden. Seid fest überzeugt davon.

44. Wenn ihr mit eurem Dhyāna (Meditation) oder Japa (Rezitation der Namen Gottes) keine rechten Fortschritte macht, oder wenn das Sehnen (nach Gott), das ihr habt, keine Früchte trägt, dann laßt euch deshalb in eurem Streben nach Gott nicht entmutigen. Das würde euch erst recht mutlos machen, und ihr würdet den Frieden, den ihr gewonnen habt, wieder verlieren – egal wie klein oder groß er sein mochte. Nie solltet ihr während Japa oder Dhyāna den Mut verlieren, enttäuscht sein oder verzweifeln. Wenn solche Empfindungen hochkommen, dann betrachtet sie als Fehler in eurem Sādhana und gebt euch Mühe, es richtig zu machen.

Nur wenn ihr euch in eurem Benehmen und euren Handlungen kontinuierlich und genau an diese Richtlinien haltet, könnt ihr das Göttliche Prinzip wirklich leicht erreichen. Haltet deshalb standhaft fest an diesen Grundsätzen.[1]

1 Aus ‚Sandeha Nivārinī', einem Buch mit Fragen und Antworten von Sai Baba, S. 52–59.

Seine Lotosfüße

Bald nach der Rückkehr von meiner vierten Indienreise begann ich mit meiner Arbeit am Sri Sathya Sai Buchzentrum (Sri Sathya Sai Book Center of America), das mit dem Neudruck und Vertrieb von Babas Lehren befaßt ist. Ich stellte sehr bald fest, daß es kaum von Westlern verfaßtes Material dieser Art gibt, und so begann ich im Februar 1974 dieses Buch zu schreiben.

Im Oktober darauf beschloß mein Bruder Donald, Baba noch einmal zu besuchen. Zu dieser Zeit hatte ich schon so viel von dem Buch in der Schublade, daß ich es Baba vorlegen und ihn um Anweisungen fragen konnte, und so beschloß ich Don zu begleiten. Die ganze Zeit über hatte ich das Gefühl, daß Baba mit dem Buch einverstanden sein würde und daß er mir eigentlich jetzt schon laufend Anweisungen dafür gab... aber so ganz sicher war ich mir eben doch nicht.

Ich fing an, mir Gedanken zu machen. Wie würde er mich aufnehmen? Wird er das Buch als eherbietiges Geschenk an ihn akzeptieren? Wird er es als den Ausdruck meiner tiefsten inneren Sehnsucht nach seiner Nähe annehmen? Wird er mir sagen, daß ich weitermachen soll, daß er erfreut ist – oder wird er sagen, ich soll es verbrennen?... Wir flogen am sechsten Dezember.

Bei diesem fünften Mal konnte ich mich eines bestimmten Schuldgefühls wegen meiner Frau und meiner Familie, die ich während der vergangenen drei Jahre so oft allein gelassen hatte, nicht erwehren. Dank sei Gott, daß Sharon selbst so starke und einzigartige Erfahrungen mit Baba gemacht hatte. Das hatte auch bei ihr zu einer so tiefen inneren Beziehung geführt, daß sie Verständnis für mein wachsendes Engagement mit Sai fand. Unsere Ehe war während dieser Zeit gewaltigen Schwankungen und Belastungen ausgesetzt gewesen, und obwohl Sharon meine neue Lebensführung jetzt akzeptierte und sogar unterstützte, war das nicht ganz ohne Kummer und Probleme abgegangen.

Ich erinnere mich mit einem Schmunzeln daran, wie ich ihr wohl nach meiner ersten Indienreise vorgekommen sein mußte. Als moderner, freidenkender Psychiater hatte ich sie verlassen, und wiedergekommen war ich in einem Zustand, den man kaum anders als verwahrlost bezeichnen kann – staub- und aschebedeckt, unverständliche Sanskritworte murmelnd, ein Individuum, das jeden in der Nachbarschaft darum anging, sich bei ihm zu treffen, um mit ihm Loblieder zur Ehre Gottes zu singen...

Sie hatte mitansehen müssen, wie ich noch vor Morgengrauen aus dem Bett sprang, um steif wie ein Laternenpfahl in Meditation zu sitzen. Dazu kam, daß Lehrer anriefen und ihre Bedenken über seltsame Geschichten äußerten, die unsere Kinder über einen Mann erzählten, der Geschenke aus dem Nichts nehmen konnte, und die Beunruhigung der Verwandten, die all diese Veränderungen meinerseits als eine Herausforderung und Verachtung meines bisherigen Werdegangs und meiner Religion betrachteten.

Und dann war der ständige Zustrom von Baba-Anhängern aller Art – bärtig, barfüßig oder gutgekleidet – und alles, was damit zusammenhing: Bhajan-Gruppen, Studien-Gruppen und nichtendenwollende Gespräche über Gott. Zu allem Überfluß waren da auch noch meine ständigen Reisen nach Indien und neuerdings dieses völlige Aufgehen in einem Buch, das mich dauernd von meinen Familienangelegenheiten fernhielt. Und nun fuhr ich zum fünften Mal in dieses Land!

Zum Glück war Sharons erstes Baba-Erlebnis so bewegend gewesen, daß es – wie auch noch folgende Erfahrungen – ein festes Band zwischen ihr und Baba geschmiedet hatten; ein Band, das ihr die Kraft gab, mit all diesen Veränderungen fertigzuwerden. Bei unserem ersten Treffen hatte Indra Devi einige Filme über Baba gezeigt. Und an einem bestimmten Punkt merkte ich, wie Sharon plötzlich ganz aufgeregt auf ihrem Stuhl hin und herrutschte. Ich fragte mich, was wohl geschehen sei, konzentrierte mich aber weiter auf den Film. Schließlich platzte sie heraus: „Indra Devi, wann hat Sai Baba Geburtstag?"

„Am dreinundzwanzigsten November", war die Antwort. Sharon war wie elektrisiert. Nicht nur, daß es auch ihr Geburtsdatum war, sondern irgendwie hatte sie das mit Sicherheit gewußt! Wir waren beide ganz baff, denn Sharon hatte nie zuvor hellseherische Fähigkeiten gezeigt.

Das war das erste einer ganzen Reihe von Erlebnissen. Einmal, kurz bevor wir das erste Mal zusammen nach Indien flogen, als sie gerade vom Supermarkt nach Hause fuhr und ihre Gedanken weit von Sai Baba und der Reise entfernt waren, nahm sie ganz plötzlich intensiv den Geruch von Vibhūti wahr. Sie hielt für einige Minuten im Wagen an. Das Erlebnis war von einem etwas unheimlichen Gefühl begleitet, daß Baba anwesend sei – eine Anwesenheit, die Sharon auch forthin spürte und die ihr sehr über die Schwierigkeiten der Reise hinweghalf. Dann, eines Abends, Wochen nach unserer Rückkehr, sprachen Sharon und die Kinder einmal im Wohnzimmer über Sai Baba. Ob er wohl wirklich ‚echt' sei, wollten die Kinder wissen. „Ich glaube, daß er echt ist", sagte Sharon, „ich habe ihn ganz erstaunliche Dinge tun sehen". „ Ich weiß nicht..", sagte dann eines der Kinder. In diesem Augenblick fiel plötzlich ein großes Bild von Baba, das auf dem Tisch stand, krachend zu Boden. Alle waren sprachlos. Schließlich versicherten alle völlig verdattert und im Flüsterton: „Er muß echt sein!"

Danach hatte Sharon fünf oder sechs Träume, in denen Baba ihr erschien und sie belehrte. Sie stellte ihm Fragen, und er antwortete mit so viel Liebe und Wärme, daß der Nachhall dieser Träume lange anhielt. Sharon mißt ihren Träumen einen viel höheren Wert bei als ihrer Vorstellungskraft. Sie waren eine unschätzbare Hilfe in dem Versuch, Babas wachsenden Einfluß auf unser Leben mit ihrer jüdischen Erziehung zu vereinbaren.

Obwohl Sharon im Anfang von meinem Enthusiasmus für Baba beeindruckt gewesen war, machte es ihr großen Kummer, daß ich überall im Haus Fotos von Baba aufzustellen begann. Ihr war äußerst unbehaglich zumute, wenn jüdische Freunde oder Verwandte zu Besuch kamen und nicht umhin kamen, diese stattliche Bilder-Galerie zu betrachten. In ihrer Tradition ist ja die Anbetung eines menschlichen Wesens als Gott absolut tabu.

Der Konflikt Baba – Judentum wurde stufenweise abgebaut, als Sharon das Universelle in Babas Botschaft zu entdecken begann... als sie erfuhr, daß Baba die Menschen dazu ermutigt, der ihr altvertrauten Religion zu folgen, und daß er lehrt, daß – weil Gott hinter allen Namen und Erscheinungsformen steht – tatsächlich Alles eine Manifestation des Göttlichen ist. Jede Form darf im Brennpunkt der Gottesverehrung stehen, solange sie für den Gläubigen das Göttliche symbolisiert. „Verehrt Gott als den, der im Bild ist – und nicht das Bild als Gott“, sagt Baba.

> „Der Herr kann mit jedem Namen angerufen werden, der süß auf der Zunge schmeckt; ihr könnt ihn euch unter jeder Erscheinugsform vorstellen, die eurem Empfinden von Ehrfurcht und Staunen entspricht. Ihr könnt ihn besingen als Muruga, Ganapati, Sarada, Jesus, Maitreyī, Shakti oder ihn mit Allah anrufen, oder als den Formlosen, oder als den Meister aller Formen. Es macht nicht den geringsten Unterschied. Er ist der Anfang, die Mitte und das Ende; die Grundlage, die Substanz und der Ursprung.“

Diesen universellen Anspruch kann man in Prashānti Nilayam überall beobachten. Denn hier betritt man eine geheimnisvolle und wunderbare Welt, in der Menschen aller Glaubensbekenntnisse, aller Lebensanschauungen und aller sozialen Schichten gemeinsam grundlegende innere Veränderungen erfahren, die sie zusammenschweißt zu einer Bruderschaft der spirituell Suchenden. Die Vielzahl und Verschiedenheit der Menschen, die zu Baba hingezogen werden, sind bemerkenswert wie die Geschichten, die sie zu erzählen haben. Auf meiner fünften Reise traf ich zum Beispiel einen buddhistischen Mönch aus Sri Lanka (Ceylon), der Vorstand eines buddhistischen Klosters ist, zwei Medizinstudenten aus England – Christen –, einen Sikh aus Punjab in Nordindien, Europäer, Nepalesen, Japaner, Afrikaner – alle mit wundersamen Geschichten, die einen schwindlig im Kopf werden ließen.

Sharon bemerkte, wie sich allmählich Veränderungen in ihr vollzogen, die sie immer stärker zu Baba hinführten. Sie entdeckte sich dabei, daß sie sich darüber zu freuen begann, daß wir unser Haus für religiöse Aktivitäten öffneten. Und daß sie , indem sie anderen gab, viel mehr zurückbekam als sie je geglaubt hätte. Sie begann das Gefühl von Ruhe und Frieden tiefer zu empfinden und gewann neue Freude am Leben. Ihre seit langem bestehende Angst vor dem Tod verließ sie nach und nach. Ihre größte Freude aber war wohl – das sagte sie mir, als wir gemeinsam an diesem Teil des Buches arbeiteten – daß sie Zeuge davon wurde, wie sich ihr Mann zu einem stärker gebenden, liebenderen und zufriedenen Menschen entwickelte.

Was unsere vier süßen Töchter angeht, so haben Kinder offensichtlich eine wunderbare, angeborene Aufnahmefähigkeit für das Spirituelle. Ob das mit ihrem Abhängigkeitsverhältnis zu den Eltern zusammenhängt, oder – wie Wordsworth das ausdrückt: sie eben erst von Gott gekommen sind und „Schleier seiner Glorie hinter sich herziehen" – sei dahingestellt. Es scheint jedenfalls für sie ganz natürlich zu sein, daß es einen liebenden Gott gibt, mit dem man auch sprechen kann. Die Unschuld und Echtheit, mit der sie spirituelle Lieder singen und ihre Gebete sagen, ist herzerfrischend; es scheint eine direkte Verbindung zwischen den Kleinen und Gott zu geben. Sharon und ich glaubten zunächst, daß es Konflikte geben würde, wenn wir die Kinder über Sai Baba und das Judentum gleichzeitig unterrichteten. Aber wir fanden, daß unsere Zweifel unbegründet waren. Ihre Fragen konnten entweder von der einen, der anderen oder von beiden Glaubensrichtungen beantwortet werden. Das war für uns beide der lebendige Beweis für die eine Wahrheit, die in allen Religionen enthalten ist.

Das waren etwa die Gedanken, die mir durch den Kopf gingen, als ich das Flugzeug nun zum fünften Mal bestieg. Ich fühlte eine tiefe Liebe und Dankbarkeit Sharon gegenüber, die mir die Freiheit zugestand, auch diese Reise zu machen, während sie mit den Kindern zu Hause blieb. Und ich erkannte, daß, obwohl wir auf diesem unserem Weg wohl noch einige Prüfungen zu bestehen haben würden, diese neue Dimension, die unserem Leben hinzugefügt worden war, die Unannehmlichkeiten und Schwierigkeiten mehr als aufwog. Ich reiste mit der Gewißheit, daß Sharon Babas Eintritt in unser Leben als wunderbare Segnung empfand, und daß es durch den Kontakt mit Ihm mit einer größeren Bedeutung und Liebe erfüllt wurde.

Die Sonne schien an diesem wunderbar klaren und kühlen Sonntag warm und belebend. Etwa eintausend Menschen hatten sich hier auf dem Gelände in Brindavan eingefunden. Don und ich saßen am Rand der Menge. Nach vierzig Reisestunden und sehr wenig Schlaf tat es wirklich gut, einfach nur dazusitzen, die Sonnenwärme in sich einzusaugen und auf Babas Erscheinen zu warten.

Dann tauchte sie plötzlich auf, die in Orange gekleidete Gestalt. Die spirituelle Arbeit, die ich zwischen zwei Reisen geleistet habe, messe ich mittlerweile daran, wie ich auf den ersten Anblick dieser orangefarbenen Gestalt reagiere. Inzwischen ist es so, daß ich keinerlei Kontrolle mehr darüber habe. Ich fange plötzlich am ganzen Körper zu zittern an und befinde mich in einem Zustand, den ich sonst überhaupt nicht kenne an mir. Ich frage mich: „Oh Gott, ich werde doch am Ende nicht so ein Hysteriker?" Alles, was ich fertigbringe, ist dasitzen und hoffen, daß mich niemand beobachtet. Da wir ziemlich weit hinten saßen, hatte ich wenigstens das Gefühl, nicht allzusehr aufzufallen. Als Baba uns näher kam, hob er seine Hand in einer Geste des Erkennens und schenkte uns das herzlichste Lächeln, das man sich vorstellen kann. Ein Blick und eine Handbewegung – und ich ‚zerbröselte' förmlich. Alles erhob sich und eilte ihm nach; nur ich konnte die nächste halbe Stunde nichts anderes tun als dasitzen und versuchen, meine Fassung wiederzugewinnen. Später kam Indra Devi und benachrichtigte uns, daß wir am nächsten Morgen ein Interview bekommen würden.

Ich begann nervös zu werden. Es ist eine Sache, in San Diego zu sitzen und über Babas Allgegenwart und Allwissenheit zu theoretisieren, und eine ganz andere, in seiner unmittelbaren Nähe zu sitzen und, wenn die Karten auf dem Tisch liegen, zu sagen: ‚Hier, dieses Buch habe ich über dich geschrieben und würde gern wissen, was du davon hältst'. Wenn man dieses enorme Bedürfnis hat, alles zu geben, was man hat, es der Gottheit zu Füßen zu legen, dann ist eigentlich schön, wenn der Göttliche auch ‚persönlich' da ist und es annimmt. Wenn man aber endlich – Auge in Auge – in Babas Gegenwart ist und ihm sein Herz ausschütten möchte, und er sagt : „Wer sind Sie, Sir, und was machen Sie hier?", dann versetzt einem das schon einen kleinen Stich. Aber wenn der Kreis geschlossen ist und die Liebe angenommen und erwidert wird, dann sind die Freude und die Erfüllung überwältigend.

Es sollte ein Gruppeninterview werden. Baba sprach eine Stunde lang in klarer und einfacher Ausdrucksweise. Dann stand ich auf; „Svāmī, kann ich dich wegen des Buches sprechen, das ich geschrieben habe?" Sanft nahm er meine Hand und führte mich in einen privaten Raum. „Okay, was möchtest du?", fragte er.

Ich fing wieder an zu zittern. ‚Du meine Güte, schon wieder... ich muß mich beherrschen, werde ich es schaffen?' Ich zog mein Manuskript hervor und begann eine Erklärung zu stottern, wobei ich mich vermutlich nicht besonders verständlich ausdrückte. ‚Weiß er wirklich... oder mache ich mich nicht einfach nur lächerlich?', dachte ich. „Da ist das Buch, Baba, das ich soeben über Dich geschrieben habe", sagte ich. Wenn man Baba so nahe kommt, dann entdeckt man an ihm eine Seite, die so menschlich wirkt – so limitiert und fehlbar wie bei irgendjemand –, und ich fragte mich in dem Augenblick ernsthaft, ob er überhaupt verstand, was ich sagte. Er sah mich fragend an, und so machte ich einen weiteren Erklärungsversuch. Ich fühlte mich total mißverstanden. Er sah lächelnd auf und sagte mit wissendem Blick: „Schön, komm am Donnerstag wieder, wir unterhalten uns dann eine Stunde über die Einzelheiten des Buches. Dr. Gokak wird dabei sein. Und bring auch deinen Bruder mit."

„Okay", sagte ich wie betäubt. In einiger Verwirrung ging ich zur Gruppe zurück, und wieder einmal war das einzige, was ich tun konnte, einfach auf dem Boden zu sitzen und zu versuchen, meine Haltung wiederzugewinnen. Ich bin immer wieder erstaunt, wie sehr ich aus der Fassung gerate, obwohl ich weiß, daß es vielen so geht, wenn sie in Babas Nähe kommen. Die Tränen schießen einfach hoch, und das Herz geht über, und es scheint, daß ich, je näher ich ihm komme, desto weniger Kontrolle über mich habe.

Baba gab das Buch Dr. Gokak zum Lesen. Unter Babas Oberaufsicht steht Gokak der Sathya Sai Baba Stiftung für Erziehung (Sathya Sai Baba Educational Foundation) vor und verwaltet die Sommerkurse für Spiritualität und indische Kultur. Als wir in den folgenden Tagen das Buch gemeinsam durchgingen, sagte er etwas, das mir erst richtig die Augen öffnete.

Es wird – besonders von Westlern, die an materiellen Wohlstand gewöhnt sind – viel über Indiens Armut geschrieben. Häufig setzt man sich sehr kritisch mit dem Thema auseinander, ohne auch nur einmal darüber nachzudenken, daß der Westen irgendwie an dem Zustand schuld sein könnte. Dr. Gokak versicherte mir, daß die Inder dieses Bewußtsein, arm und elend zu sein, verabscheuen und und eine Reihe von weitreichenden Maßnahmen getroffen haben, um damit aufzuräumen. Er erklärte mir, daß gerade der Westen sich von der Verantwortung und Mithilfe bei der Schaffung der Voraussetzungen dafür nicht ausnehmen darf.

Osten und Westen waren – so Dr. Gokak – etwa bis zum sechzehnten Jahrhundert materiell auf gleichem Niveau. Als der Westen aber aufgrund seiner aufblühenden neuen Wissenschaft Einblick in die physikalischen Gesetze erlangte, behielt er diese streng für sich und lehnte es ab, dieses Wissen mit anderen zu teilen. So wurde der Westen allmählich auf Kosten jener Länder reich, die dieses technische Knowhow nicht besaßen. Diese Länder wurden als Rohstofflieferanten benutzt und buchstäblich leergeblutet. Die Kehrseite der Medaille des materiellen Reichtums und der Macht des Westens bedeutete für viele Völker Armut und Unterdrückung.

Eine Geschichte, die mir von gebildeten Indern erzählt wurde, ist besonders bewegend und zeigt deutlich die Wunde, die tief in der indischen Seele brennt: Eine Gruppe von Webern in Dacca – jetzt in Pakistan – hatte das Weben wunderbarer Musselinstoffe zu einer äußersten Kunst entwickelt, die von Generation zu Generation innerhalb der Familien weitergegeben wurde. Diese Artisten der Stofferzeugung ließen sich die Fingernägel lang wachsen und praktizierten darunter winzige gewebte Rädchen als Zeichen ihrer Kunst. Unglücklicherweise war dieser feine, mit so viel Sorgfalt gewebte Stoff eine Konkurrenz zu Stoffen, die im Westen hergestellt wurden. Deshalb, so erzählte man mir, schnitten die Engländer den Webern von Dacca kurzerhand die Finger ab...

Ja, für uns im Westen ist es leicht, mit dem Finger auf den Osten zu zeigen und zu sagen: „In was für eine Misere die sich nur gebracht haben!“ Aber es wird mir immer mehr klar, daß auf diesem Globus alles miteinander verwoben ist und daß wir alle mitverantwortlich sind für die Leiden in dieser Welt.

Der Tag des Interviews kam. Neun Personen waren anwesend, einschließlich zweier Medizinstudenten aus England, zweier weiterer Amerikaner aus Los Angeles und einer älteren indischen Dame, die Baba als eine der ersten politisch aktiven Frauen Indiens vorstellte, die im indischen Unabhängigkeitskampf viel Gutes getan hatte.

Baba saß da, wiegte sich leicht zu einem inneren Rhythmus und begann über Liebe zu sprechen. Er ist immer gleich. Die meisten von uns leben in einer Wirklichkeit, die von der trügerischen, vergänglichen Natur, die unser Geist uns vorgaukelt und von unseren Wünschen und Begierden ausgemalt wird. Deshalb ändert sich – für die meisten von uns – diese Wirklichkeit ständig. Im Wachzustand erscheinen uns bestimmte Zustände als real. Im traumlosen Schlaf sind andere, und im Traumzustand wieder andere. Verschieden erscheint uns die Wirklichkeit auch je nach Alter. Ein Kind sieht die Realität auf seine Weise, der junge Mensch auf eine andere, der reife und dann alte und schließlich sterbende Mensch wieder auf eine andere. Natürlich ist es nicht die Wirklichkeit, die sich ändert, sondern unser geistiges Verhältnis dazu.

Ist denn die Wirklichkeit dann nur eine Manifestation, eine Ent-Äußerung des Geistes? Oder gibt es eine Stufe oder Ebene der Wirklichkeit, die unveränderlich ist – eine Wirklichkeit, die getrennt von den abschweifenden Gespinsten unseres Geistes existiert? Können wir sie irgendwo ‚festmachen'? Oder vielleicht sogar überall? In einer Ebene, in der unsere Erfahrungen immer gleichbleibend sind, egal ob wir schlafen, wachen oder träumen, in jedem Alter und zu jeder Zeit in diesem Leben? Sind wir fähig, eine unveränderliche, zeitlose Wirklichkeit zu erkennen, in der alles Eins ist und alles Das-Selbe? In der es keinen Unterschied zwischen Vergangenheit, Gegenwart und Zukunft gibt, und in der man ständig mit dem eigenen unsterblichen, unwandelbaren Selbst und seinen unbegrenzten Möglichkeiten in Berührung steht, und die letztendlich seine Identität mit dem Göttlichen bedeutet? Sai Babas Immer-Gleich-Sein wirkt wie der überzeugende, augenscheinliche Beweis, daß es eine solche Wirklichkeit gibt.

Ich hatte mich immer gefragt, was wohl tausende von Menschen dazu bringen konnte, oft wochenlang über große Entfernungen und große Hindernisse hinweg hierherzukommen, um dann am Straßenrand in der sengenden indischen Sonne zu sitzen, nur um einen Blick von einem Heiligen zu erhaschen. Das Geheimnis wurde gelüftet, als ich diesen Anblick selbst erlebte. Es entsteht eine einzigartige Atmosphäre, eine unglaublich feine Schwingung, die einen mit der absoluten Gewißheit erfüllt, daß man einen herrlichen und unwiederbringlichen Augenblick erlebt, den man tatsächlich als Mensch zu erreichen imstande war! Wenn man über Materialisationen, Yoga- und andere paranormale oder ‚psychische' Kräfte sprechen hört, dann bezieht sich der Betreffende meist nur auf die Spitze eines Eisbergs, dessen ganze Großartigkeit oft am allerbesten am kurzen Anblick des Meisters gemessen werden kann. Das ist die wirklich große Gnade des Darshan: Die innere Gewißheit, daß man die Form und die Verkörperung des Göttlichen schaut, ist ein Ereignis, das schon Millionen zu einem frommen Leben bekehrt hat.

Als Baba uns beim Interview einzeln anzusprechen begann, galt seine ganze Aufmerksamkeit zu meiner großen Freude dem Buch. Fünfzehn Minuten lang hüllte er mich in diese seine großartige energiegeladene Aura ein. Baba beantwortete damit alle meine Gebete und bestätigte mir darüber hinaus, daß sich der Kreis geschlossen hatte und daß er mein Geschenk auf eine Art und Weise entgegennehmen würde, wie ich es nie für möglich gehalten hätte. Er sprach über den Zweck und die Bedeutung des Buches genauso, wie mir das Buch vorgeschwebt hatte, so, daß ich überzeugt sein konnte, daß er es ‚verstanden' und akzeptiert hatte. Schließlich sagte er mit einem Blick voll Sanftmut zu mir: „ Ich bin zufrieden." Dann sah er jedem einzeln in die Augen und fügte mit einem fast schelmischen Lächeln hinzu: „Und ich habe dieses Buch noch nicht einmal gelesen"... Ich atmete auf. Meine Erleichterung nach der Anspannung war enorm.

Auf dieser Reise, wie auch auf den vorhergegangenen, wurde ich immer wieder mit den erstaunlichsten Geschichten über Baba konfrontiert. Eine dieser Geschichten stammt von Dr. S. Bhagavantam, dem Sohn des Dr. S. Bhaganvantam, von dem bereits die Rede war. Der jüngere Bhagavantam ist in der wissenschaftlichen Tradition aufgewachsen, Doktor und Ingenieur und Professor für Flugzeugbau am Indischen Institute of Science in Bangalore. Er erzählte von einem Ereignis, das sich vor einigen Jahren, als er dreiundzwanzig war, zugetragen hatte.

Er machte eines Tages einen Auto-Ausflug zusammen mit Baba und vier Freunden. Es ging auf Mittag zu, und jeder dachte an Essen. Baba ließ anhalten und fragte, welches Obst sie gerne hätten. Alles vermutete nun schon irgendetwas Ungewöhnliches und jeder beschloß stillschweigend, sich etwas anderes zu wünschen als der, der vor ihm drankam. Der eine wollte eine Mango, der andere einen Apfel, der dritte eine Orange usw. Baba lächelte und hörte geduldig zu. Dann bedeutete er ihnen – so Bhagavantam – zu einem kleinen Baum am Straßenrand zu gehen und sich die Frucht zu holen, die sie sich gewünscht hatten. Zur großen Verblüffung aller hingen an dem Bäumchen tatsächlich fünf Früchte, jeder am eigenen Ast. Bhagavantam sah mir gerade in die Augen und lächelte...

Eines Abends rief Baba sechs von uns zu einem Interview und sagte uns, wir sollten uns bereithalten, früh am nächsten Morgen mit ihm auszufahren. Wir sollten gegen fünf Uhr ein Taxi nehmen, das uns etwa zwei Kilometer aus Puttaparthi herausbringen würde, und dann dort auf ihn warten. „Das wird eure große Chance sein", sagte er. „Ich fahre nach Brindavan, und ihr könnt hinter mir herfahren. Ich habe die Absicht, euch ein Stück in meinem Wagen mitzunehmen."

Man kann sich unsere Aufregung vorstellen. Wir beschlossen, keiner Menschenseele etwas zu erzählen, denn wir wußten, daß, wann immer Baba verreist, ganze Schwärme von Menschen ihm folgen. Wir schmiedeten unsere Pläne also ganz im Geheimen und waren überzeugt, daß wie es schaffen würden, uns nicht zu verraten.

Um Ein Uhr dreißig begann Don am nächsten Morgen die Luft aus seiner Luftmatratze zu lassen. „Nicht jetzt schon", flüsterte ich. Gegen halb Vier Uhr hielten wir es nicht mehr länger aus und standen auf. Wie die Diebe schlichen wir umher, putzten uns die Zähne so lautlos wie möglich und gingen – Gepäck in der Hand – auf Zehenspitzen in Richtung Taxi.

Dort warteten bereits zehn weitere vollgestopfte Taxis mit warmlaufenden Motoren und so etwas wie fünfhundert Menschen, die sich darum herum versammelt hatten. Es war nicht zu fassen. Wie in aller Welt hatten sie es nur herausbekommen? Wieder an der Nase herumgeführt! Wir warteten an der vereinbarten Stelle außerhalb von Puttaparthi. Aber als Baba ankam, hüllte er uns nur in eine Staubwolke. Wir konnten nicht einmal seinen Wagen sehen – schon wegen der vielen Menschen, die zwischen ihm und uns waren.

Am nächsten Tag, Donnerstag, lud Baba etwa zwanzig Amerikaner zu einem Interview. Nachdem er Vibhūti materialisiert hatte, ließ er kleine Anhänger für die anwesenden Kinder entstehen. In Zeiten der Gefahr würden diese sie beschützen, sagte Baba: Sie würden ihm eine Nachricht schicken, sodaß er auf der Stelle eingreifen könnte. Dann bewegte er seine Hand durch die Luft, und da, wo einen Moment vorher noch nichts gewesen war – ich beobachtete ihn genau – erschien mit einem Mal eine große weiße Kugel Kandiszucker, mit etwa acht Zentimeter Durchmesser!

Er brach etwas davon ab und gab es den Kindern. Dann wandte er sich zu mir und sagte, der Rest sei für meine Frau und meine Kinder und für Don und seine Familie, und daß er für die Kinder später noch etwas anderes geben würde. Der Zucker schmeckte hervorragend.

Donnerstag ist der Wochentag, an dem ohne Unterbrechung Bhajans gesungen werden und Baba zweimal zum Darshan erscheint. Er hatte Don und mir bei unserem Privatinterview versprochen, daß wir nun doch noch mit ihm im Wagen fahren dürften. Gegen halb fünf Uhr begannen wir am Tor zum inneren Ashramgelände auf ihn zu warten. Um Fünf Uhr tauchte Baba auf, und als er vorbeifuhr, winkte er uns heran und stieg aus, um den etwa eintausend Versammelten Darshan zu gewähren. Bald darauf fuhren wir auf dem Weg durchs äußere Āshramgelände, in Richtung Hauptstraße.

Während wir so gemächlich dahinfuhren, erlebte ich etwas, was ich mir in meinen wildesten Träumen nicht hatte vorstellen können. Dieses Meer von Menschen, die ihre Herzen alle weit geöffnet hatten, in den Gesichtern diese gierige Sehnsucht, verschluckte den Wagen förmlich, und wir befanden uns im Brennpunkt einer Welle der Energie, die in ihrer Intensität fast unerträglich war. Plötzlich mußte ich an meine erste Begegnung mit Sai Baba denken – wie ich ihn von außerhalb des Stadions beobachtet hatte. Damals war ich einer unter Tausenden gewesen, in deren Mitte Baba stand, und hier war ich nun selbst im Mittelpunkt und saß ganz nahe bei ihm. Ich kann das Gefühl nicht vollständig wiedergeben. Ich fühlte mich schrecklich auffällig und wäre am liebsten im Boden versunken.

Dieser Vorfall gab meiner Beziehung zu Baba eine neue Dimension. Baba sagt, man muß seine spirituellen Übungen in dem Glauben daran ausführen, daß man dem Herrn näherkommt, und seine Pflichten mit Hingabe erfüllen. So viele von uns denken, daß das Leben lang ist und fast ohne Fortschritt abläuft, daß wir nirgendwohin gehen. Wie oft sind wir gelangweilt – die Zeit schleppt sich dahin, und nichts geschieht. In Wirklichkeit rasen wir mit halsbrecherischer Geschwindigkeit durch den Raum und die Zeit unseres Lebens.

Es ist in Momenten wie diesem, daß ich ganz konkret spüre, wie ich innerhalb von drei Jahren von der Peripherie zum Zentrum hingezogen wurde und daß ich erkenne: Das ist es – das ist das Wahre. Wir sind es tatsächlich selbst, die ihr Schicksal gestalten. „Ihr müßt täglich ein bißchen wachsen, nicht nur körperlich, sondern auch geistig. Wie lange wollt ihr in der Volksschule, beim Alphabet stehenbleiben? Steht auf, verlangt, daß ihr eine Prüfung machen dürft, besteht sie und rückt auf in die nächsthöhere Klasse!"

Über die eigene Verantwortung, die wir beim Beschreiten dieses Weges haben, sagt Baba: „Gott teilt weder Belobigungen noch Strafen aus. Er spiegelt nur etwas wider, hallt zurück, reagiert. Er ist der ewige, unbeteiligte Zeuge! Ihr selbst bestimmt euer Schicksal. Tut Gutes – seid gut, und ihr werdet Gutes dafür erhalten. Seid böse, tut schlechte Dinge, und das Resultat wird schlecht sein. Dankt nicht Gott, beschuldigt nicht Gott. Dankt euch selbst! Beschuldigt euch selbst!"

Baba hat mir erlaubt, diese Annäherung an den Mittelpunkt zu erleben. Hier war er also: Weder selbstgefällig noch verlegen, lächelnd und winkend, ganz eins mit seinen Devotees. Ich wandte mich ihm zu und starrte ihn groß an, und plötzlich war ich selbst in seine Seligkeit eingehüllt und so sehr Gefangener seiner Liebe, daß mein ganzes Selbstbewußtsein dahinschmolz. In dem Augenblick sah er zu meinem Bruder Don hinüber und sagte mit einem schelmischen Lächeln und blitzenden Augen: „Die Amerikaner sind alle so eifersüchtig. Ich weiß gar nicht warum."

Das gab mir den Rest. Baba kann so boshaft sein, wenn es darum geht, das Ego anzuheizen und damit alle latenten Unreinheiten und Eifersüchte zum Vorschein zu bringen, damit sie uns richtig bewußt werden und bekämpft werden können. Es sieht so aus, als betrachte er seine Rolle als Zerstörer dieser Eigenschaften als Teil eines großen Spiels. Viele Menschen haben mir erzählt, daß sie oft das Gefühl haben, daß Baba ein Ego gegen ein anderes, eine Partei gegen eine andere und eine Zwietracht gegen eine andere aufstachelt.

Was für ein Erlebnis, Babas Persönlichkeit so aus nächster Nähe während der Fahrt zu erfahren! Er schien so menschlich, so fehlbar, da er sich hier mit uns auf eine Ebene stellte, damit wir ihn kennenlernen und mit ihm Freundschaft schließen konnten. In der Bhagavad Gītā ist das Abenteuer, das es bedeutet, einen Avatāra als Freund zu gewinnen, durch die Beziehung zwischen Krishna und Arjuna auf wunderbare Weise beschrieben. Arjuna zog es vor, Krishnas Freund zu bleiben, als die Macht und Herrlichkeit des Avatāras voll zu schauen. An einem bestimmten Punkt (Kapitel 11) bittet Arjuna, daß Krishna sich ihm in seiner vollen Glorie zeigen möge, aber der Anblick ist dann so herrlich und erschreckend zugleich, daß Arjuna überwältigt Krishna bittet, wieder seine ihm bekannte, begrenzte Erscheinungsform anzunehmen.

In einem Interview mit der amerikanischen spirituellen Zeitschrift „The Movement"(Die Bewegung) im Oktober 1974 kommentierte Dr. Gokak, der gerade in USA zu Besuch war, diese besondere Beziehung folgendermaßen:

Interviewer: Hin und wieder muß Ihnen Ihre Beziehung zu Baba doch recht eigenartig vorkommen. Sie sind ihm so nahe, kennen ihn so gut: Wie ist diese Beziehung? Die eines Freundes oder die eines Vehikels Gottes, daß Sie mit dieser äußeren Hülle von Sai Baba zurechtkommen? Wie sehen Sie die Situation?

Dr. Gokak: „Er ist der Freund, den ich liebe, der Gott, den ich fürchte und Krishna, durch dessen unergründliche Hände ich mich gern auch erschlagen lasse, um unsterblich gemacht zu werden. Das ist meine Beziehung zu ihm. Ich bin zu allem bereit. Zum Handeln, zum Nichthandeln, zu allem. Und ich bin auch jederzeit auf die menschliche Seite dieser Beziehung zu ihm gefaßt. Morgens, wenn ich mich nebenan aufhalte, und der Avatāra kommt herein und sagt: ‚Hast du einen Rasierpinsel für mich?', dann gebe ich ihm eben meinen, weil er seinen vergessen hat. Auch das gehört zu meiner Beziehung zu ihm. Er ist sehr menschlich. Und er kann so göttlich sein."

Interviewer: Scheint Ihnen das nicht ein Widerspruch zu sein?

Dr. Gokak: „Nein. Obwohl ich mir all dessen bewußt bin, für das Er steht, so vergesse ich es doch, wenn ich in seiner Nähe bin und er mit mir scherzt und ich mit ihm freundschaftlich sprechen kann. Nur wenn ich mich von ihm entferne, zum Beispiel, wenn ich nach Amerika komme und sehe, was in all diesen Häusern durch ihn geschieht – mit all diesen Bildern überall – dann sage ich mir: ‚Ist das denn der Baba, bei dem ich lebe?' und empfinde ein tiefes Gefühl der Ehrfurcht. Einmal fragte ich ihn: ‚Wann wirst du mir deine kosmische Form zeigen?' Und er antwortete: ‚Warte, warte, ich werde sie dir zeigen' und fügte dann hinzu: ‚Warum glaubst du, habe ich dich so nahe zu mir genommen? Aus genau diesem Grund.' Allerdings weiß ich wirklich nicht, was er mir außer dem, was ich bereits gesehen habe, noch zeigen will. Wenn ich in seiner Nähe bin, vergesse ich tatsächlich, daß er Sai Baba ist. Ich halte ihn für sehr erhaben und so weiter, und daß er mir sehr nahesteht. Ich kann mir die Freiheit nehmen und hin und wieder einen Scherz machen – wenn er lächelt, sonst nicht. Aber dann vergesse ich alles andere. Wenn ich woanders bin und sehe, wie sich Vibhūti auf den Abbildungen und Fotos aus dem Nichts materialisiert, sehe, wie die Menschen durch die Rezitation des Namens von Sai Baba in Entzückung geraten, dann sage ich mir: ‚Ja, das ist die kosmische Form'. (Ende Zitat „The Movement")

Und so wurde auch mir ein näherer Kontakt mit der Persönlichkeit Sai Babas erlaubt. Als wir starteten, lehnte sich Baba vor und stützte seine Ellbogen auf die Lehne des Vordersitzes. Seine Bewegungen waren lebhaft, und er schien zu Späßen aufgelegt. „Ich liebe Spaßmachen", sagte er. Er wandte sich an den jungen Fahrer des Wagens und fing an, ihn scherzhalber zu beschimpfen, weil er zu schnell fahren würde – das Musterbeispiel eines meckernden Beifahrers. „Langsamer.., langsamer.., langsamer!!" forderte er ihn immer wieder auf, bis der arme Kerl endlich mit zehn Stundenkilometern dahinkroch.

„Nach links.., halt' dich mehr links!", und dabei lächelte er ständig. (Fahrzeuge fahren in Indien auf der linken Straßenseite). Rechts überholte uns ein kleines klappriges Auto. „Ich mag kleine Autos", kommentierte er. Dann kam er auf unsere Ehen und Familien zu sprechen. „Ich werde euch etwas für die Kinder geben", und materialisierte sechs briefmarkengroße Bilder.

Während eines Teils der Strecke schien er in Gedanken – als ob er abschalten und sich entspannen würde nach einem harten Tag. Aber er blieb nicht lange still. Seine Sprache und seine Bewegungen wurden schnell, manchmal ein regelrechtes Stakkato. Er hielt ständig ein Gespräch in Gang, in einem leichten, freundlichen Ton, so daß wir uns ungezwungen fühlen konnten.

Auf halbem Weg etwa hieß Baba den Fahrer anhalten und forderte uns zu einem Spaziergang auf. Wie alte Freunde gingen wir die Straße entlang. Die Sonne ging gerade unter, und der Himmel im Westen war ein einziger strahlender, orangefarbener Fächer. Weit hinter uns konnten wir auf der Straße die Lichter eines Wagens näherkommen sehen.

„Ihr geht am besten so neben mir, daß man mich nicht erkennen kann. Denn wenn das ein Bus ist und er anhält, dann ist unser Spaziergang zu Ende.“ Ich war im Augenblick von Babas Anweisungen ganz verblüfft. So ungezwungen wie wir uns die ganze Zeit über unterhalten hatten, hatte ich seine immense Popularität und Bedeutung völlig vergessen. Dann rief ich mir ins Gedächtnis zurück, daß ich ja mit einem Avatāra spazieren ging... Was er sagte, war schlicht die Wahrheit.

„In Wahrheit könnt ihr die Natur meines wirklichen Wesens nicht verstehen, weder heute noch in tausend Jahren ständiger, ernsthafter Suche und glühender Nachforschung – selbst dann nicht, wenn sich die gesamte Menschheit zu diesem Unternehmen vereint. Aber bald werdet ihr die Seligkeit erkennen, die das göttliche Prinzip, das diesen heiligen Körper und diesen heiligen Namen angenommen hat, ausschütten wird. Ihr habt großes Glück, daß euch eine Chance gegeben ist, die größer ist als alle, die Mönche, Weise, Heilige und selbst Inkarnationen bestimmter Aspekte des Göttlichen jemals hatten.

Da ich mich bewege wie ihr auch, esse wie ihr, und mit euch spreche, seid ihr zu der Annahme verleitet, daß das alles in einem Augenblick gewöhnlicher Menschlichkeit geschieht. Laßt euch vor diesem Fehler warnen. Ich täusche auch dadurch, daß ich mit euch singe, mit euch rede und auch sonst mit euch Umgang pflege. Aber meine Göttlichkeit kann in jedem Augenblick geoffenbart werden. Ihr müßt vorbereitet sein, bereit für diesen Augenblick. Da das Göttliche eingehüllt ist in menschliche Form, müßt ihr versuchen, Māyā (die Verblendung), die es vor euren Augen verbirgt, zu überwinden. Dies ist eine menschliche Erscheinungsform, in der jede göttliche Entität, jedes göttliche Prinzip – das heißt alle Namen und Formen, die Gott zugeschrieben werden – manifest sind.

Was für ein Glück habt ihr, die ihr Zeugen werden könnt, wie alle Länder der Erde Bhārata (Indien) huldigen werden. Noch während der Existenz dieses Körpers werdet ihr hören, wie auf der ganzen Welt der Name von Sathya Sai ausgesprochen wird – nicht irgendwann in ferner Zukunft, sondern jetzt, da er noch bei euch ist und vor euch steht.[1]
Rāma, Krishna und Sai Baba scheinen durch das Gewand, das sie tragen, verschieden. Aber glaubt mir, sie sind ein und dieselbe Wesenheit. Laßt euch

1 Aus ‚Sathya Sai Speaks', Vol VI, S. 211-222.

nicht irre machen und zu Fehlern oder zum Verlust (des Glaubens, Anm. d. Übers.) verleiten. Schon bald wird die Zeit kommen, da dieses riesige Gebäude und selbst noch größere zu klein sein werden für die Versammlung derer, die hierher gerufen werden. Der Himmel selbst wird das Dach für das Auditorium der Zukunft sein. Ich werde das Auto und selbst das Flugzeug aufgeben müssen, wenn ich mich von einem Ort zum andern begeben will, denn die Menschenmengen, die sich um mich scharen, werden zu groß sein. Ich werde mich am Himmel fortbewegen müssen. Ja – glaubt mir, auch das wird geschehen."[1]

Wir vier nahmen Baba also in die Mitte, vornübergebeugt, und grinsten breit. Es war klar, daß wir hier irgendetwas ‚verdeckten'. Scheinwerfer trafen uns – und schienen eine schrecklich lange Zeit auf uns gerichtet zu sein, während wir übereinanderstiegen wie die Kühe – bis wir schließlich sehen konnten, daß es nur ein Lastwagen war. Fahrer und Beifahrer warfen kaum einen Blick in unsere Richtung. Ich bin sicher, wenn sie es getan hätten, hätten sie angehalten, um zu sehen, was wir da zu verbergen hatten. Baba hatte die ganze Zeit sein Lächeln behalten und offensichtlich seinen Spaß an diesem Spiel gehabt.

Auf dem Weg zurück zum Wagen wäre mein Bruder fast in einen Haufen Mist getreten, wenn Baba ihn nicht am Arm gepackt und in Sicherheit gezogen hätte. „Kuhmist", sagte er nach unten deutend, und hielt uns einen kurzen Vortrag über die richtige Aussprache des Wortes ‚Kuhmist' in Telugu. Wieder am Wagen angekommen, lachten wir alle. Dann fiel Baba wieder in seine Rolle und fragte uns – so als wüßte er es nicht – wieviele Kinder es in unseren Familien gäbe, und materialisierte, um uns einen weitern Schimmer seines unendlichen Wissens zu vermitteln, sechs wunderbare kleine silberne Medallions eins für jedes Kind – mit einer Handbewegung.

Als wir losfuhren, fing Baba wieder an, mit dem Fahrer zu schimpfen, und die Unterhaltung bewegte sich meist an der Oberfläche; trotzdem berührten wir auch tiefergehende Themen. Auf eine Frage über die wirtschaftliche Inflation und Depression antwortete Baba: „Bevor der Mensch nicht lernt, das Menschtum zu schätzen, kann auch nichts anderes seinen rechten Wert finden. Es wird eine Zeit der Unruhe und Veränderungen in der Welt geben; eine Zeit, in der der Mensch sich stärker zum Spirituellen hin orientieren wird, um eine Führung zu erhalten."

„Baba", fragte ich, „wird Deine Botschaft bald auf der ganzen Welt bekannt sein?"

„Nicht so bald", sagte er, „allmählich. Es wird den Menschen schwerfallen, meine Botschaft zu verstehen – das wird nur langsam kommen."

„Wann kommst du nach Amerika?"

1 Aus ‚Sathya Sai Speaks', Vol. II, S. 90-91.

„Bevor man zu anderen gehen kann, muß man erst einmal sein eigenes Haus in Ordnung bringen“, erwiderte Baba, „und einige Gurus haben dem heiligen Mann aus Indien einen fragwürdigen Ruf eingebracht. Aber ich werde kommen, ich werde kommen... und ich bin immer bei euch... immer... immer... immer.“

Als wir uns der Einfahrt zum Āshram näherten, wandte er sich wieder zu uns und sagte: „Diese Zeit mit mir bedeutet für euch großes Glück. Wenn ihr wieder zu Hause seid, dann denkt zurück an dieses Erlebnis. Es wird Meditation für euch sein.“

Es war acht Uhr abends, und mein Bruder und ich mußten am nächsten Morgen abreisen. Baba lud uns in ein Privat-Zimmer. Ich fühlte, daß dieser so ganz ungewöhnliche Ausflug vielleicht den Beginn einer mehr persönlichen Beziehung zu ihm ankündigen könnte. Entgegen all meiner bisherigen Überlegungen fragte ich ihn, ob ich bei ihm wohnen bleiben dürfte. „Die Entfernung existiert nur in deiner Vorstellung,“ war seine geduldige Antwort. Er erlaubte mir, mit meiner Stirn seine Lotusfüße zu berühren... und ich ging.

Die gute Nachricht über die Anwesenheit Sai Babas unter uns wird sich schnell über die ganze Welt verbreiten – dessen bin ich mir sicher; obwohl es – wie er sagt – eine ganze Weile dauern wird, bis wir seine volle Bedeutung, den ganzen Sinn seiner Botschaft begreifen werden. Es war mein großes Glück, daß ich Ihm zu einer Zeit näherkommen durfte, da es noch möglich war, mit ihm auf einer persönlichen Ebene Freundschaft zu schließen und die Zeichen seiner Herrlichkeit klar aus nächster Nähe zu sehen. Ich glaube, daß Baba sehr bald nur noch ein orangefarbener Fleck am Horizont sein wird, umgeben von Millionen sehnsuchtsvoller Gesichter. Und ähnlich wie die Menschen aus seinem Dorf, die einst damit gesegnet waren, daß sie den Liebreiz seines Wesens durch den täglichen persönlichen Kontakt mit ihm erfahren durften, so werde auch ich eines Tages betrübt darüber sein, daß ich ihn nur noch aus der Ferne beobachten kann.

Aber es ist genug zu wissen, daß Baba überhaupt existiert. Ich fühle mich sehr vom Schicksal begünstigt, daß ich dabei eine Rolle – zu einem ganz kleinen Teil durch dieses Buch – in einem sich ständig klarer offenbarenden Ereignis spielen darf, das sich unerbittlich zur Verwirklichung hin entwickelt: zu einem Weltbewußtsein, das zu den ureigenen, phantastischen Möglichkeiten erwacht und zur Gegenwart eines Wesens, das uns wahrhaftig das Tor zu einem goldenen Zeitalter zu öffnen vermag.

Glossar

abhisheka	Ablution, rituelle Waschung.
ākāsha	Äther, Raum. Das erste der fünf Elemente, die sich aus Brahman entwickelten. Die subtilste Form der Materie.
ānanda	Seligkeit, Freude, Glück. Seligkeit wird als die eigentliche Substanz Gottes betrachtet. (Gott *ist* Seligkeit.)
ānandasvarūpa	Von der wahren Form oder Wesensart der Seligkeit; Verkörperung von Ānanda
Arjuna	Held aus dem Mahābhārata, dem berühmten Hindu-Epos; der Freund Krishnas.
āsana	Einfache, bequeme Position beim Sitzen. Hatha-Yoga-Sitz.
ashānti	Kummer, Angst. Abwesenheit des Friedens.
āshram	Ort der Zurückgezogenheit für spirituell Suchende; Kloster.
ātman	Die Seele, der Funke Gottes in uns, das Selbst.
avatāra	Eine Inkarnation Gottes auf Erden.
āvedana	Sehnsucht nach dem Herrn.
baba	Vater.
bhagavad gītā	Der Gesang des Erhabenen (bedeutende heilige Schrift)
bhajan	Lobgesang Gottes.
bhakta, bhakti	Ein Bhakta ist ein frommer, ergebener Diener des

	Herrn; Anhänger. Jemand, der Bhakti hat, d.i. Tugend, Selbstkontrolle, Glaube, Hingabe.
Bhārat	Name für Indien. Das Land, das Rati hat, d. h. Bha (Bha, Bhagavan ist der Herr) ergeben ist.
Brahmā	Der Schöpfergott der Hindu-Dreieinigkeit; die beiden anderen sind Vishnu und Shiva.
brahman	Das allem innewohnende Prinzip, das unter drei Aspekten gesehen wird: Schöpfung, Erhaltung, Zerstörung. Das Absolute, die höchste Wirklichkeit.
Brindavan	Ort, an dem Baba sich häufig aufhält, wenn er nicht in seinem Āshram Prashānti Nilayam ist. Außerdem der Name einer Stadt an den Ufern des Flusses Jamuna, die mit Krishnas Kindheit verbunden ist.
buddhi	Intellekt, Vernunft, Urteilskraft.
Cakra	Zentren oder „Lotos"-Punkte potentieller Energie im menschlichen Körper. Vom Wirbelsäulenansatz bis hinauf zur Schädeldecke angeordnet.
darshan	Segen, den der Anblick einer „großen Seele" gewährt. Wörtlich: Das Atmen derselben Luft.
dasara	Fest, an dem der Sieg des Guten über jene Kräfte gefeiert wird, die den Fortschritt zum Licht hin behindern.
dharma	Rechtschaffenheit, Gerechtigkeit, Pflicht, rechtes Verhalten. Eines der vier Ziele menschlichen Strebens.
dharmasvarūpa	Von der Art und dem Wesen der Rechtschaffenheit: Dharma.
dhyāna	Meditation.
Ganesha, Ganapati	Name des elefantenköpfigen Gottes. Sohn Shivas.

Gangā	Ganges.
ganja	Marihuana.
gopās u. gopīs	Kuhhirten und -hirtinnen in Brindavan. Spielgefährten, Anhänger und Anhängerinnen Shrī Krishnas.
guna	Menschliche Wesensart, Qualität, Charakteristik.
guru	Lehrer, Führer auf dem Weg zur spirituellen Befreiung.
Hanuman	Einer der ergebensten Anhänger Rāmas, dargestellt als halb affenförmiges und halb menschliches Wesen. Im Rāmayana erwähnt.
hatha yoga	Eine Yoga-Richtung. Das Üben der Āsanas (Yoga-Stellungen) zum Zweck der körperlichen Gesundheit und zum Erwecken der spirituellen Zentren.
Indra	König der Götter.
jagat	Die objektive, vergängliche, unwahre Welt.
japa	Wiederholung, Rezitation des Namens des Herrn.
japamālā	Rosenkranzähnliche Kette mit 108 Kugeln, entsprechend den 108 Namen des Herrn.
jnāna, jnām	Ein Jnānī ist, wer Jnāna, Erkenntnis Gottes besitzt, die durch Vernunft und Verstand erlangt wurde.
Kailāsa	Berg im Himalaya, der als heiliger Wohnort Shivas angesehen wird.
Kāli	Ein Name der göttlichen Mutter; Urenergie.
karma	Handlung. Auch das Gesetz, das Handlung und deren unausweichliche Folgen für den Handelnden bestimmt.

	Gesetz von Ursache und Wirkung; des moralischen Ausgleichs für Handlungen der Vergangenheit.
Krishna	Avatāra Vishnus. „Er, der dich durch die Freude, die er verbreitet, zu sich hinzieht".
kundalini	Spirituelle Energie, die in allen Menschen schläft.
mahātma	Große Seele.
manas	Geist im Sinne der Gesamtheit von Denken und Fühlen; auch Gemüt. Von Baba benutzter englischer Ausdruck: „mind".
mantra	Gesang, heilige Worte und Formeln.
Mathura	Geburtsstadt Shrī Krishnas
māyā	Die verblendende, verlockende Ur-Illusion, die Welt genannt wird. Erscheinungsform der Welt und Ursache für Abhängigkeit von ihr.
moksha	Stufe der Befreiung von Freude und Leid. Aufhebung von Geburt und Tod und damit Ziel spiritueller Übungen.
nāgara-sankīrtan	Das Singen von Bhajans in einer Gruppe in den Straßen vor Morgengrauen.
Nilayam	Prashānti Nilayam: „Stätte des ewigen Friedens"; Name des Āshrams von Sai Baba.
om	Der Urton; wird A-U-M ausgesprochen und ist das heiligste Wort der Veden. Symbol für Gott und Brahman.
pāndit	Gelehrter

prakriti	Urprinzip der Natur. Kreiert zusammen mit Purusha, dem ewigen Bewußtseinsprinzip, das Universum.
prāna	Der Lebensatem; erhält das Leben im physischen Körper.
Prashānti Nilayam	Nilayam, wie oben.
prema	Die Liebe in ihrer intensivsten, göttlichen Form: Allumfassende, bedingungslose, reine Liebe.
premarasa	Duft, Geschmack von Prema.
pura	Der physische Körper.
purāna(s)	Buch der Hindu-Mythologie.
purusha	Ewiges Bewußtseinsprinzip; Seele.
Puttaparthi	Das friedliche, abgelegene Dorf in Südindien, in dem Sai Baba am 23. November 1926 geboren wurde und wo er heute seinen Āshram Prashānti Nilayam leitet.
Rādhā	Geliebte Shrī Krishnas
rajas	Der aktive, leidenschaftliche Aspekt der Natur.
Rāma	Avatāra Gottes. „Der, der Freude bringt", „der, der mit Ānanda erfüllt."
Rāmakrishna Paramahansa	Verehrter indischer Meister.
rishi	Weiser. Wer sein Leben frei von Begierden führt und nur dem Ātman verhaftet ist. Seher der Wahrheit.
sādhaka	Ein spiritueller Aspirant, der ständig bestrebt ist, seinen Egoismus und seine Habgier zu besiegen.
sādhana	Spirituelle Disziplin oder Übung von Meditation oder Wiederholen heiliger Namen.

sādhu	Ein guter Mensch, der innere Unabhängigkeit erreicht hat und fromm, weise, tugendhaft ist.
sādrishya	Göttliches Wesen erlangen.
sākhya	Eine der fünf Haltungen, die von einem Anhänger der Dualität gepflegt werden; die Haltung eines Freundes einem anderen gegenüber.
sālokya	Existenz in Gott.
samādhi	Völliger Gleichmut. Freiheit von Gefühlshöhen und -tiefen. Zustand des Unberührtseins von Freude und Leid, Kommunion mit Gott.
sāmkhya	Eines der sechs Systeme der orthodoxen Hindu-Philosophie.
samsāra	Die physische, diesseitige Welt.
samskāra	Tendenzen, die aus früheren Leben stammen.
sanātana dharma	Die uralte Weisheit, der ewige Pfad der Rechtschaffenheit.
Sanātana Sārathi	Der ewige Wagenlenker – Name der Monatsschrift, die in Prashānti Nilayam herausgegeben wird.
sankirtan	Freudiges Rezitieren oder Singen.
sat-cit-ānanda	Der höchste Seinszustand; üblicherweise übersetzt als (absolutes) Sein, Bewußtsein. Seligkeit.
sāti	Das Ruhen der Sinne, Leidenschaften und Gefühle.
sattva	Rein, gut, gottesfürchtig. Prinzip der Ausgeglichenheit oder Weisheit.
satya	Wahrheit. Das, was in Vergangenheit, Gegenwart und Zukunft immer dasselbe ist.
sevaka	Einer, der sich dem Dienst am Herrn verschrieben hat.

shakti	Die universale Macht oder Energie; Schöpferkraft Brahmans.
shānti	Ungestörter Friede. Ein Segensspruch, der häufig nach vedāntischen Gebeten dreimal wiederholt wird.
shāstra	Die heilige Schrift, die Erleuchtung bringt, Moralkodex.
Shirdi Sai Baba	Indischer Heiliger. Vorhergehende Inkarnation des Sai Baba von Puttaparthi.
Shiva	Zerstörergott der Hindu-Dreieinigkeit. Die beiden anderen sind Brahma und Vishnu.
Shrī Aurobindo	1878 – 1950. Sein Āshram in Pondicherri in Südindien wurde in eine Herberge für spirituell Suchende umgewandelt und heißt heute Auroville. Aurobindo war ein fruchtbarer Schreiber. Zu seinen Werken gehören ‚The Life Divine', ‚Essays on the Gītā', ‚The Synthesis of Yoga', ‚Letters on Yoga' und viele andere.
Shrī Meher Baba	1894 – 1969. Autor von ‚Discourses by Meher Baba', ‚God Speaks'. Hielt lange Jahre ein Gelübde des Schweigens. Reiste viel in Amerika und Europa.
Shrī Ramana Maharshi	1879 – 1950. Erleuchteter Weiser aus Südindien; lehrte die Nichtdualität durch Selbsterforschung (Wer bin ich?) Sein Āshram steht auf dem heiligen Berg Arunāchala.
siddha (siddhi)	Ein Siddha ist jemand, der paranormale Kräfte (Siddhis) erlangt hat.
sudarshana	Heilige Vision.
svāmī	Herr, spiritueller Lehrer.
svarūpa	Form, Körper.

tamas	Eigenschaft der Trägheit, Stumpfheit.
tapas	Religiöse Einfachheit, Aufopferung, Askese.
tretā yuga	Das zweite der vier Yugas oder Weltzyklen. Die Hindu-Mythologie unterteilt das Bestehen der Welt in die Zeitalter Satya, Tretā, Dvāpara und Kali. Das erste wird auch das Goldene Zeitalter genannt, da in dieser Zeit das Schwergewicht unter den menschlichen Eigenschaften auf den guten Tugenden lag. Mit jedem folgenden Zeitalter lassen die Tugenden nach, und die Untugenden nehmen zu. Im Kali Yuga herrscht dann ein Übermaß an Untugenden, während die Tugenden nahezu verschwunden sind. Wir befinden uns heute angeblich im Kali Yuga.
vāhinī	Strom, Fluß.
vandana	Verehrung all dessen, was lebt.
veda	Wissen.
vedānta	Eines der sechs Systheme der orthodoxen Hindu-Philosophie.
vedas	Die Veden. Die heiligsten Schriften der Hindu-Religion, die als Offenbarungen großer Weiser angesehen werden, und als nicht-menschlichen Ursprungs. Es gibt vier Veden: Rig-Veda, Yajur-Veda, Sāma-Veda und Atharva-Veda.
vibhūti	Heilige Asche, die Sai Baba häufig materialisiert.
Vishnu	Erhaltergott der Hindu-Dreieinigkeit. Die beiden anderen sind Brahmā und Shiva.
yāga	Nach außen gerichtete Handlung; Opfer.
Yashodā	Ziehmutter Krishnas.

yoga	Vereinigung der individuellen mit der universalen Seele. Auch die Methode, mit der diese Vereinigung erreicht werden kann. Der allgemeine Begriff für verschiedene Arten frommer Übungen, die dazu dienen, den Verstand unter Kontrolle zu bringen und ihn in ein Instrument der Gotteserkenntnis umzuwandeln.
yogī	Der, der sich dem einfachen Leben verschrieben hat und Yoga praktiziert.

Auswahl deutschsprachiger Literatur von und über Sathya Sai Baba (SSB)

Sathya Sai Baba: **Besinnung auf Gott** (Dhyāna Vāhinī). Über den Prozeß der wirklichen Meditation. 128 S., kart. ISBN 3-924739-32-3

Sathya Sai Baba: **Strom des Friedens** (Prashānti Vāhinī). SSB lehrt uns das Geheimnis des Friedens, 116 S., kart., ISBN 3-924739-33-1

Sathya Sai Baba: **Lebe die Liebe** (Prema Vāhinī). Über die höchste Form der Liebe: die gesamte Schöpfung als Einheit zu sehen und sie zu bejahen. 139 S., Lein., ISBN 3-900790-00-0

Sathya Sai Baba: **Quellen der Weisheit** (Sutra Vāhinī). ‚Sutra' bedeutet: ‚Das, was mit wenigen Worten tiefe Bedeutung enthüllt'. Erläuterungen zu den Brahma Sutras, 68 S., kart., ISBN 3-924739-27-7

Sathya Sai Baba: **Erziehung zur Selbsterkenntnis** (Vidya Vāhinī). SSB erklärt die Grundprinzipien des Wissens und weist auf die enge Verbindung zwischen Erziehung und Geisteswissenschaft hin, 104 S., bro., ISBN 3-924739-55-2

Sathya Sai Baba: **Gītā Vāhinī – Weisheitsstrom der Gītā** incl. **Prasnottara Vāhinī**. Erklärende Ausführungen SSB's zur Bedeutung der Bhagavad Gītā. 260 S., kart. ISBN 3-924739-03-X

Sathya Sai Baba: **Sathya Sai Vāhinī – Strom der göttlichen Gnade Sai's** incl. **Bhārathiya Paramartha Vāhinī**. SSB vermittelt die Weisheit der Veden und ihre Bedeutung für den Erkenntnis- und Lebensweg. 192 S., kart., ISBN 3-924739-05-6

Sathya Sai Baba: **Sommersegen in Brindavan – Bd. 1** (Summershowers I). Vorträge vor Schülern und Studenten in Brindavan, die in die Wahrheit und Weisheit der indischen Kultur einführen und in denen SSB Seine Botschaft der Liebe erläutert, 176 S., bro., ISBN 3-924739-19-6

Sathya Sai Baba: **Sommersegen in Brindavan – Bd. 2** – wie oben –, 220 S., bro., ISBN 3-924739-14-5

Sathya Sai Baba: **Sommersegen in Brindavan – Bd. 3** – wie oben –, 180 S., bro., ISBN 3-924739-41-2

Sathya Sai Baba: **Bhagavad Gītā.** Vorträge SSB's zur Gītā. Zsgst. u. bearb. v. A. Drucker., 304 S., bro., ISBN 3-924739-42-0

Sathya Sai Baba: **Sādhana – Der Weg nach Innen**. In einer Zusammenstellung wichtiger Auszüge aus Reden SSB's erfährt der Suchende, wie er auf dem Pfad geistiger Übungen (Sādhana) göttliches Bewußtsein verwirklichen kann, 256 S., bro., ISBN 3-924739-15-3

Sathya Sai Baba: **Sai Baba erzählt. Kleine Geschichten und Gleichnisse** (Chinna Katha). 320 S., bro., ISBN 3-924739-28-5

Sathya Sai Baba: **Sathya Sai Baba spricht – Band 1**. Reden SSB's zu verschiedenen Anlässen. 160 S., kart., ISBN 3-924739-16-1

Sathya Sai Baba: **Sathya Sai Baba spricht – Band 2**. Wie vor, 176 S., kart., ISBN 3-924739-48-X

Sathya Sai Baba: **Sathya Sai Baba spricht – Band 4**. Wie vor, 272 S., kart., ISBN 3-924739-42-X

Sathya Sai Baba: **Sathya Sai Baba spricht – Band 9**. Wie vor, 222 S., kart., ISBN 3-924739-07-2

Sathya Sai Baba: **Sathya Sai Baba spricht – Band 11**. Wie vor, 232 S., kart., ISBN 3-924739-53-6

Bockelmann, S.: **Hingabe – Wesen der Liebe**. Diese Zusammenstellung von Aussagen SSB's und Jesu Christi verdeutlicht die Einheit ihrer Botschaften. 120 S., bro., Best. Nr. 1016

Bockelmann, S.: **Liebe – Wesen und Botschaft eines Avatars**. Aussagen SSB's über die transformierende Kraft der Liebe. 108 S., bro., Best. Nr. 1017

Craxi, S. & A.: **Einheit ist Göttlichkeit** (Unity is Divinity). Auszüge aus Reden und Schriften SSB's. 164 S., Lein., ISBN 3-924739-09-9

Friedrich, A.: **Weg und Ziel.**, Sammlung von Aussprüchen SSB's über Ziele, Aufgaben und Regeln der Sathya Sai Organisation. 1991, 46 S., bro., Best. Nr. 1095

Gandhi, C. L.: **Sai Avatar – Band I**. 365 Aussprüche SSB's zur Göttlichkeit des Menschen und zur rechten Lebensweise, bro., 184 S. Best. Nr. 1062

Kunz Bijno, M.: **Der Avatar unserer Zeit**. Ein Avatar gilt als göttliche Verkörperung auf Erden. Zitate SSB's über Zweck und Ziel Seiner Inkarnation. 80 S., bro., ISBN 3-924739-37-4

Kunz Bijno, M.: **Es gibt nur einen Gott**. Aussagen SSB's zur Einheit der Religionen. 80 S. bro., ISBN 3-924739-01-3

Mavinkurve, B.: **Die Wiederholung des Namen Gottes** (Namasmarana), Zitate SSB's über die Bedeutung dieser Übung. bro., 56 S., Best. Nr. 1070

Philips, L.: **Meditation**. Aussagen SSB's zur Praxis der Meditation. 160 S., bro., ISBN 3-924739-13-7

Ralli, L.: **Sai Botschaften für Dich und mich** (Sai messages for you and me). Die Durchsagen von Sai Baba an L. Ralli offenbaren, daß es für die Menschheit nur eine Religion gibt: die Religion der Liebe und nur einen Weg: den Weg zu Gott. 160 S., bro., ISBN 3-924739-23-4

Ralli, L.: **Sai Botschaften für Dich und mich, Bd. 2.** Wie vor, bro., 184 S., ISBN 3-924739-44-7

Ralli, L.: **Sai Botschaften für Dich und mich, Bd. 3.** Wie vor, bro., 176 S., ISBN 3-924739-58-7

Bock, R. & J.: **Sai Baba – Sein Leben und Wirken**. Filmtext „Aura of Divinity", 16 S., bro., Best. Nr. 1023

Drucker, A.: **Ich bin. Der Weg zur höchsten Wahrheit.** Bro., 64 S., ISBN 3-924739-45-5

„Erziehung in Menschlichen Werten“, Herausgeberin: Petra von Kalinowski:

–Bd. 1: Börsig, Petra: **Beiträge zur Erziehung**. Eine Sammlung von Ansprachen und Materialien, 56 S., brosch., ISBN 3-924739-35-8

–Bd. 2: Krystal, Phyllis: **Begrenzung der Wünsche** (Suggestions for study groups and individual use of the ceiling on desires program). Vorschläge zur Arbeit mit diesem Programm. 44 S., brosch., ISBN 3-924739-12-9

–Bd. 3: Flaig,Beatrice A.: **Für das Leben lernen**. Erfahrungen einer Lehrerin mit der charakterlichen Erziehung von Kindern. 32 S., brosch., ISBN 3-924739-31-5

–Bd. 4: Kalinowski, Petra von: **Wer bin ich?** Eine Annäherung an die Frage unseres Lebens. Texte und Vorschläge für den Unterricht. 80 S., brosch., ISBN 3-924739-04-8

Fechner, E.: **Überwindung der Krise** (Turning the tide). Der Autor stellt allgemein verständlich dar, was SSB uns lehrt, ohne sich direkt auf Ihn zu beziehen. Ein besonders schönes Geschenk für Interessierte auf dem spirituellen Weg. 94 S., bro., ISBN 3-924739-17-X

Fischer-Glückler, W.: **Der kleine Vogel Sadhana.** Die Geschichte vom Jungen Manu und dem Vogel Sadhana. Ein anregendes Beispiel spirituellen Wachstums. 52 S., kart., ISBN 3-928344-30-7

Flach, M.: **Meine Begegnung mit der Liebe Gottes**. Als Christin berichtet die Autorin über ihre zutiefst bewegenden Erfahrungen mit SSB. 48 S., bro., Best. Nr. 1022

Friedrich/Malina: **Seva – Selbstloses Helfen und Dienen**. Erläuterungen und Betrachtungen zum tieferen Verständnis des selbstlosen Dienens. 50 S., bro., Best. Nr. 1029

Friedrich, R.: **Horizonte**, Grundlagen-Studienkreise. Eine Anleitung mit Textsammlung. 158 S., bro., Best. Nr. 1090

Hislop, Dr. J.: **Gespräche mit Sathya Sai Baba** (Conversations with SSB). In Gesprächen mit Dr. Hislop und anderen beantwortet SSB viele uns bewegende Fragen. 160 S., bro., ISBN 3-924739-02-1

Hislop, Dr. J.: **Mein Baba und ich** (My Baba and I). Bericht eines gottsuchenden, amerikanischen Geschäftsmannes über den Weg, den SSB ihm und anderen zum inneren Gott weist. Mit Faksimile Briefen von SSB. 318 S., bro., ISBN 3-924739-20-X

Kasturi, N.: **Die Girlande aus 108 Edelsteinen** (Garland of 108 Precious Gems). Gott erscheint uns Menschen in vielen Formen; 108 Namen werden hier erläutert. 135 S., Lein., ISBN 3-924739-61-7

Kasturi, N.: **Sathya Sai Baba, Sein Leben Bd. 2** (Satyam, Shivam, Sundaram). Biographie SSB's. 244 S., kart., ISBN 3-924739-22-6, Bd. 1, 3, 4 folgen.

Krystal, P.: **Sathya Sai Baba – Ziel aller Reisen** (The ultimate Experience). Weg einer Amerikanerin zu SSB u. mit Seiner Führung zu ihrem Selbst. 260 S., bro. ISBN 3-924739-21-8

Malina, H.: **Sai Bhajans**. Sammlung von 108 Lobgesängen (Bhajans) mit deutscher Übersetzung. 200 S., bro., Best. Nr. 1030

Malina, H.: **Bhajan-Tonbandkassettensatz zum Liederbuch, 7 Kas.**, Best. Nr. 2502

Malina, H.: **Einmal Puttaparthi und zurück.** Hinweise und Tips für eine Reise zu SSB. 88 S., bro., ISBN 3-924739-57-9

Mittwede, M.: **Spirituelles Wörterbuch Sanskrit-Deutsch.** Über 3000 Sanskritwörter aus den Bereichen Religion, Philosophie, Gottesnamen, Yoga, Vedānta etc., 280 S., bro., ISBN 3-924739-56-0

Murphet, H.: **Sai Baba Avatar**. Murphet läßt verschiedene Menschen über ihre Erfahrungen mit SSB und Sein Einwirken auf ihr Leben berichten. 271 S., bro., ISBN 3-922800-25-4

Murphet, H.: **Sai Baba und Seine Wunder** (Man of Miracles). Neben Wissenswertem über Biographie, Sendung und Lehre des Avatars SSB enthält dieses Buch eine Fülle von Berichten über Seine Wunder, mit denen Er Menschen segnet, beschenkt und heilt. 272 S., bro., ISBN 3-924739-18-8

Murthy, Dr. M.: **Schöpfer und Schöpfung** (Nature, God and Man). Vorträge über die Beziehungen zwischen Natur, Gott und Mensch. 40 S., bro., ISBN 3-924739-39-0

Murthy, Dr. M.: **Wer ist ein Jünger des Herrn?** (Who is a Devotee of the Lord?). Diese Vorträge behandeln die in der Gītā beschriebenen Eigenschaften und Qualitäten eines wahren Suchenden. 32 S., bro., ISBN 3-924739-38-2

Roloff, R. (Hrsg.): **Kleines spirit. Wörterbuch Sanskrit – Deutsch**. 160 S., bro., ISBN 3-924739-46-3

Safaya, R.: **Die fünf Grundprinzipien der Sathya Sai Lebensphilosophie.** 26 S., bro., Best. Nr. 1098

Sandweiss, Dr. S.: **Der Heilige und der Psychotherapeut** (The Holy Man and the Psychiatrist). Die innere Entwicklung eines amerik. Psychotherapeuten von Hilflosigkeit und Zweifel zu der Erkenntnis der alles durchdringenden Liebe Gottes. 272 S., bro., ISBN 3-924739-36-6

Sathya Sai Philosoph. Vereinigung Wien: **Mit Baba leben** (Living with Baba), Wert-volle Hilfen auf dem Weg. 26 S., bro., Best. Nr. 1088

Sathya Sai Philosoph. Vereinigung Wien: **Der Mensch auf dem Wege zur Vollkommenheit**. Über die fünf menschlichen Grundwerte u. ihre Bedeutung i. d. Erziehung. 42 S., bro., ISBN 3-900790-01-9

Sathya Sai Vereinigung e. V. Bonn: **Entwicklung der Menschlichen Werte in uns.** Kurzfassung der vorstehenden Broschüre, 16 S., brosch., Best. Nr. 1039

Die Legende des Buddha. Eine Broschüre für Kinder; zum Anschauen, Lesen und Selbermalen, 52 S., bro., Best. Nr. 1071

SATHYA SAI
Philosophische
Vereinigung
Postfach 16
A - 1133 Wien